Kandaouroff
Erfolgreiche Implementierung von Gruppenarbeit

GABLER EDITION WISSENSCHAFT

Anna Kandaouroff

Erfolgreiche Implementierung von Gruppenarbeit

Analyse – Optimierungsansätze – Handlungsempfehlungen

Mit einem Geleitwort
von Prof. Dr. Horst Wildemann

DeutscherUniversitätsVerlag

Die Deutsche Bibliothek - CIP-Einheitsaufnahme

Kandaouroff, Anna:
Erfolgreiche Implementierung von Gruppenarbeit : Analyse – Optimierungsansätze – Handlungsempfehlungen / Anna Kandaouroff. Mit einem Geleitw. von Horst Wildemann.
- Wiesbaden : Dt. Univ.-Verl. ; Wiesbaden : Gabler, 1998
(Gabler Edition Wissenschaft)
Zugl.: München, Techn. Univ., Diss., 1996
ISBN 978-3-8244-6694-8 ISBN 978-3-322-92344-8 (eBook)
DOI 10.1007/978-3-322-92344-8

Gabler Verlag, Deutscher Universitäts-Verlag, Wiesbaden

Softcover reprint of the hardcover 1st edition 1998

Der Deutsche Universitäts-Verlag und der Gabler Verlag sind Unternehmen der Bertelsmann Fachinformation.

http://www.gabler-online.de

Höchste inhaltliche und technische Qualität unserer Produkte ist unser Ziel. Bei der Produktion und Auslieferung unserer Bücher wollen wir die Umwelt schonen: Dieses Buch ist auf säurefreiem und chlorfrei gebleichtem Papier gedruckt.

Lektorat: Ute Wrasmann / Michael Gließner

Geleitwort

Die Nutzung und Erweiterung der organisatorischen Wissensbasis und damit die Einführung einer lernenden Organisation stellt eine Investition in die Humanressourcen dar, wodurch Wettbewerbsvorteile erzielt werden können, die von der Konkurrenz nur schwer imitierbar sind. Die Lerngeschwindigkeit von Organisationen wird neben Zeit, Qualität und Produktivität zu einem entscheidenden Erfolgsfaktor. Erforderlich sind Einführungsstrategien, die über eine Bündelung von Aktivitäten, eine standardisierte Problemlösung und eine durchgängige Ergebnisorientierung zu einer Erhöhung der Lerngeschwindigkeit und zu flächendeckenden Veränderungsprozessen sowie der Nutzung der Innovations- und Problemlösungspotentiale der Mitarbeiter in direkten und indirekten Organisationseinheiten führen. Trotz der hohen Verbreitung und Aktualität von Gruppenkonzepten treten in der Einführungs- und Realisierungsphase eine Vielzahl von Schwachstellen auf, die einer erfolgreichen Implementierung von Gruppenarbeit und damit der Nutzung von Problemlösungskapazitäten entgegenstehen. Die Autorin zeigt, welche Hindernisse einer erfolgreichen Einführung von Gruppenstrukturen im Wege stehen und wie die Nichtberücksichtigung von organisatorischen und personellen Aspekten, beispielsweise die mangelnde Sicherstellung einer Informations- und Beteiligungsstrategie, fehlende zielgruppenspezifische Qualifizierungsmaßnahmen und Mängel in der Kommunikationskultur die Einführung hemmen. Im Mittelpunkt der Arbeit von Frau Kandaouroff stehen Handlungsempfehlungen für eine effiziente Einführung von Gruppenarbeit. Die empirische Untersuchung umfaßt die Auswertung von Fallstudien und Expertenbefragungen. Die theoretische und empirische Analyse der Struktur- und Prozeßelemente von Gruppenarbeit mündet in einer Beurteilung der Elemente hinsichtlich ihrer Bedeutung für eine erfolgreiche Einführung von Gruppenarbeit und der Nutzung ihrer Produktivitätsvorteile. Als Strukturelemente erörtert die Autorin den Autonomiegrad der Gruppen, die Organisationsstruktur, die Führung sowie Controlling, Qualifikation, die Initiierung eines kontinuierlichen Verbesserungsprozesses und die Gestaltung eines mitarbeiterorientierten Entlohnungssystems. Um Ansätze zur effizienten Gestaltung von organisatorischen Lernprozessen in direkten und indirekten Organisationseinheiten herauszuarbeiten, werden als zentrale Prozeßelemente die partizipative Zielplanung, die Projektorganisation, die Unterstützung durch Macht- und Fachpromotoren sowie externe Berater und die Qualifizierung, Visualisierung und Auditierung untersucht. Aus der empirischen Analyse der Struktur- und Prozeßelemente leitet die Verfasserin Erfolgsfaktoren für eine effiziente Einführung von Gruppenarbeit ab, die durch eine Wirkungsanalyse von Gruppenkonzepten verifiziert werden. Hierzu zeigt sie auf Basis von Ergebnissen aus Expertenbefragungen und Fallstudien bestehende Wirkungszusammenhänge zwischen Struktur- und Prozeßelementen und den Erfolgskriterien einer effizienten Einführung von Gruppenkonzepten auf. Darauf aufbauend entwickelt Frau Kandaouroff konkrete Handlungsempfehlungen zur erfolgreichen Implementierung und Gestaltung von Gruppenarbeit in direkten und indirekten Organisationseinheiten.

Diese Arbeit stellt einen sehr gelungenen Versuch dar, empirisch fundierte Gestaltungsempfehlungen für die Einführung von mitarbeiterorientierten Organisationskonzepten zu formulieren. Aus den Erkenntnissen der Fallstudienbetrachtung und den Expertenaussagen werden Erfolgsfaktoren für eine effiziente Implementierung von Gruppenstrukturen identifiziert und in ein Gesamtkonzept zur Nutzung der Problemlösungskapazität der Mitarbeiter und der Gruppenvorteile integriert. Die vorliegende Arbeit, der eine Dissertation an der Technischen Universität München zugrunde liegt, leistet einen wichtigen Beitrag zu den Bemühungen um eine erfolgreiche Einführung und Institutionalisierung von Gruppenstrukturen auf dem Weg zu lernenden Unternehmen.

Univ.-Prof. Dr. Horst Wildemann

Vorwort

Die Diskussion um wettbewerbsfähige Produktionsorganisationen wird bestimmt von dem Leitbild einer schnell lernenden Fabrik. In dieser werden mitarbeiterorientierte Organisationsformen als wesentliche Voraussetzung für Produktivitätsverbesserungen angesehen. Durch die Einführung von Gruppenkonzepten wird eine Verhaltensänderung in allen Organisationseinheiten angestrebt, um das vorhandene Problemlösungs- und Kreativitätspotential der Mitarbeiter zu nutzen. Die Einbeziehung der Erfahrungen und Kenntnisse der Mitarbeiter zur Prozeßoptimierung, die Verbesserung der Kommunikations- und Kooperationsbeziehungen, die Erweiterung der Handlungs- und Entscheidungsspielräume, die Schaffung neuer selbstorganisierender Formen der Zusammenarbeit und die Förderung von Qualifizierungs- und Lernprozessen sind relevante Zielsetzungen, die mit der Realisierung von Gruppenstrukturen angestrebt werden. Trotz der starken Verbreitung von Gruppenkonzepten kristallisieren sich häufig Defizite während des Einführungsprozesses heraus, die einer erfolgreichen Implementierung von Gruppenstrukturen und der Nutzung ihrer Produktivitätsvorteile entgegenstehen.

Die Zielsetzung der vorliegenden Arbeit besteht darin, den Einführungsprozeß von Gruppenarbeit effizient zu gestalten, um Gruppenarbeitsstrukturen in direkten und indirekten Organisationseinheiten als innovative, mitarbeiterorientierte Konzepte zur erfolgreichen Nutzung der Problemlösungskapazität zu implementieren.

Basierend auf den Erkenntnissen erfolgreich durchgeführter Einführungsprozesse und der Berücksichtigung mitarbeiterorientierter Forschungsansätze sowie der empirischen Systematisierung der Struktur- und Prozeßelemente der Einführungsprozesse von Gruppenarbeit anhand von Fallstudien und Expertenbefragungen werden praxisorientierte Handlungsempfehlungen zur erfolgreichen Einführung von Gruppenarbeit entwickelt.

Bedanken möchte ich mich bei allen, die mich bei der Entstehung dieses Buches unterstützt haben.

Zuallererst danke ich meinem verehrten akademischen Lehrer, Herrn Prof. Dr. Horst Wildemann, für die Betreuung und Förderung meiner Arbeit sowie für die Entwicklungsmöglichkeiten, die er mir als Mitarbeiterin am Lehrstuhl für Betriebswirtschaftslehre mit Schwerpunkt Logistik an der Technischen Universität München eröffnet hat. Herrn Prof. Dr. Andreas Schelten danke ich sehr herzlich für die Übernahme des Korreferats sowie Herrn Prof. Dr. Ralf Reichwald für die Übernahme des Prüfungsvorsitzes.

Mein besonderer Dank geht an die Führungskräfte und Spezialisten aus der Unternehmenspraxis, die sich an den Expertenbefragungen beteiligt haben. Durch ihren Erfahrungsschatz ließen sich wesentliche Erfolgsfaktoren für eine effiziente Einführung von Gruppenarbeit herauskristallisieren.

Bei meinen ehemaligen Kollegen und Freunden Frau Prof. Dr. Claudia Brumberg und Herrn Dr. Michael Hadamitzky bedanke ich mich für die wertvollen Anregungen, konstruktiven Diskussionen und die motivierende und freundschaftliche Unterstützung während der Erstellung dieser Arbeit. Des weiteren danke ich recht herzlich Frau Dr. Judith Braun für die kritische Durchsicht des Manuskriptes und Herrn Alexander Otto für die Erstellung der Grafiken und die Formatierung.

Insbesondere danke ich meiner Großmutter, meinen Geschwistern und meinen Freunden für die motivierenden Gespräche und Gesten während der Dissertationsphase. Ihre aufmunternden Worte aktivierten mich zur Bewältigung der gestellten Herausforderung.

Dieses Buch widme ich meinen Eltern. Ihre liebevolle Förderung und vielfältige Unterstützung trug entscheidend zur Entstehung dieser Dissertation bei.

Anna Kandaouroff

Inhaltsverzeichnis

Abbildungsverzeichnis

Abkürzungsverzeichnis

Abb. .... Abbildung(en)
Art. .... Artikel
Aufl. .... Auflage
Bd. .... Band
BFuP .... Betriebswirtschaftliche Forschung und Praxis
bspw. .... beispielsweise
ca. .... circa
d.h. .... das heißt
Diss. .... Dissertation
e.V. .... eingetragener Verein
Ed. .... Edition
et al. .... et alii
evtl. .... eventuell
f. (ff.) .... folgende Seiten
FB/IE .... Fortschrittliche Betriebsführung/Industrial Engineering
GENESIS .... Grundlegende Effektivitätssteigerung nach einer Schulung in schlanker Produktion und Zulieferung
Hrsg. .... Herausgeber
hrsg. v. .... herausgegeben von
HWF .... Handwörterbuch der Führung
HWO .... Handwörterbuch der Organisation
HWP .... Handwörterbuch des Personalwesens
io .... Industrielle Organisation
Jg. .... Jahrgang
JoAP .... Journal of Applied Psychology
Kap. .... Kapitel
Nr. .... Nummer
o.V. .... ohne Verfasser
PB .... Psychological Bulletin
PR .... Pädagogische Rundschau
QZ .... Qualität und Zuverlässigkeit
S. .... Seite
Sp. .... Spalte
u.a. .... unter anderem
usw. .... und so weiter
vgl. .... vergleiche
Vol. .... Volume
WiSt .... Wirtschaftswissenschaftliches Studium
z.B. .... zum Beispiel
ZfB .... Zeitschrift für Betriebswirtschaft
ZfbF .... Zeitschrift für betriebswirtschaftliche Forschung
ZfO .... Zeitschrift für Organisation

1. Einführung

1.1 Problemstellung

Angeregt durch Studien des Massachusetts Institute of Technology[1] in der japanischen, europäischen und amerikanischen Automobilindustrie, wird die Diskussion um wettbewerbsfähige Produktionsorganisationen bestimmt von dem Leitbild einer schnell lernenden Fabrik.[2] In dieser werden mitarbeiterorientierte Organisationsformen als wesentliche Voraussetzung für Produktivitätsverbesserungen angesehen. Gruppenkonzepte können als Antwort auf stark vom Taylorismus geprägte Produktionskonzepte verstanden werden. Tayloristische Organisationsprinzipien führen zu einer strikten Funktionsoptimierung und behindern die Entwicklung von Arbeitsmotivation, Problemlösungs- und Innovationspotentialen.[3] Technologische und ökonomische Veränderungen verlangen nach einer größeren Flexibilität, die eine Erhöhung der Verantwortung der Mitarbeiter, ihrer Vielseitigkeit und Eigeninitiative sowie eine Erweiterung ihrer Handlungsspielräume erforderlich macht.[4] Um einem verstärkten Wettbewerbsdruck zu begegnen, sind Veränderungen der Organisationsstruktur anzustreben, die die Mitarbeiter in den Mittelpunkt der Unternehmensentwicklung stellen.[5] Durch die Einführung von Gruppenkonzepten können die Schwachstellen tayloristischer Arbeitsteilung, wie etwa unzureichend qualifizierte Mitarbeiter, mangelnde Nutzung der vorhandenen Problemlösungsfähigkeit, geringe Motivation und fehlende Selbstorganisation[6] beseitigt werden. Mitarbeiterorientierte Konzepte werden aber auch als Antwort auf den gesellschaftlichen Wertewandel verstanden. Dieser ist durch den Trend zu selbstorganisierten Formen der Zusammenarbeit, Selbstverwirklichung, Selbständigkeit, Kreativität, durch den Wunsch der Mitarbeiter, den Arbeitsplatz als Kommunikations- und Lernzentrum zu erleben sowie durch die zunehmende Bedeutung nicht-pekuniärer Anreize gekennzeichnet.[7]

---

1 Vgl. Womack 1992.
2 Vgl. Wildemann 1995a, S. 5.
3 Vgl. Endres/Wehner 1993, S. 11f.
4 Vgl. Grün 1993, S. 92.
5 Vgl. Wildemann 1996, S. 6.
6 Vgl. Antoni 1990, S. 18f.
7 Vgl. Stürzl 1993, S. 32.

Gruppenkonzepte setzen Veränderungen im Führungsverhalten, in der Unternehmenskultur, im Management und in der Informations- und Kommunikationsstrategie voraus (siehe Abb. 1-1).

Merkmale	Traditionelle Organisationskonzepte	Mitarbeiterorientierte Organisationskonzepte
Organisationsstruktur	• Inhärenter Zentralismus • Fremdorganisation	• Dezentraler, flacher Aufbau • Selbstorganisation
Führungsverhalten	• Autoritär, hierarchieorientiert	• Föderalistisch, partizipativ, netzwerkorientiert
Wertesystem	• Keine Sinnvermittlung • Materielle Anreize • Keine kritische Hinterfragung von Regeln und Normen	• Individuelle Sinnvermittlung • Immaterielle Anreize • Entwicklungsmöglichkeiten • Visionen/Vertrauenskultur
Informationseffizienz	• Förderung von Informationsasymmetrien durch differenzierte Berichtswege	• Abbau von Informationsmonopolen
Kommunikationswege	• Einseitig: - Top-down - Bottom-up	• Wechselseitig, Netzwerk, Sternstrukturen
Informationsmittel	• Controlling, Berichte • direktiv	• Teil des Lernprozesses

Abb. 1-1: Gegenüberstellung: Traditionelle Organisationskonzepte und mitarbeiterorientierte Organisationskonzepte

Traditionelle Organisationskonzepte in Produktionsunternehmen sind durch ein stärker autoritäres und hierarchieorientiertes Führungsverhalten gekennzeichnet, während mitarbeiterorientierte Organisationsformen auf ein föderalistisches, partizipatives und netzwerkorientiertes Führungsverhalten setzen.[8] Das Wertesystem in tayloristischen Systemen erlaubt kein Hinterfragen von Regeln und Normen, vernach-

8 Vgl. Steinle 1992, Sp. 977ff.

lässigt die Sinnvermittlung und nutzt lediglich materielle Motivationsanreize.[9] In mitarbeiterorientierten Organisationskonzepten ist das Wertesystem gekennzeichnet durch individuelle Sinnvermittlung, Aufbau einer Vertrauenskultur, Entwicklungsmöglichkeiten und immaterielle Anreize.[10] Insbesondere immaterielle Anreize wie Arbeitszufriedenheit, offenes Kommunikationsklima, Anerkennung in der Gruppe, individuelle Arbeitszeitregelungen oder Job-enrichment gewinnen zunehmend an Bedeutung.[11] Tayloristisch geprägte Strukturen fördern Informationsasymmetrien durch hierarchisch-funktionale Berichtswege.[12] Mitarbeiterorientierte Strukturen hingegen verlangen den Abbau von Informationsmonopolen zur Steigerung der Informationseffizienz und Beteiligung der Mitarbeiter am organisatorischen Lernprozeß.[13] Anzustreben sind Kommunikationswege, die nicht nur Top-down oder Bottom-up verlaufen, sondern netzwerkartig interaktive Kommunikation fördern.[14]

Die Einführung mitarbeiterorientierter Organisationskonzepte erfordert einen partizipativen Führungsstil, Aufgabendelegation, Motivation durch Kommunikation und wertorientierte Leistungsanreize.[15] Planungs-, Entscheidungs-, Kontroll- und Koordinationsaufgaben für die Mitwirkung und Optimierung bei der Aufgabenverteilung, für den Einsatz von Arbeitsmitteln sowie für die Gestaltung der Arbeitsplätze und -abläufe werden in stärkerem Umfang auf die Mitarbeiter übertragen. Die Verantwortung hinsichtlich Qualität, Kapazitätsnutzung, Termineinhaltung und Kosten liegt, innerhalb eines vorgegebenen Rahmens, bei den Mitarbeitern.[16] Die Verlagerung von Aufgaben und Verantwortung erfordert Verhaltensänderungen und eine erhöhte Qualifikation der Organisationsmitglieder.[17] Mitarbeiterorientierte Organisationskonzepte wie Gruppenarbeitsformen, Problemlösungsgruppen und Lernstattkonzepte bedingen neuartige Anforderungs- und Tätigkeitsprofile der Mitarbeiter.[18] Insbesondere kognitive Fähigkeiten, Kommunikations- und Kooperationserfordernisse und die Not-

9 Vgl. Bromann/Piwinger 1992, S. 144.
10 Vgl. Stürzl 1993, S. 31f.
11 Vgl. Strümpel/Scholz-Ligma 1992, Sp. 2340; Klages 1984, S. 18.
12 Vgl. Zander 1992, Sp. 1400.
13 Vgl. Beutel-Wedewardt 1991, S. 258; Lutz 1991, S. 103.
14 Vgl. Gebert 1992, Sp. 1116; Beger/Gärtner/Mathes 1989, S. 126f.
15 Vgl. Wildemann 1994d, S. 27f.; Brumberg 1994, S. 179.
16 Vgl. Wildemann 1995c, S. 273.
17 Vgl. Bühner 1994, S. 218.
18 Vgl. Heeg 1987, S. 324ff.

wendigkeit zur selbständigen Entscheidungsfindung treten in den Mittelpunkt.[19] Gruppenarbeitskonzepte stellen somit über alle Hierarchieebenen hinweg höhere Anforderungen an kommunikative und soziale Kompetenzen als tayloristisch geprägte Organisationsstrukturen.[20]

Größere Handlungsspielräume und Eigenverantwortung verlangen zusätzliche Informationen, um Entscheidungsvorgänge und Lernprozesse zu lenken.[21] Daraus ergibt sich die Notwendigkeit der Informationsvermittlung über quantitative und qualitative Zielvorgaben, so daß den Mitarbeitern eine Selbstkontrolle bezüglich ihrer Zielerreichung ermöglicht wird. So soll eine wirkungsvollere Selbststeuerung der Mitglieder von Organisationseinheiten gewährleistet werden.[22]

Gruppenarbeitskonzepte bieten ferner den Mitarbeitern Gestaltungsfreiräume und Lernchancen i.S. einer lernenden Organisation, da durch die gruppeninterne Kommunikation und Kooperation Lerntransfers ermöglicht werden.[23] In diesem Zusammenhang spielen das Lernen am Arbeitsplatz und das interaktive Lernen eine bedeutende Rolle.[24] Organisationsentwicklung impliziert Lernen durch Erweiterung der Wissensbasis und Anpassung an veränderte äußere und innere Bedingungen.[25] Entscheidendes Merkmal der Organisationsentwicklung ist eine langfristige und dynamische Veränderungsperspektive: Organisationen befinden sich in einem ständigen Wandel.[26] Die deutsche Gesellschaft für Organisationsentwicklung (GOE) definiert Organisationsentwicklung "als einen längerfristig angelegten, organisationsumfassenden Entwicklungs- und Veränderungsprozeß von Organisationen und der in ihr tätigen Menschen. Der Prozeß beruht auf Lernen aller Betroffenen durch direkte Mitwirkung und praktische Erfahrungen. Sein Ziel besteht in einer gleichzeitigen Verbesserung der Leistungsfähigkeit der Organisation (Effektivität) und der Qualität des Arbeitslebens (Humanität)".[27] Um die Betroffenen an Entschei-

---

19 Vgl. Bühner 1994, S. 226.
20 Vgl. König 1992, Sp. 2046; Sonntag 1989, S. 132ff.
21 Vgl. Grap/Mühlbradt 1995, S. 327.
22 Vgl. Wildemann 1995c, S. 273.
23 Vgl. Bühner 1994, S. 238.
24 Vgl. Kellinghaus 1989, S. 118f.; Buntenbeck 1989, S. 397ff.
25 Vgl. Pautzke 1989, S. 104.
26 Vgl. Staehle 1992a, Sp. 1476ff. und die dort angegebene Literatur.
27 Vgl. Gesellschaft für Organisationsentwicklung (GOE) 1980.

dungs- und Lernprozessen zu beteiligen, sind partizipative Prinzipien hierarchieübergreifend zu realisieren.[28] Gruppenorientierte Organisationsformen, die auf eine Erhöhung der Handlungs- und Entscheidungsspielräume, Nutzung von Problemlösungskapazitäten der Mitarbeiter, Selbststeuerung der Gruppen und Aktivierung von interaktiven Lern- und Qualifizierungsprozessen zielen, besitzen daher einen hohen qualitativen Stellenwert. Sie werden als ein Schritt auf dem Weg zur lernenden Organisation verstanden.[29]

Bei näherer Betrachtung der zahlreichen Veröffentlichungen[30] zur Thematik mitarbeiterorientierter Organisationskonzepte lassen sich sowohl Forschungsdefizite grundsätzlicher Art als auch Defizite in Bezug auf den Einführungsprozeß von Gruppenarbeitskonzepten feststellen. Forschungsdefizite grundsätzlicher Art bestehen in der fehlenden systematischen Abgrenzung der unterschiedlichen Formen und Gestaltungsdimensionen der Gruppenarbeit.[31] Unter dem häufig undifferenziert verwendeten Sammelbegriff Gruppenarbeit werden unterschiedliche mitarbeiterorientierte Organisationskonzepte subsumiert; normative Handlungsempfehlungen werden mit empirischen Aussagen vermischt; positive Aussagen von Führungskräften stimmen nicht mit den tatsächlich erzielten Ergebnissen und dem Durchdringungsgrad realisierter Gruppenkonzepte überein.[32] Für die empirische Falsifizierung ökonomischer und sozialer Effizienzkriterien sind weitere Forschungsbemühungen notwendig.[33] Es fehlen empirische Wirkungsanalysen und praxisgerechte Umsetzungshilfen.[34] Um zu ganzheitlichen Handlungsempfehlungen zu gelangen, ist die Berücksichtigung unterschiedlicher Rahmenbedingungen, insbesondere der Organisations- und Führungsstrukturen erforderlich.[35]

Die technischen und personellen Rahmenbedingungen eines Unternehmens determinieren die Anwendung der Strukturelemente des Gruppenkonzepts und die Vorgehensweise zur Umsetzung. Die Einführungsstrategie, die den optimalen Anpassungspfad vom Ist- zum

28 Vgl. Becker/Langosch 1990, S. 30.
29 Vgl. Grap/Mühlbrandt 1995, S. 327.
30 Vgl. Alioth 1980; Bullinger 1992a; Bullinger 1992b; Breisig 1990; Bungard/Antoni 1993a, S. 1-20; Bungard/Antoni 1993b, S. 377-402; Antoni 1993; Stürzl 1993; Antoni 1994a; Antoni 1994b.
31 Vgl. Antoni 1994a, S. 47.
32 Vgl. Bungard 1994, S. 334.
33 Vgl. Antoni 1994a, S. 47f.
34 Vgl. Grob 1994, S. 250.
35 Vgl. Antoni 1994a, S. 47f.

Sollzustand festlegt und innerhalb der Grenzen des Handlungsspielraumes gefunden werden muß, erfordert situationsbedingte Modifikationen.[36] Praxisorientierte Untersuchungen haben gezeigt, daß die Einführung von Gruppenarbeit unterschiedlich verläuft und überwiegend nur einzelne Stukturelemente mitarbeiterorientierter Organisationskonzepte realisiert werden. Häufig werden dabei technische Lösungen geschaffen, die eine arbeitsorganisatorische und personelle Optimierung des Systems außer acht lassen.[37] In solchen Fällen besteht die Gefahr, daß sich die Gruppenarbeit auf Job-rotation in einer formal als solcher deklarierten Gruppenorganisation beschränkt, es jedoch nicht zu erweiterten Handlungs- und Entscheidungsspielräumen der Mitarbeiter und einer Anreicherung der Arbeitsinhalte kommt.[38] Insbesondere die Vernachlässigung arbeitsorganisatorischer und personeller Aspekte wie

- der Aufbau einer Kooperations- und Kommunikationskultur,
- Sicherstellung einer Struktur für Information und Beteiligung,
- Personal- und Organisationsentwicklungskonzepte,
- Qualifizierungspläne,
- Teamtraining/Gruppenentwicklungsprozeß und
- die Sicherstellung eines beteiligungsorientierten Vorgehens

stellen Hauptprobleme innerhalb des Einführungsprozesses dar.[39] Es fehlen Formen der Qualifizierung, die den Gruppenmitgliedern einen fließenden Übergang von der traditionellen zu der mitarbeiterorientierten Organisationsstruktur ermöglichen und sie dazu befähigen, erweiterte Aufgabeninhalte wahrzunehmen und gruppendynamische Prozesse zu bewältigen.[40] Ferner wird bei der Einführung von Gruppenarbeit die Betreuung der Führungskräfte bezüglich gruppenorientierten Führungsverhaltens, Anwendung eines partizipativen Führungsstils und Durchführung von Zielvereinbarungsgesprächen vernachlässigt.[41] Des weiteren mindert eine fehlende Einbeziehung der von der Einführung von Gruppenarbeit betroffenen Mitarbeiter in den Planungs- und Umsetzungsprozeß die Qualität des Einführungsprozesses. Die Nichtberücksichtigung des Prinzips, Betroffene zu Beteiligten zu

36 Vgl. Wildemann 1990, S. 23.
37 Vgl. Bullinger/Schlund 1994, S. 346.
38 Vgl. Bungard 1994, S. 334.
39 Vgl. Schlund 1994, S. 162f.
40 Vgl. Hurtz 1994, S. 82f.
41 Vgl. Wildemann 1994d, S. 43.

machen, führt zu Demotivation der Mitarbeiter und Identifikationsschwierigkeiten mit den neuen, gruppenorientierten Organisationsstrukturen. Nicht zuletzt sind während der Umsetzungsphase Widerstände und fehlende Kooperation der Betroffenen zu erwarten: Da Gruppenarbeit Veränderung der Verhaltensweisen der Mitarbeiter voraussetzt, entstehen Ängste und Unsicherheiten, die durch nicht ausreichende Gewährleistung von Information noch verstärkt werden. Daher ist eine adäquate Informationsstrategie unabdingbar zur Reduzierung von Gerüchten, Ängsten und Reibungsverlusten und damit zur Erhöhung der Umsetzungsgeschwindigkeit und Prozeßqualität.

In der Regel kommen Gruppenkonzepte vor allem in den direkten Bereichen zur Anwendung. Die indirekten Unternehmensbereiche bleiben häufig von der Veränderung der Arbeitsorganisation unberührt und sind selten über das Reorganisationsvorhaben und dessen Ziele sowie über Vorgehensweise und Konsequenzen der Einführung von Gruppenstrukturen in der Produktion informiert. Hieraus ergeben sich Abstimmungsprobleme, die die Leistung der Gruppen beeinträchtigen können und den Gruppenfindungsprozeß in der Einführungsphase erschweren. Denn Gruppen reagieren insbesondere in der Anfangsphase sensibel auf Störungen.[42] In diesem Zusammenhang ist der Aufbau eines Informations- und Kommunikationskonzepts und die aktive Involvierung von Mitarbeitern aus indirekten Funktionen in den kontinuierlichen Verbesserungsprozeß für eine erfolgreiche Implementierung von Gruppenstrukturen in den direkten Bereichen von Bedeutung. Gleichzeitig wird hierdurch die Basis und das Verständnis für Teamstrukturen und -prinzipien in den indirekten Organisationseinheiten geschaffen.

Der hohe Diffusionsgrad mitarbeiterorientierter Organisationsmodelle rechtfertigt die Systematisierung des Einführungsprozesses. Ziel einer Einführungsstrategie ist die erfolgreiche Implementierung von Gruppenstrukturen. Die skizzierten Einführungsprobleme verzögern die geplante Realisierung und bedingen Reibungsverluste während der Veränderung der Arbeitsorganisation. Als Erfolgskriterien für eine erfolgreiche Einführung von Gruppenarbeit sind die Umsetzungsgeschwindigkeit, das Ausmaß der Zielerreichung, die Prozeßqualität und die ökonomischen und mitarbeiterbezogenen Wirkungen des Konzepts heranzuziehen.

---

42 Vgl. Hurtz 1994, S. 98.

Zur Vermeidung von Umsetzungsproblemen und somit zur Erhöhung der Umsetzungsgeschwindigkeit und Verbesserung der Prozeßqualität stehen die Aspekte

- Start der Gruppenarbeit,
- Geschwindigkeit der Systemveränderung,
- externe Unterstützung

neben projektbegleitenden Maßnahmen wie der Einbindung des Betriebsrates, der Durchführung von Schulungen und Informationsveranstaltungen und dem Aufbau einer Prozeßbegleitung im Vordergrund einer effizienten Einführung von Gruppenarbeit.[43] Eine situationsgerechte Anwendung der Struktur- und Prozeßelemente und ganzheitliche Handlungsanweisungen wurden bisher in der Forschung nicht aufgezeigt. Demzufolge kann die Problemstellung dieser Arbeit in drei zentrale Fragenkomplexe unterteilt werden:

1. Welche Strukturelemente werden zur Ausgestaltung von Gruppenkonzepten situationsgerecht angewandt und kombiniert und welche effizienten Einführungsstrategien ergeben sich hieraus?
2. Durch welche Prozeßelemente und projektbegleitenden Maßnahmen sind effiziente Einführungsprozesse von Gruppenstrukturen gekennzeichnet und welches Anforderungsprofil für die Implementierung ergibt sich daraus?
3. Welche Struktur-, Prozeßelemente und Methoden unterstützen Lernprozesse in mitarbeiterorientierten Organisationskonzepten?

Die Beantwortung dieser Fragen soll im Ergebnis einen Beitrag zur Einführung von Gruppenkonzepten in Form von Handlungsempfehlungen leisten. Auf der Basis von Fallstudien und einer Expertenbefragung sollen effiziente Pfade zur Einführung mitarbeiterorientierter Organisationskonzepte erarbeitet werden.

43 Vgl. Wildemann 1991; Wildemann 1990; Wildemann 1986.

1. 2 Behandlung des Themas in der Literatur

Zu Fragen der effizienten und effektiven Gestaltung von Einführungsstrategien für mitarbeiterorientierte Organisationskonzepte liegen in der Literatur bereits diverse Ansätze vor. Es kann auf Ergebnisse aus unterschiedlichen Forschungsgebieten zurückgegriffen werden:

1. Organisationspsychologie, welche motivations- und gruppenspezifische Erklärungsansätze liefert.[44]
2. Organisationskommunikation und innerbetriebliche Public Relations als Instrumente zur Unterstützung von Reorganisationen.[45]
3. Theoretische Erkenntnisse des Organizational Learnings.[46]

---

44 Vgl. grundlegend v. Rosenstiel 1992a; Schuler 1993; Manz/Albrecht/Müller 1994; Comelli 1985; Gebert/v. Rosenstiel 1989; Greif 1983; Roth 1989; Weinert 1987; Wiswede 1980; Hofstätter 1987; Mummendey 1985; Schneider 1985; Ebers 1992; Wiswede 1992; Weinert 1992; Herzberg/Mausner/Snyderman 1967; Maslow 1943; McClelland 1961; Porter/Lawler 1968; Vroom 1964.

45 Vgl. Beger/Gärtner/Mathes 1989; Bruhn/Dahlhoff 1993; Höhler 1993; Kempe/Kramer 1985; Zander 1982; Schulz 1992; Schenk 1987; Witt 1993; Pepels 1994; Volk 1995; Krackhardt/Hanson 1994; Glaser 1994; Zander 1992; Seiwert 1992; Gaugler 1987; Watzlawick/Beavin/Jackson 1990; Kellerwessel 1984; Pieper 1986; Wahren 1987; Anders 1986; Grinder/Bandler 1987; Birkenbihl 1987; Paula 1987; Wiswede 1981; Reichwald 1984; Stroebe 1987; Gebert 1992.

46 Vgl. Sattelberger 1991; Angermeier/Bednorz/Schuster 1991; Miller 1986; Pautzke 1989; Wildemann 1995a; Albach 1993; Argyris/Schön 1978; Golüke 1991; Heidack 1989a; Klinger 1993; Pawlowsky 1992; Senge 1990; Simon/Tacke 1991; Stata 1989; Pedler/Boydell/Burgoyne 1991; Kanter 1989; Simon 1989; Bauer/ Kemm/Voigt 1989; Fiol/Lyles 1985; Huber 1991; Simon 1991.

4. Untersuchungen zur Organisationsentwicklung, die Fragen des Einführungsprozesses und Kennzeichen erfolgreicher Reorganisationen behandeln.[47]
5. Ingenieurwissenschaftliche Forschungen zur Fabrikgestaltung, welche speziell Teilgebiete der Arbeitsorganisation und der Arbeitsplatzgestaltung zum Inhalt haben.[48]

Diese sollen im folgenden näher diskutiert werden.

ad 1) Ansätze aus der Organisationspsychologie

Zur Beantwortung von Teilaspekten der Untersuchung und zur Begründung der Vorteilhaftigkeit von Gruppenstrukturen sind motivationsspezifische, humanistische und gruppenspezifische Erklärungsansätze aus der Organisationspsychologie von Interesse. Weinert definiert Motivation als eine "Reihe von energetischen Kräften, die ihren Ursprung sowohl innerhalb als auch außerhalb einer Person haben, um arbeitsbezogenes Verhalten einzuleiten und dessen Form, Richtung, Stärke und Dauer zu bestimmen"[49]. Je nachdem, ob sich Motivationstheorien auf die inhaltliche Spezifizierung der Bestimmungsfaktoren oder auf ihr Zusammenwirken im Entscheidungsprozeß konzentrieren, sind sie den Inhalts- oder Prozeßtheorien zuzurechnen.[50] Zu den Inhaltstheorien zählen beispielsweise die Ansätze von Maslow, McClelland, Herzberg und Hackman/Oldham[51]; zu den Prozeß-

---

47 Vgl. Frese 1992a; Kieser 1993; Scott 1986; Staehle 1991, S. 548f; v. Rosenstiel 1992b; Hadamitzky 1995; Kotter 1995; Droege 1995; Osterloh/Frost 1994; Doppler 1994; Bühner/Dieter/Fels 1994; Gabele 1992a; Dörler 1988; Kirsch/Börsig 1980; Kirsch/Esser/Gabele 1979; Waragai 1989; Sommerlatte/ Wedekind 1990; Rieckmann 1991; Grochla 1987; Becker/Langosch 1990; Staehle 1992a; Watson 1975; v. Rosenstiel/ Einsiedler/Streich/Rau 1987; Kieser/Kubicek 1992.

48 Vgl. Tress 1986; Reichwald 1992; Rickert 1990; Brankamp/Berger/Papen 1990; Hackstein/Hornung 1991; Wagner/Schuman 1991; Warnecke 1992; Suzaki 1989; Wildemann 1993a; Wildemann 1993b; Wildemann 1994a; Wildemann 1994b; Wildemann 1994c; Wildemann 1995b; Wildemann 1995c; Wildemann 1995d; Wildemann 1995e; Wildemann 1995f; Wildemann 1995g; Wildemann 1995j; Imai 1992; Osada 1991; Suzaki 1993; Servatius 1994; Pfeiffer/Weiß 1992; Greif 1991; Rommel/ Brück/Diederichs/Kempis/Kluge 1993.

49 Vgl. Weinert 1992, Sp. 1430.

50 Vgl. Campbell/Dunnette/Lawler/Weick 1970, S. 341ff. Eine zusammenfassende Darstellung der Inhalts- und Prozeßtheorien findet sich bei Bühner 1994, S. 174-187 und Weinert 1992, Sp. 1429f.

51 Vgl. Maslow 1943; McClelland 1961; Herzberg/Mausner/Snydermann 1967; Hackman/Oldham 1975 und 1980.

theorien etwa die Ansätze von Heckhausen, Porter/Lawler und Vroom.[52] Von den inhaltlichen Motivationstheorien sind besonders die Forschungsbeiträge der Gruppe um Hackmann zur Aufgabengestaltung für die vorliegende Untersuchung von Bedeutung.[53] Hackmann leitet aus seinem Modell drei Anforderungen an die Aufgabenstruktur ab:

- Der Mitarbeiter muß sich für einen Teil seiner ihm übertragenen Aufgaben verantwortlich fühlen.
- Die Aufgabenerfüllung muß zu Ergebnissen führen, die intern belohnt oder aus anderen Motiven als erstrebenswert angesehen werden.
- Die Aufgabe muß so strukturiert sein, daß sie eine unmittelbare Rückkopplung über das erzielte Ergebnis ermöglicht.[54]

Um diesen Anforderungen gerecht zu werden, sind die Aufgabenmerkmale Autonomie, Abgeschlossenheit, Vielfalt, Rückkopplung und Signifikanz zu berücksichtigen.[55] Das Job-Characteristics-Modell von Hackmann/Oldham zur Arbeitsmotivation befaßt sich mit der Strukturierung von Arbeitsaufgaben zur Steigerung der Motivation und Verbesserung der Arbeitsergebnisse.[56] Im Gegensatz zu der Motivations-Hygiene-Theorie Herzbergs[57], die davon ausgeht, daß alle Mitarbeiter in gleichem Maße positiv auf erweiterte Arbeitsinhalte reagieren, berücksichtigen Hackman/Oldham den Aspekt, daß verschiedene Mitarbeiter unterschiedlich auf denselben Arbeitsplatz reagieren können.[58] Dieses Job-Characteristics-Modell beinhaltet fünf zentrale Tätigkeitsmerkmale, die zu drei kritischen psychischen Zuständen führen, die wiederum mitarbeiter- und unternehmensbezogene

52 Vgl. Heckhausen 1989; Porter/Lawler 1968; Vroom 1964.

53 Vgl. Hackman/Lawler 1971, S. 259-286; Hackman/Oldham 1975, S. 159-170; Hackman 1977, S. 96-162.

54 Vgl. Hackmann 1969, S. 435ff.

55 Vgl. Hackmann/Oldham 1980, S. 77 und 80.

56 Vgl. Hackman/Oldham 1980, S. 90f.

57 Die Bedeutung der Theorie Herzbergs für die Neugestaltung von Arbeitsstrukturen wurde von Zink und Rühl arbeitswissenschaftlich bestätigt. Kritisch hingegen äußert sich Neuberger, der Parallelen zwischen der Motivationstheorie von Herzberg und der Schopenhauerschen Glücksphilosophie aufstellt; vgl. Rühl/Zink 1974, S. 173-185 bzw. Neuberger 1985, S. 199-205.

58 Vgl. Hackman/Oldham 1976, S. 251f.

Ergebnisse hervorrufen.[59] Die Untersuchungen und empirischen Überprüfungen des Arbeitsmotivationsmodells ergeben, daß zwar der Arbeitsinhalt für die Motivation und Arbeitszufriedenheit bedeutsam ist, aber kein positiver Zusammenhang zwischen Arbeitsinhalt und Arbeitsleistung hergestellt werden kann.[60]

Grundgedanke der zu den Prozeßtheorien zählenden Valenz-Instrumentalitäts-Erwartungstheorien[61] ist, daß die Motivation, eine Handlung auszuführen, durch den subjektiv erwarteten Nutzen einer Handlung bestimmt wird. Demzufolge kommt es nicht nur auf den subjektiven Anreiz eines Zieles an, sondern auch auf die subjektive Einschätzung der Wahrscheinlichkeit, dieses Ziel durch eigenes Handeln erreichen zu können.[62] Zu unterscheiden ist zwischen den erwarteten Handlungsergebnissen, den Erwartungen von Ereignissen, die ohne eigenes Zutun eintreten, und den Ergebnis-Folge-Erwartungen.[63] Die Erkenntnisse, die sich aus den Prozeßtheorien für die Personalführung ergeben, bestehen darin, daß Führungskräfte gemeinsam mit den Mitarbeitern realisierbare Ziele vereinbaren, Optionen eröffnen, die zu diesen Zielen führen und Freiräume bezüglich der Mittelwahl zur Zielerreichung gewähren sollten.[64]

Als Kristallisationspunkt für die Entwicklung humanistischer Organisationstheorien sind die Hawthorne-Experimente und die von ihnen ausgehende Human-Relations-Bewegung von Bedeutung.[65] Die Hawthorne-Experimente zeigen, daß ein verstärktes Gruppen- und Zusammengehörigkeitsgefühl zu einer Erhöhung der Arbeitszufriedenheit und auch zu nennenswerten Produktivitätssteigerungen führen

59 Zur Darstellung des Job-Characteristics-Modells siehe den Beitrag von Oldham/Kulik 1992. Eine Auseinandersetzung mit der empirischen Fundierung der Hypothesen und der Kritik am Forschungsdesign findet sich im Überblick bei Pfeffer 1982, S. 54ff.

60 Empirische Überprüfungen des Arbeitsmotivationsmodells finden sich bei Schmidt/Kleinbeck 1983, S. 79-86 und Fried/Ferries 1987, S. 301, 304f. Andere Untersuchungen ergeben, daß kein gesicherter Zusammenhang zwischen Arbeitszufriedenheit und Leistung existiert; vgl. Vroom 1964, S. 181-187. Auch zwischen Arbeitszufriedenheit und anderen Zielkenngrößen wie Fluktuation und Absentismus bestehen nur geringe Korrelationen; siehe hierzu Gaugler/Martin 1979, S. 93-114; Wimmer 1984, S. 164-173.

61 Vgl. Heckhausen 1989; Porter und Lawler 1968; Vroom 1964.

62 Vgl. Antoni 1990, S. 96.

63 Vgl. Schuler 1993, S. 215.

64 Vgl. Bühner 1994, S. 186f.

65 Vgl. Frese 1990, S. 62ff.

kann.[66] Die Kernaussage des Human-Relations-Ansatzes besteht darin, daß eine effiziente Organisation ohne Berücksichtigung der sozialen Bedürfnisse bei Gestaltung der Arbeitsstruktur und Führungsempfehlungen nicht zu erreichen ist.[67] Auf Basis dieser Erkenntnisse gestaltet McGregor eine geschlossene Theorie der Integration von Individuum und Organisation.[68] McGregor bewertet die klassische Organisationstheorie kritisch. Sie basiert seiner Meinung nach auf einem inadäquaten Menschenbild, das er mit "Theorie X" bezeichnet.[69] Der Mensch ist nach dieser Theorie arbeits- und verantwortungsscheu. Er ist lediglich an der Befriedigung seiner Grundbedürfnisse interessiert und benötigt Kontroll- und Führungsmechanismen zur Steuerung seiner Arbeit.[70] Dieser Theorie stellt McGregor in Übereinstimmung mit den Auffassungen der humanistischen Psychologie seine Theorie Y gegenüber. Diese orientiert sich an den inhaltsbezogenen Motivationstheorien und geht von der Integration individueller und betrieblicher Zielsetzungen in die Führungskonzeption aus. Der Mensch ist nach dieser Theorie an der Arbeitsleistung interessiert, zur Übernahme von Verantwortung bereit und bei einer Zielidentifikation zur Selbstkontrolle fähig. Des weiteren besitzen Mitarbeiter Kreativität und Einfallsreichtum und sind lernfähig.[71] Daraus leitet McGregor Forderungen an das Management ab, die Ausgestaltung der Arbeitsorganisation und des Führungsverhaltens in der Art vorzunehmen, daß der Mitarbeiter seine persönlichen Ziele erreichen kann, indem er sein Arbeitsverhalten auf die Unternehmensziele ausrichtet und gleichzeitig Spielraum zur Selbstkontrolle besitzt.[72] Das Bild von sich selbstverwirklichenden Menschen stützt die Forderung nach verstärktem Einsatz von Gruppenstrukturen und partizipativem Führungsverhalten.[73]

Die psycho- und soziologische Gruppenforschung hat sich bislang sehr wenig mit den Strukturen und Gesetzmäßigkeiten von Arbeitsgruppen befaßt. Die Gruppenforschung hat zahlreiche Befunde aus der Sozialpsychologie der 40er und 50er Jahre und der Analyse von

---

66 Vgl Staehle 1991, S. 33f.

67 Vgl. Bühner 1994, S. 167.

68 Vgl. Frese 1990, S. 64; vgl. zu der Integration von Individuum und Organisation auch Argyris 1964; Likert 1961; Golembiewski 1972.

69 Vgl. McGregor 1960, S. 39ff.

70 Vgl. v. Rosenstiel 1992a, S. 372.

71 Vgl. McGregor 1966, S. 15ff.

72 Vgl. McGregor 1966, S. 47ff.

73 Vgl. Bühner 1994, S. 171.

Kleingruppen übernommen[74], die indes nicht ohne Modifikation auf Arbeits- und Problemlösungsgruppen in Organisationen zu übertragen sind.[75] Einige zentrale Ergebnisse der Gruppenforschung sind jedoch für die Gestaltung von Gruppenkonzepten relevant. Aus der intensiven Beschäftigung mit dem Thema der optimalen Gruppengröße resultieren folgende Erkenntnisse: Mit zunehmender Mitgliederzahl steigt die Anzahl möglicher Interaktionen rapide an, Beteiligungschancen sinken, die Integration nimmt ab und die Bildung von Subgruppen wird verstärkt.[76] Bei komplexen Aufgaben empfiehlt sich eine Gruppengröße von fünf bis sechs Mitarbeitern, bei repetitiven Aufgaben können größere Gruppen gebildet werden.[77] Konstituierend für Gruppenbildungen ist die Einsicht oder das Erleben des einzelnen, daß persönliche Ziele auch die Ziele anderer Personen sein können.[78] Grundsätzlich gilt, daß mit steigender Gruppengröße die Gruppenkohäsion und die Zufriedenheit der Mitarbeiter sinkt.[79] Die Attraktivität einer Gruppe für ihre Mitglieder wird als Gruppenkohäsion bezeichnet. Eine hohe Kohäsion führt zu einer verringerten Streubreite der Leistung, zu einer Erhöhung der Aufgabenkoordination, einem Abbau an Aggressionen; gleichzeitig kann ein starker Gruppenzusammenhalt die Selbständigkeit, Eigenverantwortlichkeit und die Intergruppenkooperation reduzieren.[80] Irle betont, daß die Gruppenkohäsion allein keineswegs zur Erhöhung der durchschnittlichen Gruppenleistung beiträgt.[81] In der sozialpsychologischen Literatur werden Normen von den Mitarbeitern als Standards betrachtet, die das Gruppenhandeln regulieren, Unsicherheiten reduzieren und als tradierte Problemlösungsmechanismen verstanden werden.[82] Eine empirische Begründung für den Zusammenhang zwischen Normen und Leistung gibt es nicht.[83]

---

74 Vgl. für einen Überblick: Crott 1979; Schneider 1985; Brown 1988.

75 Vgl. Katz/Kahn 1966; Irle 1975.

76 Vgl. Wiswede 1992, Sp. 738.

77 Vgl. Brandstätter 1989, S. 520.

78 Vgl. Wiswede 1992, Sp. 747.

79 Vgl. v. Rosenstiel 1993, S. 330; eine zusammenfassende Darstellung bei der Suche nach der optimalen Gruppengröße findet sich bei v. Rosenstiel 1975.

80 Vgl. Titscher 1992, Sp. 1019.

81 Vgl. Irle 1975, S. 267.

82 Vgl. Titscher 1992, Sp. 1019; Tragfähige Konzepte versuchten Popitz (1980) und Goodman et al. (1986) zu entwickeln.

83 Vgl. Titscher 1992, Sp. 1022; Wiswede 1992, Sp. 751.

Die Klärung der Frage, ob ein Problem oder eine Entscheidung in Einzel- oder Gruppenarbeit zu lösen ist, hängt von mehreren Kriterien ab.[84] Als Determinanten der Gruppenleistung gelten die Gruppengröße, die Gruppenstruktur (Rollendifferenzierung, Kommunikationsstruktur, Homogenität/Heterogenität der Gruppe bezüglich ihrer Zusammensetzung), das Gruppenklima (Gruppenkohäsion und Zielvereinbarung) und die Art der Aufgabe, wobei Gruppenvorteile insbesondere bei komplexen Aufgaben gesehen werden. Eine Leistungssteigerung bei Gruppen entsteht durch die motivierende, stimulierende und kontrollierende Funktion der Anwesenheit anderer, welche jedoch in einigen Fällen den Leistungsvorteil der Gruppe aufgrund von Koordinationsschwierigkeiten und Ängsten wiederum mindert.[85] Die Überlegenheit von Gruppen ist in Laborexperimenten nachgewiesen worden, es fehlt jedoch eine empirische Falsifizierung.

Gruppenorientierte Führungstheorien liefern Erklärungsansätze für die Führungseffizienz in Gruppenstrukturen.[86] Führungskräfte sind insbesondere in Konfliktsituationen gefordert, die sich bei einer verstärkten Zusammenarbeit und Kooperation zwischen einzelnen Gruppenmitgliedern oder zwischen Gruppen und indirekten Abteilungen ergeben können. Die Bildung von Arbeitsgruppen vergrößert aber auch die Distanz zu Nichtmitgliedern; Interessengegensätze erhöhen die Wahrscheinlichkeit von Intergruppenkonflikten.[87] Gruppenkonflikte sind Interaktionskonflikte, deren Ursachen vielfältiger Natur sind.[88] In neueren Ansätzen wird zwischen struktur- und verhaltensinduzierten Konflikten unterschieden. Beispielsweise sind strukturinduzierte Konflikte bereits in der Aufbauorganisation, der Kommunikations- und der Rollenstruktur angelegt; verhaltensinduzierte Konflikte beruhen auf unterschiedlichen Werthaltungen, Interessenlagen und Wahrnehmungen.[89] Ein Effekt von Konflikten ist das Entstehen von Koalitionen; hier existieren unterschiedliche Modelle der Koalitionsbildung. Nach Cole bildet sich diejenige Koalition, die mit Sicherheit die Restgruppe beherrschen kann; nach Messe entsteht eine Koalition aus

84 Eine Darstellung der Kriterien wie Qualität der Entscheidung, Zeitbedarf, Akzeptanz, Zufriedenheit der Betroffenen mit der Gruppenentscheidung, Zeitdauer findet sich bei v. Rosenstiel 1992a, S. 329f.

85 Vgl. Wiswede 1992, Sp. 750.

86 Zu den gruppenorientierten Führungstheorien vgl. Reber 1992b, Sp. 989-991.

87 Vgl. Witte/Ardelt 1989, S. 463.

88 Vgl. Wiswede 1992, Sp. 746; Filley 1975; Naase 1978; Crott 1979.

89 Vgl. Wiswede 1992, Sp. 746.

Mitarbeitern, die die effizientesten Beiträge erwirtschaftet haben; nach Schneider diejenige, deren Gruppenmitglieder ähnliche Eigenschaften oder Merkmalsdimensionen besitzen; nach Komorita diejenige, in der schwache Partner dazu tendieren, sich stärkeren anzupassen.[90] Die Konkurrenz zwischen verschiedenen Arbeitsgruppen kann aber negative Auswirkungen auf die Produktivität eines Unternehmens haben.[91] Zur Reduzierung von Intergruppenkonflikten lassen sich Empfehlungen wie gemeinsame Zielsetzungen, Erhöhung der Kontakte, komplementäre Aufgabenstellungen, gemeinsame Veranstaltungen, Rollenumkehrungen und Rotationsverfahren innerhalb von Gruppen formulieren.[92]

Die Forderung nach einem kooperativen Führungsstil hat ihren Ursprung in der Human-Relations-Bewegung und findet seit 1970 in Wissenschaft und Praxis steigende Beachtung.[93] Für die Führung in Gruppen ist insbesondere das Konzept "Führung durch Zielvereinbarung" zur Erhöhung der Leistungsmotivation der Mitarbeiter von Bedeutung. Durch eine partizipative Zielplanung wird die Identifikation mit den Zielvorgaben gesteigert und die Bereitschaft zur Realisierung erhöht.[94] Durch die Festlegung konkreter Zielvorgaben kann in den Gruppen eine höhere Leistung erzielt werden.[95] Zielorientierte Führung setzt neben operationalisierten Zielkenngrößen für die einzelnen Gruppen auch kontinuierliche Rückmeldungen über Zielerreichungsgrade voraus, um die Selbststeuerung in den Arbeitsgruppen zu erleichtern.[96]

Übereinstimmend gehen die Forscher davon aus, daß Gruppen im Laufe ihres Bestandes verschiedene Phasen der Gruppenentwicklung durchlaufen.[97] Tuckmann definiert vier Hauptphasen (Formierungs-, Konflikt-, Normierungs- und Arbeitsphase), in denen sich Gruppenstruktur und Aufgabenaktivität parallel entwickeln.[98] Zuerst wird die Gruppenemotion wahrgenommen und das eigene Erleben mit dem

---

90 Vgl. Cole 1969; Messe 1975; Schneider 1978; Komorita 1974.

91 Vgl. Sherif 1966; Überblick Turner 1981, S. 287-307.

92 Vgl. Tajfel 1975, S. 345-380; Johnson 1967, S. 135-141.

93 Vgl. Staehle 1992b, Sp. 672f.

94 Vgl. Locke 1968, S. 179 und 185.

95 Vgl. Locke 1968, S. 157.

96 Vgl. Antoni 1994c, S. 126.

97 Vgl. Titscher 1992, Sp. 1018.

98 Vgl. Tuckmann 1965; zu ähnlichen Systematiken der Gruppenentwicklung siehe Cummings 1981, S. 250-271; Mills 1969; vgl. auch die Modelle der Teamentwicklung von Francis/Young 1982; Jones/Bearley 1985.

kollektiven Erleben verglichen und abgestimmt. Danach erst wird das normative System der Gruppe übernommen, es erfolgt eine Identifikation mit einzelnen Gruppenzielen. Am Schluß steht der Integrationsprozeß. Um diesen Entwicklungsprozeß zu ermöglichen, muß sich die Gruppe den Zielen der Selbstbestimmung und der Weiterentwicklung gestellt haben. Erst dann werden Probleme der Integration Fremder und des Austausches mit anderen Gruppen gelöst. Interessant ist in diesem Zusammenhang das Teamentwicklungsmodell von Wildenmann.[99] Es basiert auf zwei Parametern, den Beziehungen der Teammitglieder und der Leistungsentwicklung des Teams. Die Entwicklung der Beziehung der Teammitglieder (1. Phase: höfliche Kontakte und Anpassung, 2. Phase: Konflikt und Auseinandersetzung, 3. Phase: Geschlossenheit und Abgrenzung, 4. Phase: Unabhängigkeit und Offenheit) und die Entwicklung der Aufgabenreife (1. Phase: Improvisation, 2. Phase: Strukturierung, 3. Phase: Strategiefindung und Positionierung, 4. Phase: Verpflichtung und Engagement) erfolgen phasenbezogen. In der Phase des höflichen Kontaktes und der Anpassung positionieren sich die Gruppenmitglieder in der Gruppe und erkunden die gegenseitigen Erwartungen und Verhaltensweisen. In der fortschreitenden Gruppenerfahrung werden destruktive Mitglieder identifiziert. Die Beziehung zum Leiter der Gruppe ist geprägt von Anpassung und Unterordnung, die Teammitglieder sind abhängig von einer Führungsperson, die eine Struktur für das Team festlegt. In der Phase des Konfliktes und der Auseinandersetzung werden sich die Teammitglieder ihrer unterschiedlichen Verhaltensweisen bewußt und es entstehen erste offene und verdeckte Konflikte. Es kann zu einem interpersonellen Kampf um die informelle Führung in der Gruppe kommen. In dieser Phase ist eine Auseinandersetzung mit den Konfliktlösungstechniken erforderlich; für Mitglieder, die schwer in die neue Arbeitsform zu integrieren sind, muß eine Lösung gefunden werden. In der Phase der Geschlossenheit und Abgrenzung hat sich das Team gefunden. Die Teammitglieder gehen mit ihren Gefühlen und Verhalten offen um und entwickeln ein geschlossenes Auftreten nach außen. Die höchste Entwicklungsstufe der Teamarbeit ist die Phase der Unabhängigkeit und Offenheit. Auf dieser Stufe ist zwischen allen Mitgliedern eine wechselseitige Kommunikation möglich. Führung dient allein als Instrument zur Koordination und zum Ressourceneinsatz. Die Gruppe kann sich selbst organisieren und arbeitet kontinuierlich an der Optimierung der Arbeitsabläufe und Methoden.

99 Zu den nachfolgenden Ausführungen zur Teamentwicklung vgl. Wildenmann 1994, S. 27-30.

Die erste Stufe der Leistungsentwicklung von Teams ist die Phase der Improvisation. Die Gruppe befindet sich in einer Orientierungsphase. Die Gruppenarbeit gestaltet sich ineffizient, weil die Gruppe noch nicht in der Lage ist zu unterscheiden, welche Arbeitsanteile standardisiert werden können und bei welchen Tätigkeiten Flexibilität gefragt ist. In der Phase der Strukturierung werden rationelle Vorgehensweisen, Zuständigkeiten und Standards definiert, um die Arbeit so effizient wie möglich zu gestalten. In der nächsten Phase der Strategiefindung und Positionierung beschäftigt sich die Gruppe mit der leistungsorientierten Differenzierung zu den Mitwettbewerbern. Strategisch vernetztes Denken unterstützt die Suche nach einer für die Gruppe geeigneten Positionierung. Der höchste Grad des Aufgabenverhaltens ist die Phase der Verpflichtung und des Engagements, bei der die Informationen offen fließen und der Grad des persönlichen Einsatzes der Mitglieder sehr hoch ist.

Für eine erfolgreiche Einführung der Gruppenarbeit ist eine phasenbezogene Ausdehnung des Autonomiegrades mit Hilfe von Teamentwicklungsmodellen von entscheidender Bedeutung. Team-Coaching unterstützt den Aufbau von Kommunikations- und Kooperationsbeziehungen, die methodische Bearbeitung konkreter Problemstellungen, die Entwicklung von Teamfähigkeit einzelner Gruppenmitglieder und eine erfolgreiche Konfliktlösung. Es wird dabei eine Verbesserung der Qualität der Zusammenarbeit und eine Förderung von interaktiven Lernprozessen angestrebt.[100]

ad 2) Organisationskommunikation und innerbetriebliche Public Relations

Organisationskommunikation hat sich vor allem im anglo-amerikanischen Raum als eigenständiges Forschungsfeld etablieren können.[101] Denn mit der Entwicklung der Human-Relations-Modelle[102] verlagerte sich die Forschung auf die Analyse sozialer Gruppen. Von Bedeutung war die Entwicklung von Kommunikationstechniken, die in der Lage sind, gruppendynamische Prozesse zu beeinflussen und zu steuern. Anfang der 60er Jahre stand die Analyse organisationsinterner Kommunikationsvorgänge im Vordergrund. Hierbei waren und sind vor allem die Analyse von Kommunikationsstrukturen und -inhalten, die Auswirkungen der Unternehmenskultur auf Zufriedenheit, Moti-

100 Vgl. etwa Buchner 1995, S. 15.

101 Vgl. Armbrecht 1992, S. 77ff.

102 Vgl. Staehle 1991, S. 32ff.

vation und Identifikation von Mitarbeitern und die Analyse von Trainings- und Organisationsentwicklungsprozessen von großem Interesse.[103] Vertreter der Organisationskommunikation erweiterten den Zuständigkeitsbereich der Organisationskommunikation um eine externe Sichtweise. Kommunikationsformen der Werbung und des Public Relations[104] gewannen an Bedeutung. Greenbaum beispielsweise unterscheidet zwischen interpersoneller Kommunikation, Kommunikation in Organisationen und Kommunikation zwischen Organisationen.[105] Daraufhin begann Anfang der 70er Jahre die Entwicklungsphase des Pluralismus, zu der die modernistischen, naturalistisch-historischen und kritischen Ansätze zählen, die eine anhaltende Aktualität genießen.[106] Forschungsziel modernistischer Ansätze ist die Steuerung und Vorhersage von Kommunikationsprozessen. Organisationen werden hier als zielorientierte Systeme verstanden. Die Kommunikation stellt ein Mittel zur Zielerreichung dar und dient der Übermittlung aufgabenbezogener Informationen, die nicht nur top-down, sondern auch aufwärtsgerichtet verlaufen können. Historisch-naturalistische Ansätze beschreiben Kommunikationsprozesse auf der Basis unternehmenskultureller Überlegungen.[107] Organisationen sind in diesem Zusammenhang als "Beziehungsgeflecht von symbolischen Kommunikations- und Interaktionsprozessen "[108] zu sehen. Kritische Ansätze reflektieren Kommunikationsprozesse aus Sicht des betroffenen Individuums. Unternehmen dienen der Maximierung materieller Interessen und Ressourcen, deren Nutzen ausschließlich dem Management zugute kommt und weniger den einzelnen Individuen. Organisationen werden verstanden als durch Konflikte und Interessengegensätze gekennzeichnete Systeme. Im Verständnis der "Kritiker" dient Kommunikation der Verschleierung von Konflikten und Interessengegensätzen, um bestehende Verhältnisse aufrechtzuerhalten.[109]

Die vorliegende Arbeit versteht den Einsatz von Informations- und Kommunikationsinstrumenten zur Unterstützung von Veränderungsprozessen, zur Einbeziehung der Mitarbeiter in die Organisationsent-

---

103 Vgl. Armbrecht 1992, S. 80f.

104 Vgl. Meffert 1988, S. 374f.

105 Vgl. Greenbaum 1988, S. 275-318; siehe hierzu Danowskis Klassifikation der Aufgabengebiete der Organisationskommunikation (Danowski 1988, S. 385- 433).

106 Vgl. Armbrecht 1992, S. 82ff.

107 Vgl. Smircich/Calás 1987, S. 228-263.

108 Vgl. Heinen 1987, S. 1-48.

109 Vgl. Redding/Tompkins 1988, S. 5-34.

wicklung, zur Erhöhung der Identifikation mit den Unternehmenszielen und zur Steigerung der Mitarbeitermotivation zur Zielerreichung. Daher ist insbesondere die Bedeutung der innerbetrieblichen Public Relations (PR) für Veränderungsprozesse herauszustellen. Viele Autoren verstehen Mitarbeiterinformation als eine typische PR-Funktion.[110] Nach Cutlip hat die Mitarbeiterinformation die Aufgabe, "to identify, establish, and maintain mutually beneficial relationships between the organization and the employees on whom its success or failure depends"[111]. Bateman und Jeffers stellen konkretere Aufgaben und die Zielbestimmung der innerbetrieblichen Public Relations (PR) heraus. Aufgabe der innerbetrieblichen PR ist es, "to build the individual´s pride in and identification with the organization ... build participation in those activities that improve the organization´s efficiency and effectiveness ... develop loyality to the company ... humanize management ... promote social and recreational activities ... recognize the accomplishments of individuals and groups"[112]. Für Bland bedeutet Mitarbeiterinformation eine Steigerung der Profitabilität, welche zu Kostenreduzierungen, zur Steigerung der Teilhabe, Motivation und Identifikation und dadurch auch zu Qualitätsverbesserungen für den Kunden führt.[113] Daly und Korinek stellen Kommunikationswirkungen in den Vordergrund. Hiernach bewirkt die Mitarbeiterinformation " employee satisfaction with job, supervisor, and the total organization ... (and) employee performance on the job - productivity, output, absenteeism, work performance or turnover"[114].

So wie ein Unternehmen Werbung und die innerbetriebliche Public Relations dazu einsetzt, die Kunden von der Vorteilhaftigkeit seiner Produkte zu überzeugen oder die Mitarbeiter für Visionen und Unternehmensprogramme zu gewinnen, so ist ein Unternehmen, welches Gruppenstrukturen realisieren will, dazu aufgefordert, für die neue Arbeitsorganisation zu werben. Durch zielgruppengerechte, aktuelle und immer wiederkehrende Information in Analogie zu den Werbeimpulsen wird das Interesse der Beteiligten geweckt, ihr Problemlösungspotential zur Ausgestaltung des Gruppenkonzepts in der Einführungsphase und zur Teilnahme an Problemlösungsaktivitäten in der

110 Vgl. Armbrecht 1992, S. 66ff.

111 Vgl. Cutlip 1985, S. 315.

112 Vgl. Jeffers/Bateman 1980, S. 13.

113 Vgl. Bland 1980, S. 17.

114 Vgl. Daly/Korinek 1982, S. 248; weitere Definitionen und Ausführungen zur innerbetrieblichen PR finden sich bei Leitner 1985, S. 77-91; Gray 1986, S. 93f. und Kalmus/Claasen 1979, S. 186.

Umsetzungsphase zu aktivieren. Um eine Identifikation mit dem Gruppenarbeitskonzept zu erreichen, müssen die Beteiligten über die Ziele, die Vorgehensweise zur Einführung und die an sie im Rahmen der Gruppenarbeit neu gestellten Anforderungen und Aufgaben in ausreichendem Maße informiert werden. So lassen sich Informationsdefizite vermeiden, die zu Ängsten, Unsicherheiten und Vorbehalten gegenüber der neuen Arbeitsorganisation führen können. Es wird ferner die Gefahr gemindert, daß durch falsche Informationen Gerüchte entstehen oder durch unzureichende Informationen Widerstände, Skepsis oder fehlendes Engagement auf Seiten der Beteiligten auftreten, die die Umsetzungsgeschwindigkeit der Einführung von Gruppenstrukturen bremsen würden. Die Erarbeitung eines Informations- und Kommunikationskonzepts erfolgt mit dem Ziel, die Einführung der Gruppenarbeit zu unterstützen und zu beschleunigen. Insbesondere in der Projektvorbereitungsphase sind umfangreiche Informationsaktivitäten durchzuführen, wobei die Informationsinhalte zielgruppenspezifisch auszurichten sind.

ad 3) Organizational Learning

Lerntheorien liefern Ansatzpunkte für die Förderung von Lernprozessen in mitarbeiterorientierten Organisationsstrukturen, wobei die einzelnen Theorien unterschiedliche Schwerpunkte setzen.[115] Organisatorisches Lernen läßt sich in einer ersten Entwicklungsstufe verstehen als das Lernen einer Elite[116]: Aufgrund der positiven Korrelation zwischen Macht und Lernen hat das in individuellen Lernprozessen erworbene Wissen der Mächtigen die größte Chance, in Entscheidungsprozesse einzufließen.[117] Eine zweite Entwicklungsrichtung versteht unter organisatorischem Lernen die Veränderung eines von allen geteilten Wissens.[118] Organisationen werden als pluralistische

---

115 Vgl. Duncan/Weiss 1979, S. 78. Ein Überblick über die einzelnen, mikro- und makroorganisationalen Lerntheorien findet sich bei Reber 1992a, Sp. 1240-1255.

116 Diese Sichtweise geht davon aus, daß Organisationen Systeme sind, in denen sich eine dominante Koalition hervorgetan hat, die die Organisation beherrscht; vgl. Kirsch 1988, S. 147.

117 Diese Begriffsdefinition vernachlässigt den Aspekt von Hayek, der betont, daß sich ein Großteil des handlungsorientierten Wissens verstreut und häufig in nichtsprachlicher Form bei den einzelnen Organisationsmitgliedern findet. Betrachtet man ferner "Führung als Guidance", dann wird deutlich, daß sich der Einfluß von Führungseliten mit steigender Komplexität mehr und mehr auf die Zulassung selbstorganisierender Prozesse verlagern wird; vgl. Knyphausen 1988, S. 322 ff.

118 Vgl. die Überblicke von Heinen 1987 und Kasper 1987.

Systeme verstanden, die neben einem geteilten Wissen auch über eine große Menge kontextspezifischen Wissens verfügen, welches auf einzelne Subkulturen beschränkt bleibt.[119] Die dritte Richtung versteht organisatorisches Lernen als die Nutzung, Veränderung und Fortentwicklung der organisatorischen Wissensbasis.[120] Damit rücken vorhandene Wissensbestände und Veränderungen des verstreuten Wissens in den Mittelpunkt von Lernprozessen. Organisatorisches Lernen wird mit einer Erhöhung der Effizienz organisatorischen Handelns bzw. des Problemlösungspotentials gleichgesetzt.[121] Argyris und Schön unterscheiden in diesem Zusammenhang zwischen "single-loop-learning"[122], das die Ziele und den organisatorischen Kontext als gegeben betrachtet und allein zum Einsatz effizienter Mittel führt, und "double-loop-learning"[123], als ein Lernen des Lernens, das die Rahmenbedingungen und die Lernfähigkeit selbst verändert. Organisatorisches Lernen kann auch als "Adaption an die Umwelt" oder als "Lernen aus Erfahrung" begriffen werden. Hedberg und andere Autoren betonen, daß Organisationen in der Auseinandersetzung mit ihrer Umwelt Lernerfahrungen machen.[124] Damit wird allerdings nur ein Teil der relevanten Lernprozesse erfaßt. Es besteht zudem die Gefahr, daß die aktive kreative Anpassung verloren geht.[125] Die Mehrheit der Autoren verbindet organisatorisches Wissen mit der Veränderung von Wissensstrukturen in Organisationen.[126]

Lerntheorien liefern die konzeptionellen Grundlagen und Ansatzpunkte, die die Wichtigkeit der Gruppenarbeit als Element einer lernenden Organisation herausstellen. Mitarbeiterorientierte Organisationskonzepte sind durch das hohe Ausmaß an Selbstorganisation und Selbststeuerung der Gruppen und den verbesserten Kommunikations- und Kooperationsstrukturen besonders geeignet, interaktive Lernprozesse zu fördern. Gruppenmitglieder können sich gegenseitig zum Lernen motivieren, Wissen erwerben und vom Erfahrungsaustausch

119 Vgl. Kirsch 1984, S. 938 ff.

120 Vgl. Kirsch 1987, S. 617.

121 Vgl. Duncan/Weiss 1979, S. 81ff; Fiol/Lyles 1985, S. 803; Rieckmann/Sievers 1978, S. 263.

122 Vgl. Argyris/Schön 1978, S. 29.

123 Vgl. Argyris/Schön 1978, S. 140. Zu berücksichtigen ist, daß der Erwerb und die Realisierung effizienzerhöhenden Wissens zeitlich auseinanderfallen können; vgl. auch Duncan/Weiss 1979, S. 85.

124 Vgl. Hedberg 1981, S. 3.

125 Vgl. König 1969, S. 30.

126 Vgl. Duncan/Weiss 1979, S. 86; Argyris und Schön beziehen sich auf Handlungstheorien; vgl. Argyris/Schön 1978.

mit anderen profitieren. Durch das Einräumen von Handlungs- und Entscheidungsfreiräumen und die aktive Beteiligung der Mitarbeiter am Problemlösungsprozeß werden Team-, Kommunikations- und Kooperationsfähigkeiten der Gruppenmitglieder stärker entwickelt. Die Ausbildung der Methoden- und Sozialkompetenz bildet die Basis für gegenseitige Qualifizierungs- und interaktive Lernprozesse.

ad 4) Ansätze zur Organisationsentwicklung

Bei der Einführung mitarbeiterorientierter Organisationskonzepte ist sicherzustellen, daß die Mitglieder der Organisationseinheit die neuen Regelungen akzeptieren und ihr Verhalten an diesen Regelungen ausrichten.[127] Dies setzt die Überwindung von Informations-, Fähigkeits-, Motivations- und organisatorischen Barrieren voraus.[128] Informationsbarrieren entstehen dadurch, daß die Organisationsmitglieder unzureichend oder falsch über Inhalte der neuen organisatorischen Regelungen informiert sind. Dies kann Entstehung von Unsicherheit, mangelnde Akzeptanz gegenüber der neuen Organisationsform und nicht regelkonformes Verhalten der Organisationsmitglieder zur Folge haben.[129] Fähigkeitsbarrieren entstehen aus der unzureichenden persönlichen und fachlichen Qualifizierung der Organisationsmitglieder und beeinträchtigen regelkonformes Verhalten.[130] Motivationsbarrieren haben personale und soziale Ursachen[131]; sie äußern sich in einer fehlenden Bereitschaft, die neu geschaffenen Regelungen zu akzeptieren.[132] Organisatorische Barrieren resultieren aus einer mangelnden Vorbereitung der Einführung, in der Art, daß der Zeitpunkt der Einführung falsch gewählt ist oder die personellen und sachlichen Ressourcen für den Einführungsprozeß nicht rechtzeitig bereitgestellt worden sind.

Zur Gestaltung einer effizienten Einführung von Gruppenarbeit, die die Überwindung der genannten Barrieren beinhaltet, können aus der Literatur zur Organisationsentwicklung folgende Faktoren erfolgreich durchgeführter Reorganisationsprozesse herangezogen werden:

127 Vgl. Coch/French 1960, S. 322 ff.; Dienstbach 1872, S. 104 ff.; Lawrence 1980, S. 119-130; Tannenbaum/Weschler/Masarik 1961, S. 80 ff.; Watson 1975, S. 415-429; Zaltman/Duncan/Holbeck 1973, S. 85 ff.; Zander 1973, S. 403 ff.

128 Zu ähnlichen Barrierekonzepten vgl. Knopf 1975, S. 351; Schulz 1977, S. 61ff.; Witte 1973, S. 6 ff.

129 Vgl. Bleicher 1976, S. 288 ff.

130 Vgl. Ginzberg/Reilley 1964, S. 212; Witte 1973, S. 8f.

131 Vgl. Dienstbach 1972, S. 109 ff.; Knopf 1975, S. 350.

132 Vgl. Witte 1973, S. 6f.

- Einbeziehung der Betroffenen,
- Unterstützung durch das Management,
- Schulung,
- Einsatz von Change Agents.[133]

Wildemann analysierte bereits Einführungsstrategien für JIT-Konzepte und Arbeitszeitmodelle. Hierbei stellte er fest, daß der Erfolg einer Einführung davon abhängt, inwieweit eine Adaption der Aspekte der Einführung auf die unternehmensspezifische Situation gelingt.[134] Effiziente Einführungsstrategien weisen demnach folgende Merkmale auf:

- intensive Schulungsaktivitäten und Information der Mitarbeiter,
- Schaffung von Anreiz- und Controllingsystemen, die die Erfolgsfaktoren der Produktion und Logistik abbilden,
- aktive Mitarbeit aller am Reorganisationsprozeß Beteiligten.[135]

Die Erkenntnisse der bereits analysierten Einführungsstrategien sind bei der Analyse des Einführungsprozesses von Gruppenarbeit zu berücksichtigen. Es ist empirisch zu prüfen, inwieweit eine umfassende Information und Qualifikation der Mitarbeiter, die Anwendung eines mitarbeiterorientierten Controllingsystems und eine Einbindung der Beteiligten für die effiziente Einführung von Gruppenkonzepten von Bedeutung sind.

ad 5) Ingenieurwissenschaftliche Forschungen zur Fabrikgestaltung

Neuere Veröffentlichungen zur Fabrikorganisation behandeln mitarbeiterorientierte Organisationsmodelle im Kontext von "Lean Production"[136], "Fraktale Fabrik"[137] und "Kaizen-Konzepten"[138]. Ein Grundgedanke ist, daß durch den Einsatz von selbstgesteuerten Arbeitsgruppen eine Reduzierung der Hierarchieebenen möglich ist. Es geht nicht nur um veränderte Organisationsstrukturen und neue technische Dimensionen, sondern der Mensch, seine Motivation und sein Verhalten stehen im Vordergrund.[139] Die Mitarbeiter sind verantwortlich für die Arbeitsergebnisse. Auf diese Weise wird die Motiva-

---

133 Vgl. v. Rosenstiel 1992a; Kirsch et al. 1979; Hunt 1986.
134 Vgl. Wildemann 1991, S. 166.
135 Vgl. Wildemann 1991, S. 167.
136 Vgl. Wildemann 1995d, 1995e, 1993a, 1993b, 1994c; Pfeiffer/Weiß 1992.
137 Vgl. Warnecke 1992.
138 Vgl. Imai 1992.
139 Vgl. Hartz 1994, S. 113ff.

tion der Mitarbeiter und die Identifikation mit dem Arbeitsbereich und dem Unternehmen gesteigert. Zentrale Merkmale von Lean Production sind die Nutzung des Problemlösungspotentials, Teamarbeit, eine Ausdehnung der Informationsgrundlage und ein durchgängiger Informations- und Kommunikationsfluß. Zahlreiche Veröffentlichungen verdeutlichen die neuen Produktionskonzepte und zeigen insbesondere die Wirkungsweise der Gruppen- und Teamarbeit auf.[140] Die Grundphilosophie von Kaizen beinhaltet die kontinuierliche Verbesserung in kleinen Schritten als Ergebnis laufender Bemühungen, um höhere Standards zu erhalten. Nur die fortschreitende, immer neue Erhöhung von Standards bewirkt eine anhaltende Verbesserung.[141] Kaizen bezieht alle Organisationsmitglieder in den kontinuierlichen Verbesserungsprozeß mit ein. Konstituierende Merkmale von Kaizen-Konzepten sind:

- ständige Bemühung um Verbesserung der Arbeitsbeziehungen,
- Schwerpunkt auf Aus- und Weiterbildung der Mitarbeiter,
- Förderung der Entwicklung informeller Führer,
- Einführung von Gruppenarbeitsformen,
- Förderung von Kaizen-Aktivitäten,
- soziale Belebung des Arbeitsplatzes,
- Verbesserung der Kommunikations- und Problemlösungsfähigkeit der Mitarbeiter sowie
- Disziplin am Arbeitsplatz.[142]

Als integrale Bestandteile des Kaizen-Konzepts haben sich Problemlösungsgruppen wie Qualitätszirkel, Lernstattgruppen, Werkstattzirkel und Vorschlagsgruppen sowie das Betriebliche Vorschlagswesen herausgebildet.[143] Zur Unterstützung kontinuierlicher Verbesserungsaktivitäten dient die Visualisierung[144], also die Darstellung von Informationen über Leistungskenngrößen und Leistungserstellungsprozesse und das 5-S-Konzept von Osada.[145] Es handelt sich bei dem 5-S-Konzept um fünf japanische Begriffe, die als Prinzipien für die Arbeitsplatzgestaltung und -umgebung dienen:[146]

140 Vgl. etwa Antoni 1993; Antoni 1994a; Stürzl 1993.
141 Vgl. Imai 1992, S. 27 und S. 29.
142 Vgl. Imai 1992, S. 259.
143 Vgl. Imai 1992, S. 126ff. und 145ff.
144 Vgl. Greif 1991; Fauth 1994, S. 227-258.
145 Vgl. Osada 1991.
146 Vgl. Oess 1991, S. 260.

Seiri:	Beseitige alles Unwichtige! (Beschränkung auf das Wichtigste)
Seiton:	Räume alles an den richtigen Platz! (Ordentlichkeit)
Seiketsu:	Halte alles sauber! (Sauberkeit)
Seiso:	Säubere alles nach der Arbeit! (Saubermachen)
Shitsuke:	Halte die Regeln am Arbeitsplatz ein! (Disziplin)

Die Ansätze zur Fabrikgestaltung sind bei der Ausgestaltung von Gruppenkonzepten zu berücksichtigen.

Insgesamt läßt sich in der Literatur eine Vielzahl von Ansätzen identifizieren, die sowohl theoretische als auch empirische Teilaspekte der Problemstellung beleuchten. Die Ansätze aus den ersten drei Forschungsfeldern stellen die verhaltensorientierte Analyse des Gruppenprozesses in den Vordergrund. Diesen Ansätzen ist gemeinsam, daß sie human- und sozialwissenschaftliche Annahmen über die Zusammenarbeit in Gruppen und das Gruppenverhalten machen. Die praktische Umsetzung der gruppenspezifischen Forschungsergebnisse ist begrenzt, da nicht genügend über die Rahmenbedingungen, unter denen der jeweilige Zusammenhang wirksam wird, bekannt ist.[147] Die Erkenntnis, daß mitarbeiterorientierte Organisationsstrukturen Lernprozesse unterstützen, hat sich in einer Vielzahl von Konzepten zum Organizational Learning niedergeschlagen, die in erster Linie Erkenntnisse über den Verlauf von Lernprozessen und die Auslösefaktoren für organisatorisches Lernen sowie Beiträge zur Förderung einer Lernkultur und Aktivierung von Wissen in Gruppenstrukturen liefern. Die strukturelle Analyse von Gruppenkonzepten erfolgt in den Literaturansätzen der Forschungsfelder 4 und 5. Wertvolle Anregungen für die Einführung von Gruppenarbeit ergeben sich in Analogie zu den hier angesprochenen Einführungsprozessen unter Berücksichtigung der Merkmale erfolgreicher Reorganisationen. Partielle Ansätze zur Ausgestaltung von Gruppenkonzepten bieten die Literaturbeiträge zur Fabrikorganisation. Betrachtet man den gegenwärtigen Stand der Forschung, fehlen vor allem empirisch fundierte Handlungsanweisungen für die Einführungsstrategie von Gruppenkonzepten. Auf Basis der

147 Vgl. Titscher 1992, Sp. 1022.

Verknüpfung verhaltensorientierter und struktureller Ansätze sollen in der vorliegenden Untersuchung ganzheitliche Handlungsempfehlungen für die Einführung von Gruppenarbeit erarbeitet werden.

1. 3 Zielsetzung und Gang der Untersuchung

Die vorliegende Arbeit verfolgt die Zielsetzung, empirisch gestützte Handlungsempfehlungen

- zur Unterstützung des Einführungsprozesses von Gruppenkonzepten,
- zum Controlling von Verhalten, Prozessen und Leistungen sowie
- zur Gestaltung effizienter organisatorischer Lernprozesse

zu formulieren. Zur Umsetzung der Forschungskonzeption wird eine mehrstufige Vorgehensweise gewählt (siehe Abb. 1-2).

Im Anschluß an das erste Kapitel, in dem die Bedeutung von Gruppenstrukturen, die Problemstellung, der Stand und die Defizite der Forschung dargestellt werden, soll das zweite Kapitel zur inhaltlichen Klärung der Gruppenarbeitsformen beitragen. Zunächst werden mitarbeiterorientierte Organisationskonzepte aus theoretischer Sicht diskutiert. Nach der Darstellung der unterschiedlichen Ausprägungsformen mitarbeiterorientierter Organisationskonzepte, erfolgt die Erarbeitung eines Bezugsrahmens. Bezugsrahmen stellen Ordnungsmodelle dar, mit dem ein analytischer Zugang zur empirischen Erforschung von Einführungspfaden gefunden werden kann. Als Komponenten des Bezugsrahmens werden Ziele, Struktur- und Prozeßelemente, mitarbeiterbezogene und ökonomische Wirkungen sowie Erfolgskriterien zur Einführung von Gruppenarbeit behandelt. Im Anschluß wird die empirische Basis der Untersuchung vorgestellt, die aus Expertenbefragungen und einer Fallstudienbetrachtung besteht. Die inhaltliche Konkretisierung der Einführungsstrategien wird anhand von Fallstudien vorgenommen. Es werden sowohl Einführungspfade in direkten als auch in indirekten Bereichen erarbeitet, wobei es primär um die Identifizierung der zentralen Erfolgsfaktoren geht.

Kapitel 3 widmet sich der Analyse der Strukturelemente von Gruppenkonzepten. Als Strukturelemente werden der Autonomiegrad, die Organisationsstruktur, die Führung, die Art des Controllings, die Qualifikation, die Initiierung eines kontinuierlichen Verbesserungsprozesses und die Gestaltung eines mitarbeiterorientierten Entlohnungssystems vorgestellt und hinsichlich ihrer Bedeutung für eine erfolgreiche Einführung von Gruppenarbeit analysiert. Mit Hilfe einer Typologisierung der Strukturelemente werden Beziehungszusammenhänge zwischen den Strukturelementen und den Erfolgskriterien aufgezeigt, die eine erste Ableitung von Handlungsempfehlungen erlauben.

Die Analyse der Prozeßelemente in Kapitel 4 ist eine wesentliche Voraussetzung für die Erarbeitung von strategischen und operativen Ansatzpunkten einer Einführungsstrategie. Die Prozeßelemente werden hinsichtlich ihres Beitrages für den Einführungserfolg von Gruppenstrukturen beurteilt, um Ansätze zur effizienten Gestaltung von organisatorischen Lernprozessen herauszuarbeiten. Als ein zentrales Prozeßelement wird zunächst das Konzept der partizipativen Zielplanung, welches für die Motivation und Verhaltensausrichtung der Mitarbeiter von Bedeutung ist, vorgestellt. Als weitere Prozeßelemente werden Projektphasen, Projektorganisation, Unterstützung durch Macht-, Fachpromotoren und externe Berater sowie die Erarbeitung einer Informations- und Beteiligungsstrategie hinsichtlich der Erzielung von Geschwindigkeitsvorteilen und der Förderung der Qualität des organisatorischen Wandels analysiert. Qualifizierung und Gruppenentwicklung, Auditierung sowie die Durchführung von Problemlösungsworkshops nach der GENESIS-Methode[148] werden auf eine erfolgsfördernde Wirkung hinsichtlich der Initiierung von Lern- und Kooperationsprozessen untersucht. Aufbauend auf der Diskussion der Prozeßelemente wird ein Anforderungsprofil für eine effiziente Einführungsstrategie, die die zentrale Grundlage für die Realisierung der Einführungsmaßnahmen bildet, vorgestellt. Mit der Umsetzung neuer Struktur- und Verhaltensformen sind Veränderungen in der Ablauf- und Aufbauorganisation verbunden. Neben inhaltlichen, organisatorischen und personellen Umsetzungsempfehlungen werden Möglichkeiten der Erfolgskontrolle aufgezeigt.

Die Wirkungsanalyse von Gruppenkonzepten in Kapitel 5 umfaßt die Erarbeitung geeigneter ökonomischer und sozialer Effizienzkriterien und die Darstellung der betriebswirtschaftlichen Vorteilhaftigkeit gruppenorientierter Arbeitsstrukturen. Dazu werden die empirischen Ergebnisse der Expertenbefragung und die Ergebnisdimensionen der Fallstudien auf bestehende Wirkungszusammenhänge zwischen den Struktur-, Prozeßelementen und den Erfolgskriterien hin analysiert. Ergebnisunterschiede bieten Ansatzpunkte zur Erklärung der Erfolgs-

148 GENESIS (Grundlegende Effektivitätsverbesserung nach einer Schulung in schlanker Produktion, Organisation und Beschaffung) stellt ein praxisorientiertes Workshop-Konzept dar, bei dem Methoden und eine standardisierte Vorgehensweise zur Schaffung schlanker Strukturen angeboten werden; vgl. Wildemann 1995a, S. 30f.

faktoren einer erfolgreichen Einführung von Gruppenarbeitskonzepten in direkten und indirekten Leistungseinheiten.

Handlungsempfehlungen für die Gestaltung von Einführungsstrategien und hieraus abgeleitete Thesen zu Perspektiven und Entwicklungstendenzen mitarbeiterorientierter Organisationskonzepte stellen den Schwerpunkt des abschließenden Kapitels 6 dar. Die aus den theoretischen Erkenntnissen sowie den empirischen Befunden abgeleiteten Empfehlungen sollen dazu beitragen, den organisatorischen Veränderungsprozeß bei der Einführung von Gruppenarbeit in Industrieunternehmen effizienter zu gestalten.

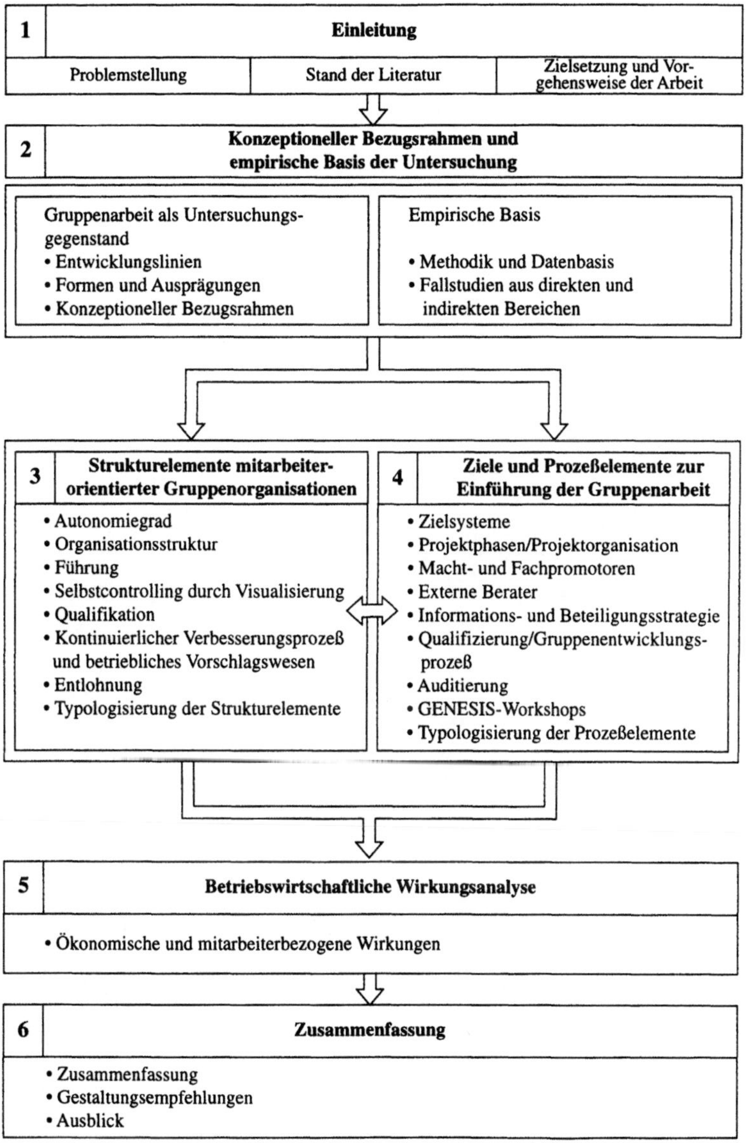

Abb. 1-2: Ablauf der Untersuchung

2. Konzeptioneller Bezugsrahmen und empirische Basis der Untersuchung

2. 1 Gruppenkonzepte als Untersuchungsgegenstand

Die Erarbeitung von Handlungsempfehlungen zur effizienten Gestaltung des Einführungsprozesses von Gruppenkonzepten setzt zunächst eine inhaltliche Konkretisierung des Untersuchungsgegenstandes voraus. Hierzu gehört die Erörterung der historischen Entwicklung der Gruppenarbeit sowie die Darstellung der unterschiedlichen Gruppenkonzepte und ihrer Gestaltungsmerkmale.

2. 1. 1 Entwicklungslinien mitarbeiterorientierter Organisationskonzepte

Die Analyse von Einführungskonzepten für mitarbeiterorientierte Organisationsformen beginnt mit einer kritischen Auseinandersetzung mit dem Taylorismus, der konzeptionelle und theoretische Grundlagen für die Entwicklung der Arbeitsorganisation liefert. Die Entwicklungslinien der Arbeitsorganisation sind in Abb. 2-1 dargestellt. Es lassen sich drei Phasen unterscheiden:

1. Phase: Taylorismus

Das Taylor-System beinhaltet die exakte Erfassung aller Tätigkeiten und Abläufe, die den Begriff der "wissenschaftlichen Betriebsführung" prägten, und hat zum Ziel, "das Verhältnis zwischen Arbeitserfolg und den dafür aufgewendeten Mitteln vernunftgemäßer, richtiger zu gestalten"[1]. Die Einführung tayloristischer Grundsätze erfolgte in allen Unternehmen mit Modifikationen.[2] Für die nur allmähliche Durchsetzung dieser Gedanken in den Anfängen der zweiten indu-

1 Vgl. Taylor 1919, S. XVIII.

2 Vgl. die Darstellung tayloristischer Grundsätze bei Frenz 1920, S. 20; Frese 1987, S. 58f; Nelson 1980, S. 102f., Kieser 1993, S. 73-79. Zur Rationalisierung der Produktion führte Taylor eine Produktionsplanungsabteilung ein, optimierte die Maschinenanordnung und standardisierte das Werkzeugwesen. Er führte umfangreiche Zeitstudien durch und ergänzte Lohn- und Anreizsysteme durch leistungsorientierte Lohnformen. Zudem entwickelte Taylor Verbesserungsansätze zum Lager- und Transportwesen, optimierte das Formularwesen und entwarf Kostenrechnungssysteme (vgl. Frese 1987, S. 58f.). Taylor beeinflußte mit dem Gedanken der Arbeitsteilung auch die dispositive Ebene in Form des Funktionsmeisterprinzips und der Verantwortlichkeit zentraler Leistungsstellen (vgl. Frenz 1920, S. 20; vgl. Taylor 1914, S. 44f.).

striellen Revolution waren zunächst technische Gründe verantwortlich.[3]

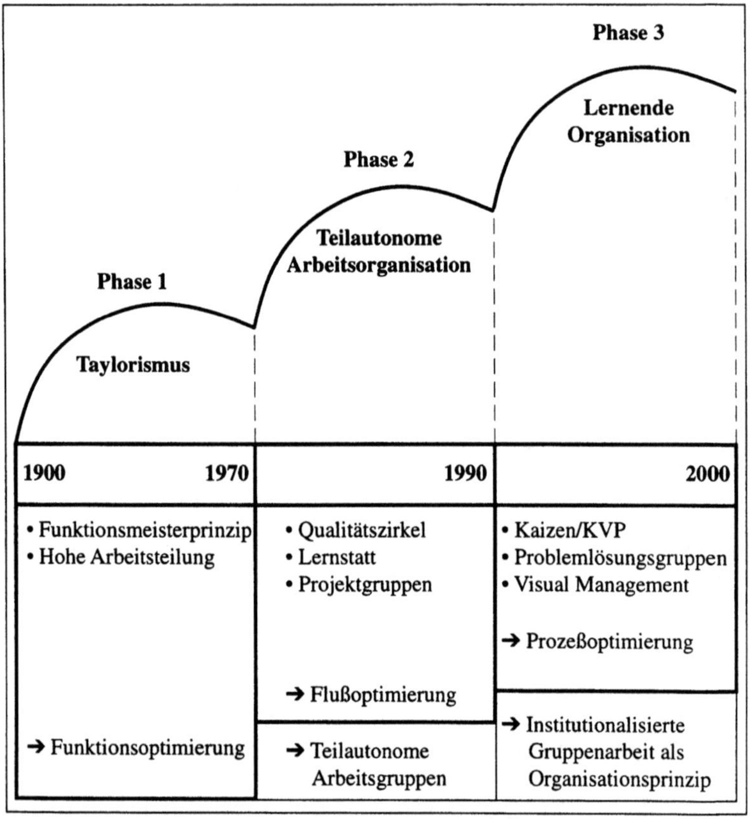

Abb. 2-1: Entwicklungslinien der Arbeitsorganisation

Da die Taylorisierung eine überdimensionale Zunahme des mittleren Managements nach sich zog, wurde vielfach angezweifelt, ob die zu erwartende Produktivitätssteigerung die notwendigen indirekten Kosten decken würde.[4] Die Unternehmen befürchteten Machteinbußen und Autoritätsverluste und die Gewerkschaften die Nutzung des Taylorismus als Ausbeutungsinstrument.[5] In Europa kam es während des ersten Weltkrieges zu einer Annäherung zwischen Gewerkschaften

3 Vgl. Kieser 1993, S. 81; Burchardt 1977, S. 63; Nelson 1975, S. 68ff.
4 Vgl. Merkle 1980, S. 31.
5 Vgl. Schuler 1993, S. 22.

und Tayloristen.[6] In den USA wurde jedoch für die Rationalisierung der Produktion der Fordismus bedeutsamer als der Taylorismus.[7] In Deutschland wurde Taylor´sches Gedankengut vor allem durch den Verein deutscher Ingenieure (VDI) verbreitet.[8] Im Vergleich zu den USA stand die Einführung des Taylorismus in Deutschland vor anderen Rahmenbedingungen, in erster Linie bedingt durch die höhere Qualifikation der Arbeitnehmer.[9] Der Taylorismus entwickelte Arbeitsstrukturen, die infolge extremer Arbeitsteilung und Spezialisierung minimale Anforderungen an die Qualifikation der Mitarbeiter stellten.[10] Aus heutiger Sicht liegen die Nachteile tayloristisch geprägter Arbeitsstrukturen in einer qualitativen Unterforderung, einer quantitativen Überforderung und einem geringen Grad an Autonomie[11], die Vorteile hingegen in der angewandten wissenschaftlichen Programmatik, den Untersuchungsmethoden und der interdisziplinären Forschungsmethodik.[12]

Nach dem ersten Weltkrieg gab es bereits erste Bestrebungen, den negativen Wirkungen tayloristischer Arbeitsteilung entgegenzuwirken. Hierzu entwickelten Lang und Hellpach ein Konzept der Gruppenfabrikation.[13] Statt um Aufgabenorientierung ging es hier um Auftragsorientierung. Fertigungsaufträge sollten nicht in getrennten Bereichen, sondern als Ganzes gefertigt werden. Lang und Hellpach bildeten Fabrikationsgruppen, denen unterschiedliche Werkzeugmaschinen zugeordnet waren. Den Arbeitsgruppen gehörten Maschinenarbeiter, Schlosser und andere Arbeiter an, welche komplette Teile fertigten. Die Nachteile dieser Gruppenfabrikation bestanden in einem größeren Platzbedarf und einem zunehmenden Bedarf an technischem Personal. Bei dieser Veränderung der Arbeitsorganisation wurden indes weder die Arbeitsinhalte erweitert noch kam es zu einer Selbstregulation der Gruppenmitglieder.[14]

6 Vgl. Ebbinghaus 1984, S. 142ff.
7 Zu den Gestaltungsprinzipien des Fordismus vgl. Ford 1923, S. 93; Giedion 1987, S. 244ff.; Hinrichs 1981, S. 192ff.
8 Zu den folgenden Ausführungen vgl. Ludwig 1981, S. 207ff.
9 Vgl. Kieser 1993, S. 85. Zur gesamtwirtschaftlichen Perspektive und Annahme des Taylorsystems in Deutschland vgl. Burchardt 1977, S. 52-98.
10 Vgl. Ulich 1991, S. 8.
11 Vgl. Bartölke 1992, Sp. 2385.
12 Vgl. Schuler 1993, S. 20.
13 Vgl. zu den folgenden Ausführungen Lang/Hellpach 1922, S. 94f.
14 Vgl. Ulich 1991, S. 20.

In den 50er Jahren formulierten Industriesoziologen[15] die These, die zunehmende Technisierung werde neue Sozialformen der Arbeit erzwingen. Sie vermuteten, daß an die Stelle der Hierarchie ein um Teams und Kollegien organisiertes Führungssystem mit kooperativen Gestaltungsansätzen treten werde. Diese Einschätzungen zogen allerdings keine neuen Organisationskonzepte nach sich.[16]

2. Phase: Teilautonome Arbeitsgruppen

Intensivere Diskussionen über neue Arbeitsformen entstanden in Deutschland in den 70er und den frühen 80er Jahren.[17] Eine Vielfalt an Konzepten wurde im Rahmen des durch das Bundesministerium für Wirtschaft und Forschung getragene Programm der Humanisierung des Arbeitslebens entwickelt.[18] Die Forschungsprojekte wurden von Wissenschaftlern initiiert, die Anregungen aus den skandinavischen Gruppenarbeitsmodellen gewonnen hatten.[19] Im VW-Werk Salzgitter wurde von 1975 bis 1977 der erste Versuch unternommen, eine Taktmontage auf Gruppenarbeit umzustellen.[20] Folgende Aufgaben wurden den Gruppen übertragen: Materialbeschaffung, Komplettmontage eines Motors, Motoreinlauf, Kontroll- und Dispositionsaufgaben. Alle Mitarbeiter konnten sich im Verlauf des Projektes für diese Aufgaben qualifizieren. Jede der Gruppen wählte zunächst einen Gruppensprecher und setzte sich in 14-tägigem Rhythmus zu Gruppengesprächen zusammen. Das Projekt scheiterte an den Widerständen auf Seiten des Managements, des Betriebsrates und der Gewerkschaft. Betriebs- und tarifpolitische Konflikte waren auch für andere Humanisierungs-Projekte der 70er Jahre typisch. Die Humanisierungsdebatte blieb im Vergleich zu anderen Ländern stark technikbezogen und auf die Verbesserung einzelner Arbeitsplätze gerichtet. Ergonomische Gesichtspunkte erhielten dabei die größte Aufmerksamkeit.[21] Weitere Ansätze mitarbeiterorientierter Konzepte bildeten sich in den 80er Jahren heraus. Hierzu zählt zunächst das Tätigkeitsbild des Anlagenführers. Seine Aufgabe bestand in der Wartung und

---

15 Vgl. insgesamt Popitz/Bahrdt/Jüres/Kersting 1957.

16 Vgl. Schuler 1993, S. 126.

17 Vgl. Ulich 1973; Ulich/Groskurth/Bruggemann 1973.

18 Vgl. Schuler 1993, S. 38.

19 So etwa das Modell von Volvo in Kalmar (vgl. Kern 1977); bedeutend in diesem Zusammenhang sind auch die Arbeiten des englischen Tavistock Institute of Human Relations, dessen Gruppenforschungsexperimente weit über die Automobilbranche hinausgingen; vgl. Herbst 1962; Kern 1979.

20 Vgl. Bundesministerium für Forschung und Technologie 1980.

21 Vgl. Endres/Wehner 1993, S. 7.

Überwachung des Maschinenparks, der präventiven Instandhaltung, Störungsbehebung und Beseitigung sowie in der Steuerung des Materialflusses.[22] Die Teams setzten sich aus dem Anlagenführer, Anlagenbediener und Anlagenbetreuer und -prüfer zusammen, wobei dem Anlagenführer eine koordinierende Rolle zu kam, die Anlagenbedienung allerdings in erster Linie bei den Anlagenbetreuer lag. In der Praxis setzten sich weder die vorgesehene Aufgabenrotation noch die Höherqualifizierung durch. Im Mittelpunkt bandentkoppelter Boxenarbeitsplätze stand die Beherrschung ungleicher Fertigungsumfänge und die damit verbundene Flexibilisierung des Personaleinsatzes.[23] Vorgesehen war eine vollständige Rotation der Gruppenmitglieder, die allerdings in vielen Fällen aufgrund mangelnder Qualifizierungsmaßnahmen und einer einseitig technikorientierten Planung nicht erreicht werden konnte. Das Fehlen organisatorischer Veränderungen ließ die Entwicklung eines eigenständigen Gruppenarbeitsmodells kaum zu.[24]

3. Phase: Lernende Organisation

Gegenwärtig gestaltet sich die Gruppenarbeitsdebatte derart, daß intensive Anstrengungen unternommen werden, die vorhandenen Problemlösungsfähigkeiten und Innovationspotentiale der Mitarbeiter zu nutzen.[25] Arbeitsteilung und Spezialisierung haben dazu geführt, daß die Problemlösungsfähigkeiten und das Ideenpotential der Mitarbeiter nur in geringem Umfang für die Weiterentwicklung der Leistungsfähigkeit der Unternehmen genutzt wird. Um die Mitarbeiter als Problemlöser zur Bewältigung der gestiegenen Komplexität wirtschaftlicher Leistungserstellungsprozesse zu nutzen, muß ihnen mehr Gelegenheit zur Entwicklung und zur Selbststeuerung gegeben werden.[26] In vielen Unternehmen ist die Bedeutung der Gruppenarbeit als elementarer Bestandteil einer lernenden Organisation erkannt worden.[27] Neben einer generellen Bereitschaft und Motivation zum Lernen bei allen Organisationsmitgliedern sind strukturelle und organisatorische Voraussetzungen zu schaffen, um kooperative Lernprozesse zu fördern, in denen Lernen verstanden wird als Veränderungsprozeß von

22 Zu den folgenden Ausführungen vgl. Muster 1990, S. 113ff.
23 Vgl. Wehner et al. 1992.
24 Die Veränderungen beschränkten sich auf ergonomische Verbesserungen und auf die Reduzierung von Wegezeiten; vgl. Endres/Wehner 1993, S. 10.
25 Vgl. Wildemann 1994d, S. 7.
26 Vgl. Wildemann 1994d, S. 6f.
27 Vgl. Grap/Mühlbradt 1995, S. 320.

Wissen und Fertigkeiten durch das Tätigsein mit anderen.[28] Hierzu zählen der Abbau starrer Hierarchien und die Förderung eines kooperativen Führungsstils.[29] Lernkulturfördernde Maßnahmen bestehen weiterhin in der Einrichtung flexibler Arbeitsstrukturen und -zeiten, der Visualisierung und Kommunikation von Unternehmenszielen, der Förderung von funktionsübergreifenden Qualifikationen und der Beurteilung und Anerkennung von Teamfähigkeit.[30]

Gruppen- und Teamarbeit sind Organisationskonzepte, die sowohl kooperatives als auch selbstgesteuertes Lernen ermöglichen.[31] Es gilt, Lernen in die Gruppe zu verlagern und in den Arbeitsprozeß zu integrieren.[32] Lernprozesse entstehen unter aktiver Beteiligung der Mitarbeiter. Der Wissenstransfer wird über direkte und unmittelbare Interaktionen und Kooperationen vorgenommen.[33] Durch Lernen in der Gruppe können Mitarbeiter gegenseitig vom Wissen und Erfahrungsschatz der anderen profitieren sowie gemeinsam neue Lernprozesse bewirken.[34] Man spricht dann von kooperativer Selbstqualifikation.[35] Das von- und miteinander Lernen, die teamorientierte Zusammenarbeit und der Aufbau von Netzwerken sind somit wichtige Komponenten für den organisatorischen Lernprozeß.[36]

---

28 Vgl. Hohmann 1989, S. 329f.
29 Vgl. Kakabadse/Fricker 1991, S. 74.
30 Vgl. Stiefel 1991, S. 39f.; Sattelberger 1991, S. 50.
31 Vgl. Heidack 1989b, S. 16.
32 Vgl. Stürzl 1993, S. 310; Schelten 1991, S. 171ff.
33 Vgl. Geißler 1991, S. 87f.
34 Vgl. Thul 1995, S. 267.
35 Vgl. Heidack 1989a.
36 Vgl. Hohmann 1989, S. 330.

2. 1. 2 Formen und Ausprägungen mitarbeiterorientierter Organisationskonzepte

In der Literatur finden sich sehr unterschiedliche terminologische Abgrenzungen des Gruppenbegriffs. Shaw unterscheidet folgende sechs Kategorien:

1. Wahrnehmungen und Kognitionen,
2. Motivation und Bedürfnisbefriedigung,
3. Gruppenziele,
4. Gruppenorganisation,
5. Interdependenz der Gruppenmitglieder und
6. Interaktion.

Die Merkmale der Interdependenz oder der Interaktion sind hier die zentralen Elemente des Gruppenkonzepts. Shaw betrachtet nur Gruppen, die eine gewisse Zeit bestehen und ein gemeinsames Ziel sowie zumindest eine ansatzweise entwickelte Gruppenstruktur besitzen.[37] Rosenstiel hingegen definiert eine Gruppe als eine Mehrzahl von Personen, die in direkter Interaktion stehen, durch Rollendifferenzierung und gemeinsame Normen gekennzeichnet sind und die ein Wir-Gefühl verbindet.[38]

Als Kleingruppe kann eine Gruppe mit weniger als zwanzig Personen bezeichnet werden.[39] Arbeitsgruppen sind Kleingruppen, die aufgrund einer gemeinsamen Aufgabenstellung konstituiert wurden und deren Ziel in der Bearbeitung dieser Aufgabe liegt; unter Gruppenarbeit wird eine Arbeitsform verstanden, bei der mehrere Personen gemeinsam an einer Aufgabe arbeiten oder einen Aufgabenbereich bearbeiten.[40] Teamarbeit stellt eine Sonderform der Gruppenarbeit dar, "welche durch bewußte Intensivierung und Regelung der Gruppenprozesse eine zusätzliche Leistungssteigerung gegenüber Gruppenarbeit oder sonstiger Arbeitsformen ermöglichen soll"[41].

---

37 Vgl. Shaw 1976, S. 6 und 11.
38 Vgl. v. Rosenstiel 1992a, S. 261.
39 Vgl. Staehle 1991, S. 243.
40 Vgl. Alioth/Ulich 1983, S. 316f.
41 Forster 1978, S. 20. Vgl. grundlegend Wiendieck 1992 und Katzenbach/Smith 1993. In der Literatur findet sich der Begriff Team anstelle des Kleingruppenbegriffes, insbesondere in den Wortverbindungen Teamarbeit, Teamfähigkeit und Teamentwicklung; vgl. Bendixen 1980; Forster 1981; Trebesch 1980.

Es existieren diverse Kleingruppenkonzepte; die wichtigsten wären: Qualitätszirkel, Lernstatt, Vorschlagsgruppen, Projektgruppen und teilautonome Arbeitsgruppen (siehe Abb. 2-2).

Qualitätszirkel	Lernstatt	Vorschlagsgruppen	Projektgruppen	Teilautonome Arbeitsgruppen
Ziele				
• Förderung von Kooperations-, Kreativitäts- und Problemlösungstechniken • Ziel- und problemlösungsorientiert • Motivationssteigerung durch Teamarbeit	• Bessere Information und Integration der Mitarbeiter • Stärkung des Verantwortungsbewußtseins • Verbesserung der Kommunikation • Basis für weitere Gruppenaktivitäten	• Gruppenvorschläge durch Zusatzprämien unterstützen • Anonymität der Bearbeitung kann auf Wunsch der Gruppe aufgehoben werden	• Lösung bereichsübergreifender Probleme • Schnelle Problemlösung • Nutzung der Problemlösungskapazitäten	• Beseitigung von Problemen am Ort der Leistungserstellung • Kurzfristige Anpassung an neue Zielvorgaben • Schnelle Reaktion auf Störungen • Selbstorganisation und Selbststeuerung
Charakterisierung				
• 5-10 freiwillige Teilnehmer, die ihre Arbeitsthemen selbst auswählen • Leitung durch einen Moderator • Beratung durch Spezialisten • Selbständige Umsetzung erarbeiteter Lösungen	• 5-8 Mitarbeiter, 1-2 speziell geschulte Moderatoren • Treffen während der Arbeitszeit, auf 2-3 Monate befristet • Themenvorgabe durch die Moderatoren	• Einführung neuer Beteiligungsmodelle • Die Einführung von Gruppenarbeitsformen unterstützen	• 5-10 Mitarbeiter, 1 Gruppenleiter • Spezialisten aus verschiedenen Abteilungen • Treffen während oder im Anschluß an die Arbeitszeit; Teilnahmepflicht	• 5-10 Teilnehmer, 1 Gruppensprecher • Dauerhafte Zusammenarbeit und gemeinsame Problemlösung in einem Teilbereich der Fertigung • Weitgehende Selbstorganisation

Abb. 2-2: Charakterisierung von Gruppenkonzepten

Im Rahmen von Qualitätszirkeln (QZ) werden Mitarbeiter der ausführenden Ebene an der Lösung betrieblicher Probleme beteiligt; dabei geht es vor allem um die Lösung von Qualitätsproblemen.[42] Zu Beginn der QZ-Aktivitäten werden Gruppen aus fünf bis zehn Mitarbeitern innerhalb einzelner Arbeitsbereiche der Produktionsabteilungen eingerichtet. Bereichsübergreifende Gruppen entstehen erst im Lauf der Zeit.[43] Im Rahmen der Zirkel-Organisation wird zur Unterstützung der QZ-Aktivitäten ein Koordinator aus dem mittleren Management bestimmt, der zusammen mit den Führungskräften des oberen Managements ein Steuerungskomitee bildet.[44] Die Meister sind Zirkelleiter und werden als Moderatoren in das QZ-Konzept involviert.[45] QZ-Teilnehmer treffen sich auf freiwilliger Basis regelmäßig, entweder wöchentlich oder monatlich für ein bis zwei Stunden während der Arbeitszeit.[46] Sie beschäftigen sich in erster Linie mit Problemstellungen, die die Tätigkeit und die Arbeitsbedingungen betreffen; ihre Mitwirkungsmöglichkeiten bestehen in der Auswahl von Problemstellungen, der Entwicklung und gegebenenfalls Umsetzung von Lösungsalternativen sowie in der Regelung gruppeninterner Angelegenheiten.[47] Die Entscheidung über die Vorschläge und über die Rahmenbedingungen der Gruppenarbeit ist in der Regel dem Management vorbehalten. Es kann daher nur von Informations- und Vorschlags-, nicht aber von Mitbestimmungsmöglichkeiten gesprochen werden.[48]

Zur besseren Integration ausländischer Mitarbeiter wurde Anfang der 70er Jahre das Lernstatt-Konzept entwickelt. Es stellt ein Instrument der Information, des Erfahrungsaustausches, der Problemlösung und der Weiterbildung dar.[49] Das Ziel der Lernstatt liegt in der Vermittlung von neuen Verhaltensweisen und der Verbesserung der Kommunikationsbeziehungen unter Berücksichtigung der Lern- und Arbeitssituation der Mitarbeiter.[50] Die Lernstatt besteht aus der Lerngruppe, den Moderatoren, der Supervisionsgruppe und dem Situationsberater.[51] Lernstattgruppen (fünf bis zwölf Mitarbeiter) treffen sich in einem Zeitraum von zwei bis drei Monaten einmal pro Woche während der Arbeitszeit. Die Themen werden entweder von Vorge-

42 Vgl. Deppe 1989, S. 28ff.
43 Vgl. Zink/Schick 1987, S. 40ff.
44 Vgl. Domsch 1985, S. 433ff.
45 Vgl. Bungard/Wiendieck 1986, S. 53.
46 Vgl. Bühner 1994, S. 214.
47 Vgl. Zink 1992, Sp. 2130 und 2132.
48 Vgl. Antoni 1990, S. 77.
49 Vgl. Einsiedler/Knura 1984, S. 749.
50 Vgl. BMW 1987, S. 5ff.
51 Vgl. Einsiedler/Knura 1984, S. 751ff.

setzten oder von der Gruppe selbst eingebracht.[52] Moderatoren unterstützen die Gruppen bei der Problemlösungsarbeit.[53] Die Ergebnisse haben lediglich Vorschlagscharakter, da das Management in den meisten Fällen über die Realisierung der Maßnahmen entscheidet.[54]

Konzepte des betrieblichen Vorschlagswesen werden parallel zu den Kleingruppenkonzepten wie Lernstatt und Qualitätszirkel eingesetzt. Die Mitarbeiter werden dazu angeregt, Vorschläge, die zur Wirtschaftlichkeitsverbesserung, zur Verbesserung der Arbeitsabläufe oder zur Humanisierung des Arbeitslebens beitragen, einzureichen.[55] Die Sonderleistungen werden mit einer Prämie honoriert.[56] Eine Erweiterung der Problemlösungskapazität läßt sich durch das Gruppenvorschlagswesen erzielen.[57] Bei Vorschlagsgruppen handelt es sich um informelle Gruppen von Mitarbeitern, die gemeinsam einen prämienfähigen Verbesserungsvorschlag erarbeiten und als Gruppenvorschlag einreichen.[58]

Zur Bearbeitung neuartiger Problemstellungen, die einen einmaligen Charakter aufweisen und mehrere Unternehmensbereiche tangieren, können Projektgruppen, Projektteams oder "Task Forces" eingesetzt werden.[59] Die Zielsetzung wird vom Management vorgegeben und bezieht sich auf die Bearbeitung einer einmaligen Aufgabenstellung, von der mehrere Organisationseinheiten betroffen sind.[60] Projektgruppen setzen sich meist aus Mitarbeitern zusammen, die für die Lösung des Problems entsprechend ihrer Sachkompetenz ausgewählt werden und für die Dauer der Projektbearbeitung zusammenarbeiten.[61] Die Art ihrer Eingliederung ist abhängig von der Projektorganisation.[62] Es werden vier Typen nach dem Grad der organisatorischen Verselbständigung des Projektzieles unterschieden: Stabs-Projektorganisation, Matrix-Projektorganisation, projektorientierte Teilbereiche und reine Projektorganisation. Während sich bei der Stabs- wie auch bei der Matrix-Projektorganisation die Gruppen nur von Zeit zu Zeit

52 Vgl. Hummel 1995, S. 109.
53 Vgl. Becker/Langosch 1990, S. 198.
54 Vgl. v. Rosenstiel 1992a, S. 113.
55 Vgl. Thom 1993, S. 280.
56 Vgl. Bumann 1993, S. 91.
57 Vgl. Brinkmann 1989; Brinkmann 1977; Thom 1993.
58 Vgl. Ruhnau/Esser 1993, S. 354.
59 Vgl. Staehle 1991, S. 712.
60 Vgl. Bühner 1994, S. 214.
61 Vgl. Zink 1995, S. 16.
62 Zu den folgenden Ausführungen und zu den unterschiedlichen Formen der Projektorganisation vgl. Grün 1992, Sp. 2107-2109.

treffen, arbeiten die Projektmitarbeiter bei der reinen Projektorganisation für die Zeitdauer des Projektes kontinuierlich zusammen.

Unter teilautonomen Arbeitsgruppen[63] versteht man Einheiten von drei bis zehn Mitarbeitern, die konstant zusammenarbeiten und denen die Erstellung eines kompletten Teilproduktes oder einer Dienstleistung eigenverantwortlich übertragen wird.[64] Den Gruppen werden bestimmte Freiräume zugestanden, in denen sie selbständig handeln und entscheiden können.[65] Neben Ausführungstätigkeiten werden, in Abhängigkeit vom Autonomiegrad auch Organisations-, Planungs- und Kontrollaufgaben wahrgenommen.[66] Hierzu zählen Fragen der Arbeitsaufteilung und -verteilung, der zeitlichen Arbeitsplanung oder der Produktprüfung.[67] Insbesondere die arbeitsorganisatorischen Veränderungen haben tiefgreifende Veränderungen für die Qualifikations- und Führungsstruktur in teilautonomen Gruppen zur Folge.[68] Die Hauptvorteile von teilautonomen Arbeitsgruppen sind in der Steigerung von Produktivität, Qualität und Flexibilität sowie der Verbesserung von Motivation, Qualifikation und Arbeitssituation zu sehen.[69]

Diese Formen betrieblicher Kleingruppenkonzepte gehen auf unterschiedliche Ursprünge zurück:

- Entwicklung neuer Formen der Arbeitsorganisation,
- Aktivitäten zur Steigerung der Qualität durch Erschließung des Problemlösungspotentials der Mitarbeiter,
- Anwendung neuer Ansätze der Informationsvermittlung und der Mitarbeiterintegration,
- Organisation zur Abwicklung und Prämierung von Verbesserungsvorschlägen.[70]

Die Behandlung von Arbeits- und die von Problemlösungsgruppen erfolgt in der Literatur bisher weitgehend unabhängig voneinander.[71] In den Konzepten teilautonomer oder selbststeuernder Arbeitsgruppen

63 Vgl. grundlegend Bartölke 1992, Sp. 2386; Fotilas 1980; Lattmann 1972; Maier 1977, Pfeiffer/Staudt 1980; Rohmert/Weg 1976.
64 Vgl. Steinmann/Heinrich/Schreyögg 1976, S. 40f.
65 Vgl. Ulich 1991, S. 167.
66 Vgl. Bartölke 1992, Sp. 2388.
67 Vgl. Rohmert/Weg 1976, S. 56f.
68 Vgl. Bartölke 1992, Sp. 2390.
69 Vgl. Antoni 1995, S. 34.
70 Vgl. Zink 1992, Sp. 2129.
71 Vgl. Antoni 1995; Bartölke 1992; Bühner 1994; Bungard 1992; Deppe 1989; Domsch 1985; Zink 1992.

wird im wesentlichen die Übertragung erweiterter Aufgaben, Kompetenzen und Handlungsspielräume im Rahmen des Leistungserstellungsprozesses betrachtet. Arbeits- und Problemlösungsaufgaben erfolgen weitgehend isoliert voneinander. Problemlösungsaufgaben werden entkoppelt von der Leistungserstellung temporär bevorzugt im Rahmen von Problemlösungsgruppen behandelt. Problemlösungsgruppen wie Qualitätszirkel, Werkstattzirkel, Lernstattgruppen und Vorschlagsgruppen kommen temporär in der Sekundärorganisation zum Einsatz, wo bereichs- und gruppenübergreifende Probleme auftreten oder wo der Einsatz von teilautonomen Arbeitsgruppen nicht möglich ist.[72] Problemlösungsaktivitäten werden mit der Zielsetzung der Beteiligung der Mitarbeiter an der betrieblichen Schwachstellenbeseitigung und der systematischen Personalentwicklung vorgenommen.[73] Um eine verstärkte Nutzung des Problemlösungs- und Innovationspotentials der Mitarbeiter zu erzielen, wird diese strikte Trennung zwischen Arbeits- und Problemlösungsaufgaben zugunsten eines integrierten Ansatzes von Problemlösungsaktivitäten in den Arbeitsgruppen aufgelöst (siehe Abb. 2-3).[74]

Im Rahmen dieses Konzepts nehmen Arbeitsgruppen nicht nur Aufgaben im Zusammenhang mit der Leistungserstellung wahr. Vielmehr steht die Problembearbeitung- und lösung zur Förderung einer kontinuierlichen Verbesserung der Prozesse im Vordergrund.[75] Die Arbeitsgruppen sind auf Dauer angelegt und fest in der Primärorganisation verankert. Sie bearbeiten einen Abschnitt des betrieblichen Leistungserstellungsprozesses unter einer gemeinsamen Zielsetzung und tragen die Verantwortung für die Erfüllung einer ganzheitlichen Arbeitsaufgabe.[76]

72 Vgl. Wildemann 1994d, S. 7.
73 Vgl. Bühner 1994, S. 214.
74 Vgl. Wildemann 1994d, S. 7 und 10.
75 Vgl. Wildemann 1994d, S. 16.
76 Vgl. REFA 1987, S. 116; vgl. Niefer 1993, S. 63.

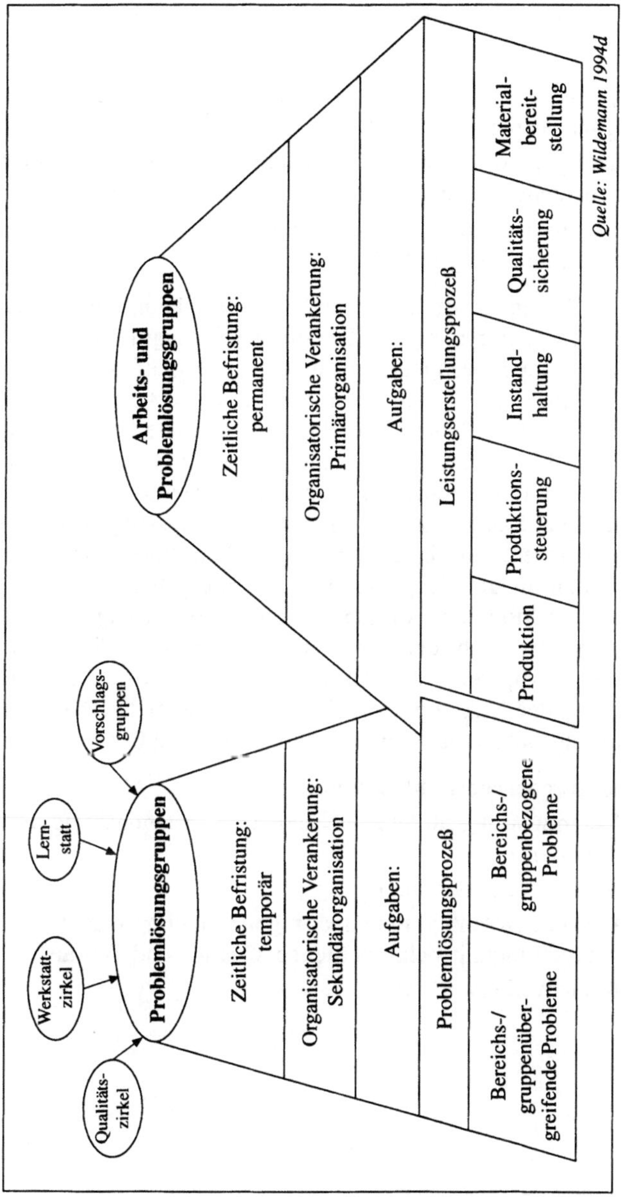

Abb. 2-3: Abgrenzung von Arbeits- und Problemlösungsgruppen in der Gruppenorganisation

Eine ganzheitliche Aufgabenerfüllung ist in dreierlei Hinsicht möglich:

- horizontal lassen sich verstreut wahrgenommene, gleichartige Aufgabenelemente in einer Stelle zusammenziehen;
- vertikal gilt das gleiche für arbeitsteilig wahrgenommene Planungs-, Entscheidungs-, Durchführungs- und Kontrollaufgaben;
- bislang ausgegliederte indirekte Funktionen werden in die Hauptaufgabe integriert.[77]

Problemlösungsaktivitäten werden als eigenständige Aufgaben in die Primärorganisation integriert. Die Problemlösungsaktivitäten beziehen sich auf gruppenbezogene und bereichsübergreifende Schwachstellen.[78] Permanente Arbeits- und Problemlösungsgruppen werden auf der ausführenden Ebene eingeführt. Die optimale Gruppengröße liegt zwischen fünf und zwölf Mitarbeitern. Sie hängt von Merkmalen wie Aufgabenstellung, zeitlicher Kapazität, Arbeitsbedingungen sowie sozialer Qualifikation ab.[79] Klassische Führungsaufgaben wie Planen, Probleme lösen, Entscheidungen treffen, koordinieren und kontrollieren werden an die Gruppenmitglieder übergeben. Handlungsspielräume hinsichtlich der Aufgabenplanung, -zuweisung und -organisation sowie der Wahl der Arbeitsmethoden fördern die Selbstorganisation der Gruppen.[80] Die Gruppenaufgaben weisen unter Berücksichtigung der Nutzung des bei den Mitarbeitern vorhandenen Problemlösungspotentials somit drei Dimensionen auf:

- Arbeitsorganisatorische Dimension:
  - Verantwortung für Qualitätssicherung, Instandhaltung und Material,
  - Anlagenverantwortung,
  - Leistungsverantwortung und -regulierung im Sinne der Vorgabenerfüllung hinsichtlich Menge, Qualität und Termin,
  - Kostenverantwortung.

77 Vgl. Schlund 1994, S. 142.
78 Vgl. Henkel/Schwetz 1992, Sp. 2245f.
79 Vgl. Staehle 1991, S. 243.
80 Vgl. Wildemann 1994d, S. 17f.

- Personelle bzw. soziale Dimension:
  - Vertretung der Gruppeninteressen,
  - Fehlzeitenregulierung,
  - Personalrekrutierung/Ausleihungen,
  - Qualifizierung,
  - Arbeitsplatzeinweisung.
- Problemlösungsdimension:
  - Problemsammlung, -analyse und -lösung von bereichs- und gruppenspezifischen Problemen,
  - Umsetzung und Controlling der erarbeiteten Lösungen.[81]

Die Darstellung der Gestaltungsmerkmale permanenter Arbeits- und Problemlösungsgruppen verdeutlicht die Sichtweise der vorliegenden Untersuchung, Gruppenarbeit als Element einer lernenden Organisation zu betrachten.

2. 1. 3 Konzeptioneller Bezugsrahmen der Untersuchung

Die Einführung mitarbeiterorientierter Gruppenarbeitsformen ist mit einem strukturellen Wandel des Organisationssystems verbunden. Die funktions- und hierarchieübergreifenden Gestaltungsansätze verändern Prozeßketten und Arbeitsabläufe; sie erfordern Verhaltensänderungen bei den Mitarbeitern. Komplexität und Konfliktpotential charakterisieren die Einführung von Gruppenarbeit.

1. Komplexität: Die Erarbeitung und Entwicklung von Konzepten zur Einführung von Gruppenarbeit und der Veränderungsprozeß an sich sind durch einen hohen Komplexitätsgrad gekennzeichnet. Die Integration der Gruppenarbeit in bestehende Unternehmensstrukturen führt zu jeweils unternehmensindividuellen Ausgestaltungen des Einführungsprozesses. Die Komplexität wird in erster Linie durch die erforderlichen Veränderungen der Aufbauorganisation bedingt, die sich wiederum auf verschiedene Organisationseinheiten auswirken. Sie ist weiterhin abhängig vom Umfang der erforderlichen Analysen der Arbeitsorganisation, der Möglichkeit zur Aufgabenintegration, den Kommunikations- und Kooperationserfordernissen sowie von der Einbeziehung indirekter Funktionen. Bei der Einführung von Gruppenarbeit reicht daher die Problemlösungskapazität einzelner Planer und Mitarbeiter nicht aus, um die Analysen, die Planungs- und die Realisierungsschritte zu bewältigen.

---

81 Vgl. Wildemann 1994d, S. 16f.

2. *Konfliktpotential:* Einführungskonzepte von Gruppenarbeitsformen beinhalten ein hohes Konfliktpotential, weil sie zum einen gewachsene Strukturen, Abläufe und Machtverhältnisse in Frage stellen und zum anderen ein konsensfähiges Konzept erfordern, um die angestrebten Verhaltensänderungen bei den betroffenen Mitarbeitern und Führungskräften zu erreichen. Dieses Konfliktpotential ist von Seiten des Managements durch Information und Diskussion hinsichtlich der angestrebten Veränderungen der Arbeitsorganisation, Berücksichtigung der unterschiedlichen Interessen der Beteiligten und durch Einbindung der von der Einführung von Gruppenarbeit betroffenen Mitarbeiter in einen Lernprozeß zu reduzieren. Darüber hinaus sind Gruppenarbeitskonzepte durch die Integration von indirekten Funktionen gekennzeichnet. In der Zusammenarbeit zwischen indirekten und direkten Mitarbeitern können immer wieder Spannungen und Konflikte auftreten, die es zu lösen gilt.

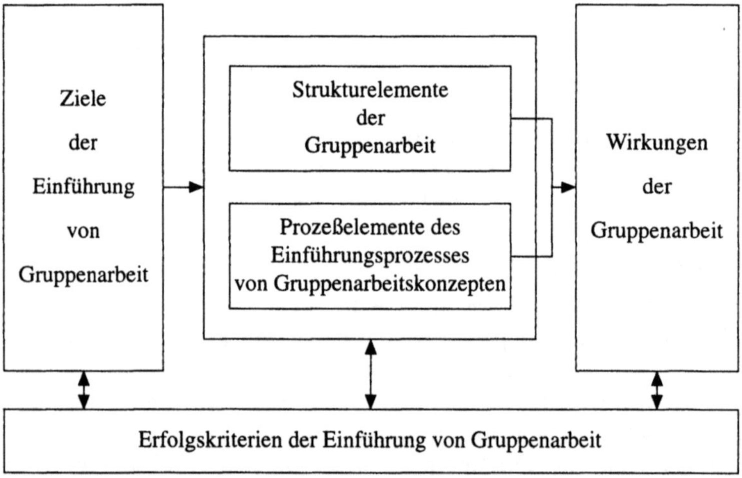

Abb. 2-4: Komponenten des Bezugsrahmens

Für die Analyse der unternehmensbezogenen Einführungsstrategien der Gruppenarbeit soll auf die Methodik der Bezugsrahmenforschung zurückgegriffen werden. Bezugsrahmen stellen konzeptionelle Ordnungsschemata dar, die die problemrelevanten Begriffe, Komponenten und die zwischen ihnen angenommenen Wirkungszusammenhänge abbilden.[82] Modellrahmen reduzieren die Anzahl der zu behandelnden Problemfelder und lassen eine Steuerung der Untersuchung zu, indem sie implizit die Datenbasis festlegen, anhand derer die Aussagefähigkeit des entwickelten Modells beobachtet und überprüft werden kann.[83] Die Komponenten des Bezugsrahmens sind in Abb. 2-4 dargestellt. Sie beinhalten die Ziele, die Struktur- und Prozeßelemente, die Wirkungen und die Erfolgskriterien der Einführung von Gruppenarbeit.

Die Einführung von Gruppenarbeit setzt wie jede tiefgreifende Strukturveränderung Zielvorgaben voraus. Ziele bilden die Bewertungsgrundlage für die Auswahl geeigneter aufbau- und ablauforganisatorischer Maßnahmen zur Beschleunigung des Einführungsprozesses. Grundsätzlich ist zwischen ökonomischen und mitarbeiterbezogenen Zielen zu unterscheiden.

Als Strukturelemente von Gruppenkonzepten sind relevant:

- Autonomiegrad
- Gruppenstruktur/-organisation
- Führung
- Controlling
- Qualifikation
- Kontinuierlicher Verbesserungsprozeß und betriebliches Vorschlagswesen
- Entlohnung

Für die Einführung von Gruppenarbeit ist die Untersuchung folgender Prozeßelemente von Bedeutung:

- Projektorganisation/-ablauf
- Unterstützung durch Fach-, Machtpromotoren oder externe Berater
- Einbeziehung betroffener Mitarbeiter
- Information der Beteiligten
- Gruppenentwicklung
- Qualifizierung
- Durchführung von Lerntransfers
- GENESIS-Workshops

Die Wirkungen können differenziert werden nach ökonomischen und mitarbeiterbezogenen Wirkungen.

---

82 Zu den Eigenschaften sowie zur Bedeutung und Leistungsfähigkeit theoretischer Bezugsrahmen vgl. Kirsch 1977, S. 111ff; Grochla 1975, S.17; Kubicek 1975, S. 39 ff.

83 Vgl. Kirsch 1981, S. 195; Kubicek 1975, S. 39.

Für die Erfolgsbeurteilung von Einführungsprozessen lassen sich die Kriterien:

- Prozeßqualität,
- Umsetzungsgeschwindigkeit und
- Zielerreichungsgrad

heranziehen.[84]

Die Prozeßqualität der Einführung von Gruppenstrukturen bestimmt die Qualität organisatorischer Lernprozesse. Die Qualität der Einführung wiederum wird durch personelle, strukturelle und methodische Einflußfaktoren bestimmt, wobei zwischen einem handlungs- und einem wirkungsorientiertem Ansatz zur Bestimmung der Prozeßqualität unterschieden werden kann.[85] Während der handlungsorientierte Ansatz versucht, die Prozeßqualität anhand von Interventionsaktivitäten zu messen, zielt der wirkungsbezogene Ansatz auf die Beurteilung der im Verlauf der Änderung der Arbeitsorganisation aufgetretenen Schwierigkeiten ab. Eine hohe Prozeßqualität wird erreicht, wenn im Verlauf der Veränderung eine geringe Anzahl an korrigierenden Eingriffen erforderlich ist oder wenn während des organisatorischen Wandels nur geringe Qualitätsprobleme auftreten. Umgekehrt kann eine hohe Prozeßqualität konstatiert werden, wenn die Gruppenmitglieder erfolgreich zusammenarbeiten. Indizien für erfolgreiche Zusammenarbeitsformen können die Lösung von Konflikten und die Bewältigung von gruppendynamischen Prozessen, verbesserte interne und externe Kommunikations- und Kooperationsprozesse, das Vorhandensein eines hohen Autonomiegrades, die Anwendung von Problemlösungstechniken und die Einhaltung von Spiel-/Verhaltensregeln sein. Des weiteren spricht für eine hohe Prozeßqualität die Reaktionsgeschwindigkeit der Gruppenmitglieder auf Veränderungen und die Durchführung einer zielorientierten Gruppen- und Problemlösungsarbeit. Die Beurteilung der Prozeßqualität kann mit Hilfe von Befragungen der Meister, Gruppensprecher und Gruppenmitglieder auf der Basis von Fragebögen, Interviews oder Erfahrungsaustauschrunden ermittelt werden. Aus den Erkenntnissen über den Entwicklungsstand der Gruppen lassen sich Maßnahmen zur Weiterentwicklung der Gruppen ableiten.

---

84 Vgl. etwa Hadamitzky 1995, S. 258ff.
85 Vgl. Hadamitzky 1995, S. 271f.

Wettbewerbsvorteile erzielen Unternehmen, die die Einführung von Gruppenarbeit und somit den organisatorischen Lernprozeß schneller bewältigen als die Mitwettbewerber.[86] Infolgedessen ist die Umsetzungsgeschwindigkeit für eine erfolgreiche Veränderung der Arbeitsorganisation von besonderer Bedeutung. Inwieweit Zielvorgaben erreicht, Gestaltungselemente des Gruppenkonzepts umgesetzt, Verhaltensweisen von Führungskräften und Gruppenmitgliedern geändert werden und aktives Change-Management betrieben wird, spiegelt sich in der Umsetzungsgeschwindigkeit wider. Zur Messung des Erfolges konzentriert sich daher die vorliegende Untersuchung neben der Beurteilung der Prozeßqualität auf die Betrachtung der Umsetzungsgeschwindigkeit. Von besonderem Interesse ist hierbei, in welchem Zeitraum wieviele Gruppen in direkten oder indirekten Bereichen installiert wurden (Diffusionsgrad) und in welcher Entwicklungsphase sich die Gruppen befinden. Im Vordergrund steht die Frage: Wie schnell erreichen die Gruppen einen hohen Reifegrad und wie schnell entwickeln sie sich zu selbstlernenden Teams? Die benötigte Zeitspanne von der Planung und Ausgestaltung des Gruppenkonzepts über die Gruppenbildung bis hin zur funktionierenden Gruppe, d.h. autonom und erfolgreich zusammenarbeitenden Gruppenmitgliedern, wird als Kriterium für den Einführungserfolg herangezogen.

Der Zielerreichungsgrad beantwortet die Frage, inwieweit die mit der Einführung der Gruppenarbeit angestrebten Ziele, erreicht wurden. Die in Kapitel 6 durchgeführte Wirkungsanalyse gibt Auskunft über die Ergebniswirkungen der Gruppenarbeit und beurteilt den Zielerreichungsgrad hinsichtlich der ökonomischen, personalwirtschaftlichen und sozialen Ergebnisdimensionen. Zur Überprüfung der Zielerreichung wird auf die Ergebnisse der Expertenbefragung und auf die empirischen Ergebnispotentiale der Fallstudien zurückgegriffen, um daraus dann Aussagen über den Einführungserfolg und die realisierte Struktur- und Verhaltensänderung abzuleiten. Erfolgreich sind Gruppenkonzepte, die die angestrebten Ziele in vollem Umfang erreicht oder überschritten haben.

Der Erfolg der Veränderung wird sowohl von Struktur- als auch von Prozeßelementen beeinflußt. Strukturelemente können die Wirksamkeit der Leistungserstellungs- und Problemlösungsprozesse in den Gruppen im positiven wie auch im negativen Sinne bestimmen. Die Prozeßelemente sind bezüglich ihres Einflusses auf die Erfolgskriterien Qualität, Geschwindigkeit und Zielerreichung des Einführungs-

86 Vgl. Hadamitzky 1995, S. 258ff.

prozesses zu analysieren. Es erscheint deshalb notwendig auf der Basis der empirischen Ergebnisse, Ursachen für die Erfolgsunterschiede von Einführungsprozessen herauszuarbeiten und Wirkungszusammenhänge aufzuzeigen. Die unterschiedlichen Ausprägungen der Komponenten des Bezugsrahmens werden in den empirisch ausgerichteten Teilen der Analyse eingehend diskutiert.

2. 2 Empirische Basis

2. 2. 1 Methodik und Datenbasis der empirischen Untersuchung

Grundlage der datengestützten Analyse der Einführung von Gruppenarbeitskonzepten sind zwei unterschiedliche empirische Quellen: Expertenbefragungen[87] und elf Fallstudien.[88] Im Rahmen des von Prof. Dr. Horst Wildemann, Lehrstuhl für Betriebswirtschaftslehre mit Schwerpunkt Logistik an der Technischen Universität München geleiteten Arbeitskreises "Lean Management" wurde ein Fragebogen erstellt, der neben allgemeinen Fragestellungen die Methodenbausteine von Lean Management behandelte. Das Ziel der an diesem Arbeitskreis beteiligten Unternehmen war es, die Methodenbausteine zur Einführung von Lean Management in ein ganzheitliches Konzept zu integrieren. Neben den Methodenbausteinen

- Kundenorientierung durch Methoden des Reverse Engineering und Benchmarking,
- Bildung modularer Fabrikstrukturen,
- Segmentierung direkter und indirekter Bereiche,

werden insbesondere die Kernelemente von Gruppenarbeitskonzepten wie

- die Bildung bereichsübergreifender Problemlösungsteams und Gruppenarbeitsformen zur Nutzung der Problemlösungskapazität der Mitarbeiter und
- gegenseitige Auditierung und Visualisierung zur Förderung von Lerntransfers und zum Aufbau eines dezentralen Controllings

behandelt (siehe Abb. 2-5).[89]

---

87 Vgl. Wildemann 1995d, S. IV. Für die Befragungen stellten sich Führungskräfte aus folgenden Unternehmen zur Verfügung: Audi AG, Al-ko Kober AG, Atlas Elektronik GmbH, DASA Deutsche Aerospace, IBM Deutschland GmbH, Xaver Fendt & Co., Wilhelm Fette GmbH, Jungheinrich AG, Keiper Recaro, KSB AG Pumpen und Armaturen, Landis & Gyr, Leica Heerbrugg AG, Löhr & Bromkamp GmbH, Mannesmann Demag Kunststofftechnik, Mercedes Benz AG, Metzeler GmbH, Optische Werke Rodenstock, Schlafhorst AG & Co., Andreas Stihl, H. Stoll GmbH, Von Roll AG und Zumtobel AG.

88 Die Verfasserin dieser Arbeit war sowohl an den Expertenbefragungen als auch an den Analysen im Rahmen der Projektstudien beteiligt.

89 Vgl. Wildemann 1995d, S. 4f.

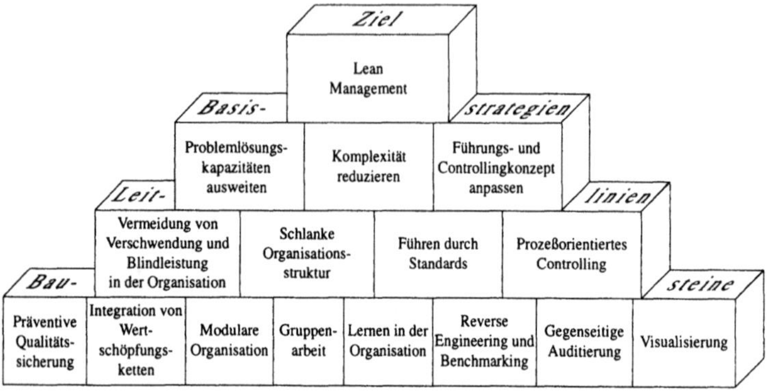

Quelle: Wildemann 1995d

Abb. 2-5: Lean Management-Konzept

Die Unternehmen gehören den Branchen Machinenbau, Elektronik/ Elektrotechnik, Kfz-Industrie, Optik und Stahlbearbeitung an. Die Verteilung der Unternehmen auf die einzelnen Branchen zeigt die Abb. 2-6.[90] Dem Maschinenbau gehören 39% der Unternehmen an. 27% der Unternehmen sind der Kfz-Bau und Kfz-Zulieferindustrie, 12% der Elektronik/Elektrotechnik-Industrie zu zurechnen. Der Optik und Stahlindustrie gehören jeweils 6% der Unternehmen an. 55% der Unternehmen bewegen sich in der Umsatzklasse 100-500 Mio. DM, 28% der Unternehmen befinden sich in der Umsatzklasse 500-1000 Mio. DM und 17% der Unternehmen liegen mit ihrem Umsatz über 1000 Mio. DM. Die Anzahl der Beschäftigten liegt in der Mehrzahl der Fälle (45%) zwischen 2000 und 5000 Mitarbeitern. Eine Auftragsfertigung findet sich in 55% der befragten Unternehmen und bei 55% der Unternehmen ist eine Großserienfertigung anzutreffen. Als Grundbaustein für schlanke Unternehmensstrukturen setzen 90% der befragten Unternehmen Gruppenarbeitskonzepte ein. In 50% der Unternehmen kommen permanente Arbeits- und Problemlösungsgruppen in direkten Bereichen zum Einsatz. 40% der befragten Unternehmen setzen hauptsächlich Problemlösungsgruppen in Form von Qualitätszirkeln, Lernstattgruppen und bereichsinternen sowie bereichsübergreifenden Problemlösungsgruppen zur Nutzung der Problemlösungskapazität der Mitarbeiter ein. Der Fragebogen enthielt im wesentlichen geschlossene Fragestellungen und wurde von den Experten für die jeweiligen Themenkomplexe beantwortet. Für die vorliegende Arbeit

90 Vgl. Wildemann 1995d, S. 5.

wurden die für die Einführung von Gruppenarbeit relevanten Fragestellungen selektiert. Mit Hilfe der empirischen Aussagen der Befragung wurden Ansatzpunkte für den Einführungsprozeß von Gruppenarbeit gewonnen.

Anzahl befragter Unternehmen = 20					
Umsatzklasse	100 - 500 Mio. DM 55%	500 -1000 Mio. DM 28%	> 1000 Mio. DM 17%		
Beschäftigte	< 1000 33%	1000 - 2000 11%	2000 - 5000 45%	≥ 5000 11%	
Auftragsart	Lagerfertigung 16%	Auftragsfertigung 55%	Lager- und Auftragsfertigung 29%		
Fertigungsart	Einzelfertigung 5%	Klein- und Mittelserien-fertigung 26%	Großserien-fertigung 55%	Massen-fertigung 14%	
Branche	Maschinenbau 39%	Elektronik/ Elektrotechnik 12%	Kfz-Bau und Kfz-Zulieferer 27%	Optik 6%	Stahl 6%
Einsatz von Gruppen-konzepten	Keine Anwendung 10%	Permanente Arbeits- und Problemlösungs-gruppen in direkten Bereichen 50%	Problemlösungs-gruppen, Quali-tätszirkel, Lern-stattgruppen 40%		

Abb. 2-6: Charakterisierung der befragten Unternehmen

Eine weitere Datenbasis stellen Fallstudien in elf Unternehmen dar. Angesichts des explorativen Charakters der Untersuchung und der Komplexität der aufgeworfenen Fragestellungen, wurde in dieser Arbeit ein breit angelegter Untersuchungsansatz in Form von Fallstudien gewählt.[91] Die Fallstudienbetrachtung bietet den Vorteil, komplexe Zusammenhänge zu Handlungsempfehlungen für die effiziente Gestaltung einer Einführungsstrategie zu generieren. Studien anhand von Fallbeispielen ermöglichen eine systematische Erforschung verschiedener Aspekte eines Untersuchungsobjektes in der sozialen Wirklichkeit. Entscheidend dabei ist, daß verschiedene Methoden kombiniert werden können.[92] Eine Charakterisierung der Fallstudien findet

91 Vgl. zur Methodik und Eignung des Fallstudienkonzeptes Yin 1994; Chmielewicz 1979, S. 149; zu Vor- und Nachteilen von Fallstudien siehe v. Aleman/Ortlieb 1975 und Domsch/Regnet/v. Rosenstiel 1992.

92 Vgl. Nowotny/Knorr 1975.

sich in Abb. 2-7. 37% der Unternehmen sind dem Maschinenbau und 27% dem Fahrzeugbau zugehörig. Die Mehrzahl der Unternehmen besitzt eine funktionale Organisationsstruktur. Das Umsatzvolumen liegt bei 40% der Unternehmen unter 200 Mio. DM und bei 40% über 1000 Mio. DM. Die Mitarbeiteranzahl bewegt sich bei fast der Hälfte der Unternehmen zwischen 500 und 2000 Mitarbeiter. Die Altersstruktur befindet sich zwischen 30 und 40 Jahren. Das Qualifikationsniveau der Mitarbeiter ist durch ein hohes Facharbeiterpotential gekennzeichnet. 55% der untersuchten Unternehmen sind der Klein- und Einzelfertigung zugehörig. 73% der Unternehmen weisen sowohl Fließ-, Gruppen- als auch eine Werkstattfertigung als Produktionstyp auf. In 64% der Unternehmen kommt die Gruppenarbeit in direkten und indirekten Bereichen zum Einsatz.

Die Fallstudien repräsentieren Einführungsstrategien und verdeutlichen die Möglichkeiten des Methodeneinsatzes zur effizienten Einführung von Gruppenarbeit. Die Umsetzung erfolgte in Projektgruppen mit Mitarbeitern der betroffenen Bereiche in Zusammenarbeit mit dem Lehrstuhl Prof. Dr. Horst Wildemann. Das Ziel der Projektgruppen bestand in der Implementierung der Gruppenarbeit in den direkten oder indirekten Bereichen. Die empirische Ableitung von Hypothesen basiert auf der Analyse von acht Fallbeispielen im direkten Bereich und drei Fallstudien im indirekten Bereich. Die Erhebung und der Vergleich von Fallstudien ermöglicht sowohl die Einbeziehung der Ergebnisse aus dem Arbeitskreis als auch die Ableitung von Hypothesen zur Erklärung komplexer Wirkungszusammenhänge.

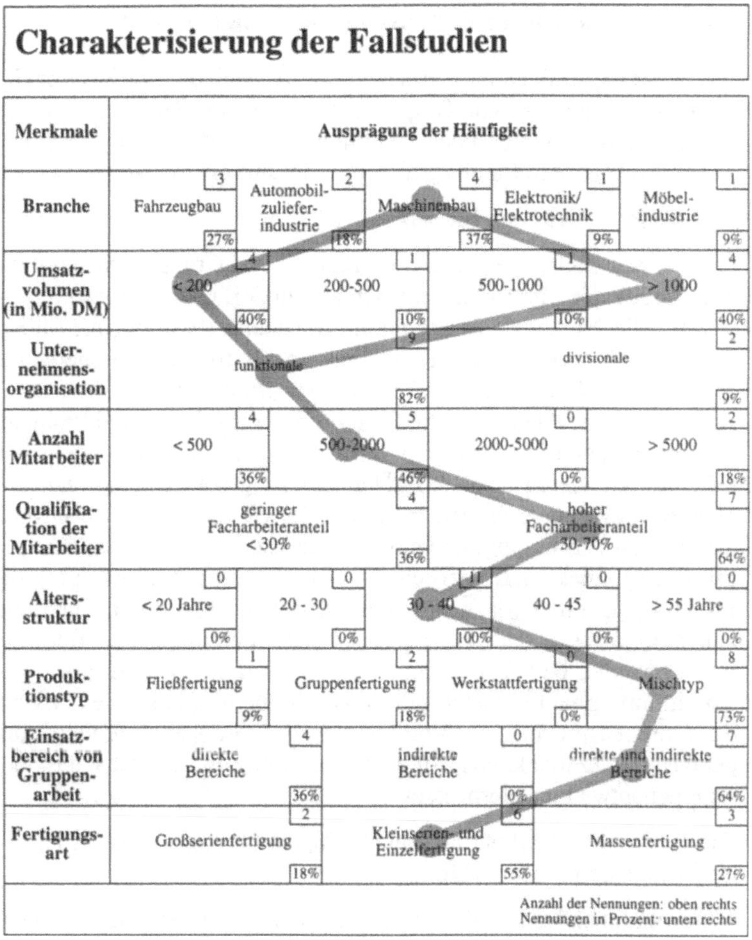

Abb. 2-7: Charakterisierung der Fallstudien

2. 2. 2 Fallstudien zur Einführung von Gruppenarbeit

Die Fallstudien bilden die Basis der empirischen Überprüfung der Gestaltungsdimensionen von Gruppenkonzepten, der Identifizierung von Gestaltungsdefiziten und der Ableitung von Handlungsempfehlungen und Erfolgsfaktoren für eine effiziente Einführung von Gruppenarbeit.

Fallstudie 1: Automobilindustrie

In der ersten Fallstudie zielt die Einführung von Gruppenarbeit auf die Einbindung der Mitarbeiter in einen kontinuierlichen Verbesserungsprozeß, die Nutzung der Problemlösungskapazität der Know-how-Träger, die Erweiterung der Handlungs- und Entscheidungsspielräume des einzelnen Mitarbeiters und die Verbesserung der Mitarbeitermotivation ab (siehe Abb. 2-8). Die Einführung von Arbeits- und Problemlösungsgruppen erfolgt zuerst in direkten Bereichen. Die gewonnenen Erkenntnisse werden für die Implementierung von Arbeits- und Problemlösungsgruppen in den indirekten Bereichen genutzt. Die Maßnahmen zur Einführung der Gruppenarbeit konzentrierten sich auf die Initiierung eines kontinuierlichen Verbesserungsprozesses durch die Entwicklung eines Ideenprogrammes, den Aufbau einer Unterstützungsorganisation, die Erarbeitung eines Schulungs- und Informationskonzepts, die Festlegung der Kernaufgaben der Gruppen, die Durchführung von Einzelgesprächen zur Entgeltfindung, die Auswahl der Gruppensprecher, die Vorbereitung des Gruppenumfelds (Gruppenbuch, Räumlichkeiten, Informationstafeln) und das Coaching des Gruppenentwicklungsprozesses.

Die Initiierung des kontinuierlichen Verbesserungsprozesses (KVP) umfaßte folgende Maßnahmen:

- Information aller Mitarbeiter über die Vorgehensweise, die Notwendigkeit und die Vorteile des kontinuierlichen Verbesserungsprozesses;
- Festlegung von Spielregeln für die Problemlösungsgruppen, um die Umsetzungsgeschwindigkeit der Verbesserungsmaßnahmen zu erhöhen;
- Bereitstellung von Budgets für die Realisierung von Verbesserungen;
- Bildung von Unterstützungsteams für die Problemlösungsgruppen;
- Durchführung von Zielvereinbarungen;
- Definition von Zielkenngrößen zur Auditierung der Gruppenarbeit.

Unternehmensbezogene Zielsetzungen

- Optimierung der Ablauf- und Aufbauorganisation
  - Verbesserung von Abläufen und Prozessen
  - Förderung und Nutzung des Innovations- und Problemlösungspotentials der Mitarbeiter
- Übertragung von Verantwortlichkeiten auf die Mitarbeiter
- Verbesserung der Qualität
- Verbesserung der Produktivität, Reduzierung der Kosten
- Flexibler Personaleinsatz

Mitarbeiterbezogene Zielsetzungen

- Erhöhung der Arbeitszufriedenheit
  - Erweiterung von Handlungs-/Entscheidungsspielräumen
  - Selbstkontrolle statt Fremdkontrolle
  - Belastungsabbau/-ausgleich
  - Verringerung von Monotonie
  - Transparenz des eigenen Leistungsbeitrages
- Identifikation mit dem Unternehmen
- Prozeßkompetenz
- Sozialkompetenz
  - Fähigkeit der Zusammenarbeit
  - Konfliktfähigkeit
  - Integration neuer Mitarbeiter
  - Verbesserung der Kommunikation
- Fachkompetenz
- Übernahme von Verantwortung

Abb. 2-8: Fallstudie 1: Unternehmens- und mitarbeiterbezogene Ziele der Gruppenarbeit

Ferner wurde eine Unterstützungsorganisation gebildet, welche sich für das Ideenprogramm, das Schulungskonzept, das Anreizsystem, das Initiieren von KVP-Teams und die Durchführung von Informationsveranstaltungen verantwortlich zeigt. Um das Problemlösungspotential zu nutzen, wird den Mitarbeitern auf Informationsveranstaltungen deutlich gemacht, daß die Verbesserungsvorschläge allgemein zur Prozeßoptimierung, solche aus dem eigenen Aufgabengebiet zur Produktivitätssteigerung beitragen können. Die Mitarbeiter werden aufgefordert, an aktuellen Problemen mitzuarbeiten und ihre Lösungsansätze einzubringen. Eine systematische Vorgehensweise zur Problemlösung wird von den Moderatoren in den Problemlösungssitzungen angewandt und umfaßt vier Schritte:

1. Durchführung einer Problemanalyse und einer Zielvereinbarung;
2. Problemursachenanalyse, Erarbeitung erster Lösungsansätze und Entwicklung von Maßnahmenplänen mit Verantwortlichkeiten und Terminen;
3. Realisierung der Verbesserungsmaßnahmen und Kontrolle der Ergebnisse mit Hilfe selbst gewählter Kennzahlen;
4. Festlegung eines neuen Standards, der ein neues Ziel für weitere Verbesserungen darstellt.

Die Umsetzung der Verbesserungsvorschläge hat folgende Systematik: Ist eine KVP-Gruppe in der Lage, einen Verbesserungsvorschlag selbständig umzusetzen, erfolgt dies umgehend nach Information der Vorgesetzten. Ohne zusätzlichen bürokratischen Aufwand werden die Verbesserungsvorschläge bis zu 90% vor Ort durch Einbeziehung der direkten Vorgesetzten umgesetzt. Die Vorgesetzten stellen eine EDV-gestützte Bewertung und Prämienvergabe sicher. Sie unterstützen die Koordination der Verbesserungsvorschläge aus unterschiedlichen Bereichen. Benötigt eine KVP-Gruppe Hilfe bei der Umsetzung der Vorschläge, weil Fachkenntnisse fehlen oder die Vorschläge andere Organisationseinheiten tangieren, gibt es zwei Möglichkeiten:

1. Ist erkennbar, daß die Umsetzung des Vorschlags Auswirkungen auf andere Organisationseinheiten hat, werden KVP-Fachleute aus dem Management oder aus den indirekten Bereichen hinzugezogen. Dies erfolgt nach Rücksprache mit den Vorgesetzten.
2. Der KVP-Vorschlag wird an die nächsthöhere Ebene zur Realisierung weitergereicht. Ist diese in der Lage, den Vorschlag umzusetzen, erfolgt dies unmittelbar nach Information der Vorgesetzten.

Wird ein Vorschlag als nicht realisierbar eingestuft, so wird der Einreicher innerhalb von zwei Wochen informiert. Alle Vorschläge werden dokumentiert und veröffentlicht. Die schnelle Umsetzung der Verbesserungsvorschläge fördert die Motivation der Mitarbeiter. Die Durchführung von KVP-Workshops in Teilbereichen der Wertschöpfungskette ist ein weiterer Ansatz zur Umsetzung von mitarbeiterorientierten Gruppenkonzepten. In vier Tagen werden Lösungen erarbeitet und weitestgehend umgesetzt. Hierzu ist eine intensive Vorbereitung der Moderatoren notwendig. Die sofortige Umsetzung sorgt für direkte Feedback-Prozesse. Die Visualisierung der Ergebnisse erzeugt Transparenz über die Art der Zusammenarbeit und fördert den angestrebten schnellen Lerntransfer. Durch die Teilnahme an KVP-Workshops verbessern die Gruppenmitglieder ihre Methoden- und Sozialkompetenz. Der dadurch erzielte Schulungseffekt wirkt sich positiv auf die Zusammenarbeit in den Gruppen aus.

Die Durchführung von Informationsveranstaltungen vor Start der Einführung der Gruppenarbeit dient der Information über Ziele, Inhalte und die Einführungsschritte der Gruppenorganisation. Die umfassende Mitarbeiterinformation über alle KVP- und Gruppenaktivitäten erfolgt mit Hilfe von Informationstafeln, Plakaten und Handzetteln.

Die Qualifizierung der Fertigungsgruppenleiter fokussiert sich auf die Ausbildungsinhalte Problemlösungstechniken, Qualität, Just-in-Time-Prinzipien und Führungskompetenz. Die Gruppensprecher werden vor Start der Gruppenarbeit mit den Moderationstechniken, dem Instrument der Zielvereinbarung und den gruppenorientierten Führungsgrundsätzen vertraut gemacht. Die Gruppenmitglieder werden durch arbeitsplatznahes Lernen und durch Kurzschulungen qualifiziert.

Die Gruppeneinteilung wird primär nach Tätigkeiten und räumlichen Gegebenheiten vorgenommen. Anschließend werden die Kernaufgaben, die sich aus operativen Tätigkeiten sowie allgemeiner und gruppenspezifischer Arbeitsbereicherung zusammensetzen, definiert. Wurden bisher nur operative Gruppenaufgaben in die Entgeltfindung einbezogen, treten im Rahmen der Gruppenorganisation neue Kernaufgaben hinzu. Die Gruppenmitglieder übernehmen direkte und problemlösende Aufgaben. Die Aufgabenprofile umfassen Logistik-, Wartungs-, Instandhaltungs-, Qualitäts- und Selbststeuerungsaufgaben. Die Mitarbeiter besitzen Mitspracherechte bei der Gestaltung der Arbeitsabläufe und der Arbeitsplätze. Sie tragen Verantwortung für ihre Arbeitsergebnisse. Der Gruppensprecher nimmt neben den Kernaufgaben zusätzliche Funktionen wahr wie die Optimierung von Prozessen, kontinuierliche Verbesserungsaufgaben, die Koordination des Personaleinsatzes und die Moderation von Problemlösungen. Das neu konzipierte Entgeltsystem gewährleistet, daß die positiven Eigenschaften der neuen Arbeitsorganisation unterstützt werden.

Die Auswahl der Gruppensprecher erfolgt mit Hilfe einer Ausschreibung und der Durchführung von Assessment-Centern, bei dem das Kommunikationsverhalten, die Flexibilität, die systematische Vorgehensweise, die Stabilität, die Konfliktfähigkeit, die Kreativität und die Teamfähigkeit sowie das Kooperationsverhalten beurteilt werden. Jeder Mitarbeiter hält ein Kurzreferat, nimmt an zwei Planspielen teil, die eine Beobachtung in Streßsituationen ermöglichen, und bringt seine Grundeinstellung in einem Interview zum Ausdruck. Die Auswahl der Gruppensprecher erfolgt durch ein gesondertes Gremium. Die Gruppen können allerdings innerhalb von drei Tagen Einspruch erheben.

Die Erarbeitung eines Gruppenbuches unterstützt die Gruppenmitglieder bei der Wahrnehmung ihrer neuen Aufgaben. Das Gruppenbuch enthält standardisierte Formblätter für die Problemlösungsarbeit und die Visualisierung von Zielkenngrößen. Die Schaffung von Gruppenplätzen und Räumen sowie die Einführung von Gruppeninformationstafeln sind weitere zentrale Gestaltungsmerkmale für das neue Organisationskonzept. Gruppenziele wie die Erhöhung der Kunden- und Mitarbeiterzufriedenheit, die Verbesserung der Produkt- und Prozeßqualität, der Liefertreue und der Produktivität werden in nachvollziehbare Kennzahlen operationalisiert. Die Informationstafeln enthalten gruppenbezogene Kenngrößen und Informationen über Anwesenheit, Flexibilität, Produktivität, Qualität, Arbeitssicherheit und Anzahl der Verbesserungsvorschläge. Die visualisierten Zielsetzungen bilden die Basis für die Selbstkontrolle der Arbeitsergebnisse. Sie erleichtern die Selbststeuerung und Selbstorganisation der Gruppen. Auf Startveranstaltungen werden den Gruppenmitgliedern Videos zum Thema Teamarbeit vorgestellt, die Gruppenkernaufgaben und das Gruppenbuch erläutert sowie eine Zielvereinbarung über die Inhalte zum ersten Gruppengespräch getroffen. Mit Beginn der Gruppenarbeit beginnt die Verlagerung von Verantwortlichkeiten und Kompetenzen an die Gruppen. Die Ausdehnung des Autonomiegrades erfordert einen intensiven Coaching-Prozeß. Hierfür werden den Gruppen Prozeßbegleiter zur Seite gestellt, welche zusammen mit den direkten Vorgesetzten und Gruppensprechern die Gruppenmitglieder in den Lernphasen betreuen. In der ersten Lernphase stehen Gruppengespräche und die Anwendung der Anwesenheitsmatrix neben der Erarbeitung von Regeln zu Ordnung und Sauberkeit im Mittelpunkt. Die Methoden zur Arbeitseinteilung, Qualifikationsplanung und Schichtübergabe werden in einer zweiten Phase erlernt. Fragen der Prozeßsicherheit und die Übernahme von kontinuierlichen Verbesserungsaktivitäten stehen in der dritten und die Planung der Abwesenheit und Aspekte der Unfallvermeidung in der vierten Lernphase im Vordergrund.

Der Einführungsprozeß der Gruppenorganisation ist durch die hohe Unterstützung von Macht- und Fachpromotoren, die Einbeziehung des Betriebsrats in die Projektarbeit, die Gewährleistung einer umfassenden Information aller Beteiligten vor Start der Gruppenarbeit und den Einsatz von externen Beratern in der Planungsphase gekennzeichnet. In einem Montagebereich konnte nach eineinhalb Jahren eine Reduzierung der Personalkosten um 6% nachgewiesen werden. Die Personalkosteneinsparung ist vor dem Hintergrund zu sehen, daß zusätzliche indirekte Aufgaben von den Montagemitarbeitern selbst durchgeführt wurden und damit eine Erhöhung des Lohnniveaus verbunden war. Die Prüf- und Fehlerkosten konnten um 10% und die Betriebsmittelkosten aufgrund des geringeren Mechanisierungsgrades um 30% reduziert werden (vgl. Abb. 2-9). Nach erfolgreichen Pilotversuchen wird nun eine flächendeckende Einführung angestrebt.

Fallstudie 1: Automobilindustrie

Hauptziele:

- Nutzung der Problemlösungskapazität der Know-How-Träger
- Erweiterung der Handlungs- und Entscheidungsspielräume
- Erhöhung der Mitarbeitermotivation
- Einbindung der Mitarbeiter in den kontinuierlichen Verbesserungsprozeß
- Produktivitätssteigerung

Lösungen:

- Reduzierung der Hierarchieebenen
- Erarbeitung eines Schulungs- und Informationskonzepts
- Festlegung der Kernaufgaben der Gruppenmitglieder und Gruppensprecher
- Entwicklung eines Ideenprogramms
- Bildung einer Unterstützungsorganisation (Prozeßbegleiter)
- Neugestaltung des Entlohnungssystems

Methodeneinsatz:

- Problemlösungstechniken
- Dezentrales Vorschlagswesen
- Führung durch Zielvereinbarung
- Coaching der Gruppen
- Auswahl der Gruppensprecher (Assessment-Center-Verfahren)
- KVP-Workshops
- Visualisierung (Informationstafeln, Broschüren, Gruppenbuch)

Ergebnisse:

- Reduzierung der Personalkosten um 6%
- Reduzierung der Prüf- und Fehlerkosten um 10%
- Reduzierung der Betriebskosten um 30%

Abb. 2-9: Fallstudie 1: Automobilindustrie

Fallstudie 2: Automobilindustrie

In einem zweiten Fallbeispiel aus der Automobilindustrie wird mit der Einführung der Gruppenorganisation das Ziel verfolgt, die Wettbewerbsfähigkeit durch Steigerung der Motivation, Eigenverantwortlichkeit, Identifikation und Integration der Mitarbeiter zu verbessern. Der Einsatzbereich von Arbeits- und Problemlösungsgruppen wird zunächst in den direkten Bereichen gesehen. Die Installation von Teamstrukturen ist für die administrativen Organisationseinheiten unter Berücksichtigung der gewonnenen Erkenntnisse aus den Pilotbereichen der direkten Bereiche vorgesehen. Die Gruppengröße beträgt zwischen acht und zwölf Mitarbeitern. Die Gruppenmitglieder nehmen Fertigungs-, Prüf-, Instandhaltungs-, Dispositions- und Material- sowie Betriebsmittelbereitstellungsaufgaben wahr. Die selbststeuernden Gruppen sind für die Anwesenheits-, die Personaleinsatz- und die Qualifizierungsplanung verantwortlich. Die Gruppensprecher werden in Abstimmung mit den Vorgesetzten und dem Betriebsrat für eine Amtszeit von einem halben Jahr durch die Gruppen gewählt. Gruppengespräche finden während den Pausen oder bei auftretenden Störungen statt. Die Gruppenorganisation wird durch ein qualifikationsbezogenes Entgelt unterstützt. Die Visualisierung von gruppenspezifischen Informationen und Leistungsdaten ermöglicht Soll-Ist-Vergleiche der Zielkenngrößen und unterstützt die Selbstorganisation der Gruppen. Bei Abweichungen von den Zielvorgaben leiten die Gruppen in Abstimmung mit den Vorgesetzten Korrekturmaßnahmen ein. Die Mitarbeiter erhalten in speziellen Räumen, die für Informationsgespräche zwischen Gruppenleitern, Meistern und Mitarbeitern zu Fragen der Arbeit genutzt werden, Informationen über die bereichsspezifischen Zielvorgaben in Bezug auf Qualität, Kosten und Stückzahlen. Für die Datenpflege und Aktualisierung der Daten sowie für die Bewertung und Weiterleitung der Verbesserungsvorschläge an die KVP-Gruppen sind die Meister und Schichtleiter verantwortlich. Informationswände pro Meisterbereich informieren die Mitarbeiter über Qualitäts-, Prozeß-, Verfügbarkeits-, Kosten- und Personaldaten. Aus den Analysedaten können einzelne Problempunkte abgelesen und auf Problemlösungswände übertragen werden, die ausschließlich bereichsspezifische Probleme darstellen. Zum Thema Qualität werden sowohl die Auditnoten als auch die Ausschuß- und Nacharbeitskenndaten der Meistereien ausgestellt. Bei den Fertigungsprozeßdaten werden die Stückzahlen, die Direktläuferquoten und die Nacharbeitsaufwendungen visualisiert. Die Verfügbarkeit des Maschinenparks wird mit Hilfe von Diagrammen über Stillstandszeiten der einzelnen Anlagen dokumentiert. Personaldaten geben Auskunft über Anwesenheitszeiten, Ausbildungsstand und Krankenstand der Mitarbeiter.

Die Projektteams zur Einführung der Gruppenarbeit setzen sich aus Mitarbeitern der betroffenen Fertigungsbereiche, des Industrial Engineering (IE), der Personalentwicklung (PE) und dem Betriebsrat (BR) zusammen. In Abstimmung mit der Fertigung übernehmen die Projektteams die Ausplanung (Methoden-/Zielfestlegung) der Gruppenorganisation (vgl. Abb. 2-10).

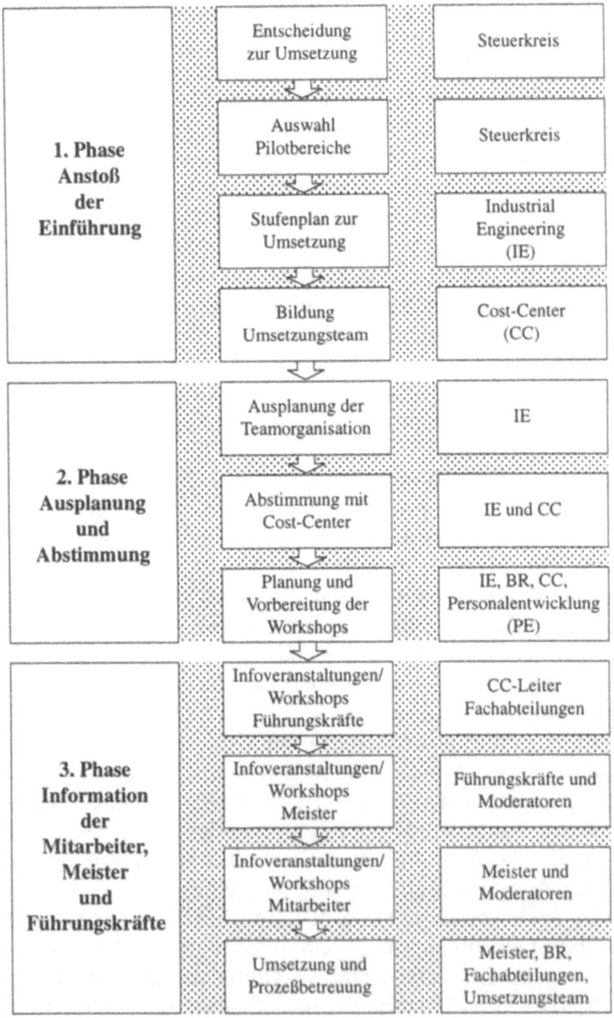

Abb. 2-10: Fallstudie 2: Standardablauf zur Einführung und Umsetzung der Teamorganisation

Die Ausgestaltung des Gruppenkonzepts beinhaltet die Analyse des Ist-Zustandes - Erfassung der räumlichen, strukturellen, personellen und technischen Gegebenheiten - und die Erarbeitung eines Soll-Zustandes, der sich aus den strategischen Zielen des Unternehmens ergibt. Im Vordergund des Grobkonzepts steht die Personalbemessung und die Abgrenzung der Gruppen. Die Ermittlung der Tätigkeitsumfänge der Gruppen erfolgt unter Berücksichtigung der Bildung von ganzheitlichen Aufgabenumfängen und der Sicherstellung einer klaren Ergebnisverantwortung. Unterstützt wird die Einführung der Gruppenarbeit durch eine Kommunikations- und Informationsstrategie. Die Informationsveranstaltungen (Dauer eine halbe bis eine Stunde) werden von der Personalabteilung vorbereitet und mit speziell ausgebildeten Moderatoren aus den genannten Bereichen durchgeführt. Im weiteren Verlauf finden eintägige Meister-Workshops und zweitägige Gruppen-Workshops statt, welche die Vorbereitung der Meister und der Gruppenmitglieder auf ihre neuen Aufgaben sicherstellen (siehe Abb. 2-11).

Das Projektteam und die Fachabteilungen betreuen den Umsetzungsprozeß und nehmen Anpassungen und Korrekturen vor. Zu den wesentlichen Gestaltungsmaßnahmen gehören die Einrichtung von geeigneten Räumlichkeiten für die Durchführung von Gruppengesprächen, die methodische Unterstützung der Gruppen bei der Arbeitseinteilung, die Unterstützung der Gruppensprecher bei der Moderation der Gruppengespräche, das Coaching der Meister in Bezug auf die Wahrnehmung ihrer Führungsrolle und die Sicherstellung einer bedarfsgerechten Qualifikation der Gruppenmitglieder. Die Prozeßbetreuung vor Ort umfaßt die Durchführung von Informationsveranstaltungen, Trainings und KVP-Workshops. In dem betrachteten Fallbeispiel hat sich das Konzept der Gruppenbetreuung, das die Benennung von festen Ansprechpartnern für die Gruppen und Meister aus den Projektteams vorsieht, für einen Zeitraum von sechs Monaten bereits bewährt. Die Gruppenbetreuer nehmen regelmäßig an den Gruppengesprächen teil, um den Lernprozeß zu fördern. Als Erfolgsfaktoren für die Einführung von Gruppenstrukturen stellten sich die umfassende und frühzeitige Information aller Beteiligten, die Durchführung von zielgruppenspezifischen Schulungen, die intensive Prozeßbetreuung der Gruppen, die Vereinbarung von Zielkenngrößen und die Durchführung von Erfolgskontrollen mit Hilfe der Visualisierung von gruppenspezifischen Leistungsdaten und Zielerreichungsgraden heraus.

Die Erkenntnisse aus den Pilotbereichen werden bei der flächendeckenden Einführung berücksichtigt. In einem Pilotbereich konnten folgende Ergebniswirkungen erzielt werden (vgl. Abb. 2-12):

- eine Produktivitätssteigerung von 12 %,
- eine Reduzierung der A-Fehler[93] um 18% und eine Reduzierung der Anzahl Fehler pro Fahrzeug um 6 %,
- eine Reduzierung der Umlaufbestände für verbrauchsgesteuerte Materialien um 30% sowie
- eine Reduzierung des Krankenstandes um 15%.

Inhalte Meister-Workshop	**Inhalte Gruppen-Workshop**
• Teamorganisation als Teil der Unternehmensstrategie • Ziele und Instrumente der Teamorganisation • Inhalte und Ausgestaltung der Teamorganisation • Vertiefung der Aufgaben des Meisters, Verhältnis zu Team und Vorgesetzten • Erarbeitung eigener Vorstellungen und Diskussion der Ergebnisse	• Teamorganisation als Teil der Unternehmensstrategie • Teamorganisation als beteiligungsorientierter Prozeß • Inhalte und Ausgestaltung der Teamorganisation • Ziele und Instrumente der Teamorganisation • Möglichkeiten der Mitbestimmung und Mitgestaltung • Vertiefung der Aufgaben der Teams, Verhältnis zu Meister und Vorgesetzten • Erarbeitung eigener Vorstellungen und Diskussion der Ergebnisse • Wahl des Teamkoordinators und seines Vertreters
Dauer: 1 Tag	Dauer: 2 Tage

Abb. 2-11: Fallstudie 2: Informationsinhalte der Meister- und Gruppen-Workshops

93 Qualitätsdefizite lassen sich hinsichtlich ihrer kundenorientierten Relevanz in A-, B- und C-Ausprägungen unterscheiden. A-Beanstandungen umfassen Defizite bezüglich funktionsrelevanter Merkmale und Oberflächenabweichungen im Sichtbereich. B- und C-Beanstandungen kennzeichnen IST-SOLL-Abweichungen, die nicht zu den kundenrelevanten Merkmalen gehören bzw. die Maximalausprägung der zulässigen Toleranz dieser kundenrelevanten Merkmale nicht überschreiten.

Fallstudie 2: Automobilindustrie

Hauptziele:

Verbesserung der Wettbewerbsfähigkeit durch Steigerung der
- Motivation
- Eigenverantwortlichkeit
- Identifikation und
- Integration der Mitarbeiter

Lösungen:

- Ermittlung der Tätigkeitsumfänge der Gruppen
  (Bildung von ganzheitlichen Aufgabenumfängen)
- Einrichtung von Räumlichkeiten für die Durchführung von Gruppengesprächen
- Methodische Unterstützung der Gruppen durch Prozeßbetreuer
- Unterstützung der Gruppensprecher bei der Moderation der Gruppengespräche
- Coaching der Meister in Bezug auf die Wahrnehmung ihrer Führungsrolle
- Sicherstellung einer gruppenspezifischen Qualifikation

Methodeneinsatz:

- Erfolgskontrolle durch Visualisierung von gruppenspezifischen Leistungsdaten
- Durchführung von KVP-Workshops
- Konzept der Gruppenbetreuung
- Führung durch Zielvereinbarung

Ergebnisse:

- Produktivitätssteigerung von 12%
- Reduzierung der A-Fehler um 18% und Reduzierung der Anzahl Fehler pro Fahrzeug um 6,5 %
- Reduzierung des Umlaufbestandes für verbrauchsgesteuertes Material um 30%
- Reduzierung des Krankenstandes um 15%

Abb. 2-12: Fallstudie 2: Automobilindustrie

Fallstudie 3: Automobilindustrie

Die Ziele des dritten Unternehmens aus dem Automobilsektor, bei dem Arbeits- und Problemlösungsgruppen in direkten Bereichen eingeführt wurden, lauten:

- Selbstorganisation der Gruppen bei der Arbeitsaufteilung, Pausenregelung, Urlaubsplanung;
- Durchführung von Gruppengesprächen;
- Verbesserung der Qualität und der Maschinennutzung;
- Kontinuierliche Verbesserung zur Ablaufoptimierung;
- Kommunikation und Kooperation mit vor- und nachgelagerten Bereichen;
- Ausbildung der Fach-, Methoden- und Sozialkompetenz;
- Mitgestaltung der Arbeitsinhalte und -abläufe.

Das mit dem Gruppenkonzept verfolgte Sozialziel besteht in der Schaffung von homogenen Arbeitsgruppen, in der die menschlichen Beziehungen untereinander geklärt werden. Die wirtschaftlichen Ziele bestehen in der kontinuierlichen Verbesserung der Arbeitsabläufe, der Qualität und der Qualifikation der Mitarbeiter. Zu den wesentlichen Merkmalen des Gruppenkonzepts gehören:

- Gruppengröße von 12 bis 15 Mitarbeitern,
- gemeinsame Aufgabe in einem überschaubaren Bereich,
- jede Gruppe wählt einen Gruppensprecher und einen Vertreter,
- die Gruppe entscheidet innerhalb von Zielvereinbarungen mit dem Meister eigenständig.

Der Gruppensprecher hat die Aufgabe, die Gruppe nach innen zu koordinieren und nach außen zu vertreten. Er moderiert die Gruppengespräche und unterstützt die kontinuierlichen Verbesserungsaktivitäten. Gruppengespräche dienen der Entscheidungsfindung, der Erarbeitung von Verbesserungsvorschlägen und der Vorbereitung von Qualifizierungsmaßnahmen. Fach- und Führungskräfte oder der Betriebsrat können zur Klärung spezifischer Fragestellungen hinzugezogen werden. Die Führungsaufgaben des Meisters konzentrieren sich auf:

- die Vereinbarung von Zielen und Zielkontrollen,
- die Qualifizierung der Gruppenmitglieder,
- die Unterstützung der Gruppenentwicklungsprozesse sowie
- die Kommunikation und Kooperation mit vor- und nachgelagerten Bereichen.

Dem Einführungsprozeß der Gruppenorganisation liegt eine mehrstufige Vorgehensweise zugrunde. Zusammen mit dem Management, dem Projektteam und den Meistern werden die Ziele festgelegt. Anschließend erfolgt die Analyse der Ausgangssituation in den einzelnen Bereichen und die konzeptionelle Einrichtung von Pilotgruppen. Die Projektleiter sind in erster Linie für die Ausbildung und das Teamentwicklungstraining verantwortlich. Die Meister und die Gruppensprecher werden im Rahmen von externen Schulungsprogrammen intensiv auf ihre neuen Aufgaben vorbereitet. Die Entwicklung der Gruppen unterliegt einem Lernprozeß, der sich in diesem Fall aus vier Bausteinen zusammensetzt. Zuerst stehen Themen der Kommunikation und Kooperation im Vordergrund. Daraufhin gewinnen Lerninhalte zur Flexibilisierung und zur eigenverantwortlichen Problemlösung an Bedeutung. Nach dem Erlernen von Problemlösungstechniken sind die Gruppen in der Lage, kontinuierliche Verbesserungsarbeit zu leisten. Die vierte Stufe hat die Selbststeuerung und die Selbstregulierung der Gruppen zum Inhalt. Die Gruppenmitglieder übernehmen neben den reinen Montagetätigkeiten Aufgaben der Qualitätssicherung, der Instandhaltung und der Materialbereitstellung. Kontinuierliche Verbesserungsmaßnahmen umfassen Materialverbesserungen, Maßnahmen zur fertigungsgerechten Gestaltung des Produktes, ergonomische Arbeitsplatzverbesserungen, die Neugestaltung der Tätigkeitsinhalte und die Standardisierung der Arbeitsabläufe. Für die Realisierung der Verbesserungsvorschläge hat das Unternehmen spezielle Lernstätten eingerichtet, in denen die Mitarbeiter ihre Ideen erproben und umsetzen können.

Die Auswahl der Gruppenmitglieder erfolgt durch ein Assessment-Center, bei dem insbesondere die Teamfähigkeit der Mitarbeiter geprüft wird. Die Mitarbeiter erhalten ein qualifikationsbezogenes Entgelt, wobei die Gruppensprecher den Vorgesetzten Vorschläge für die Lohneinstufung der einzelnen Gruppenmitglieder unterbreiten können. Es hat sich gezeigt, daß die Kommunikation zwischen Vorgesetzten und Mitarbeiter eine wichtige Voraussetzung für die erfolgreiche Umsetzung des Gruppenarbeitskonzepts ist. Die Führungskräfte unterstützen das Prinzip der offenen Kommunikation und übernehmen Beraterfunktionen für die Arbeitsgruppen. Der Einsatz von Visualisierungsinstrumenten unterstützt die Selbstorganisation und Information der Gruppen. Als erfolgsfördernd für die Einführung von Gruppenarbeit können in diesem Fall die intensive Vorbereitung und Schulung der Gruppensprecher, Meister und Gruppenmitglieder, die phasenbezogene Gruppenentwicklung, die hohe Unterstützung der

Macht- und Fachpromotoren sowie die Förderung einer ergebnisorientierten Gruppenarbeit mit Hilfe von Visualisierungsinstrumenten bezeichnet werden. Die Ziele, Hauptmaßnahmen und eingesetzten Methoden der Einführung des Gruppenkonzepts sowie die qualitativen Ergebniswirkungen sind in Abb. 2-13 dargestellt.

Fallstudie 3: Automobilindustrie

Hauptziele:

- Selbstorganisation der Gruppen bei der Arbeitsaufteilung, Pausenregelung und Urlaubsregelung
- Qualitätsverbesserung
- Ablaufoptimierung und Vermeidung von Verschwendung
- Kommunikation und Kooperation mit vor- und nachgelagerten Bereichen
- Ausbildung der Fach-, Methoden- und Sozialkompetenz
- Produktivitätssteigerung

Lösungen:

- Schaffung homogener Arbeitsstrukturen
- Durchführung von Gruppengesprächen
- Qualifizierungsprogramme für Meister, Gruppensprecher und Gruppenmitglieder
- Qualifikationsbezogenes Entgelt
- Führungskräfte übernehmen Beraterfunktionen für die Arbeitsgruppen

Methodeneinsatz:

- Teamentwicklungstraining in vier Stufen zur Erhöhung des Autonomiegrades
- Problemlösungs- und Kreativitätstechniken
- Einsatz von Visualisierungsinstrumenten
- Führung durch Zielvereinbarung
- Lernstätten

Ergebnisse:

- Qualitätsverbesserung
- Flexibilitätssteigerung
- Schnellere Problembeseitigung
- Produktivitätssteigerung

Abb. 2-13: Fallstudie 3: Automobilindustrie

Fallstudie 4: Automobilzulieferindustrie

Eine Matrixorganisation aus Kompetenz-Centern und prozeßorientierten Service-Centern führte bei einem Automobilzulieferer zu einer Reduzierung der Hierarchieebenen. Teamarbeit in Form von Problemlösungsgruppen, Kleingruppenaktivitäten, Arbeits- und Fertigungsteams trägt zur ständigen Qualitätsverbesserung und zur Produktivitätssteigerung in direkten und indirekten Bereichen bei. Jeder Mitarbeiter gehört mindestens einem Team an. So waren innerhalb eines Jahres 1400 Mitarbeiter in mehr als 300 Teams zeitlich befristet eingebunden. In den Teams werden Themen zur Qualitätsverbesserung, Rüstzeitreduzierung, Prozeßoptimierung und Produktivitätssteigerung behandelt. Kleingruppen, bestehend aus fünf bis sieben Mitarbeitern aus einem gemeinsamen Arbeitsbereich, treffen sich freiwillig zur Bearbeitung selbstgewählter Themen. Zur Durchführung der Teamarbeit sind Multifunktionsräume eingerichtet worden, in denen sich die Mitarbeiter zu Besprechungen, Teamsitzungen und Abstimmungsgesprächen treffen. Die Räume sind von außen voll einsehbar. Durch die Rundumverglasung erkennen die Mitarbeiter, wer an der Reorganisation beteiligt ist und Problemlösungsarbeit leistet. Des weiteren sind Videogeräte installiert, die Wirtschaftsnachrichten über Kunden, Prozesse und selbsterstellte Berichte in Kurzfilmen vermitteln.

Die Mitarbeiter arbeiten in Gruppen und organisieren ihre Arbeit eigenständig. Ihr Aufgabenspektrum umfaßt Fertigungsaufgaben, Einhaltung von Qualitätsstandards, Dispositions-, Rüst- und Materialbereitstellungsaufgaben, Werkzeug- und Vorrichtungsbevorratung und kontinuierliche Verbesserungsaufgaben. Die Gruppenmitglieder werden durch die Meister und Gruppensprecher unterstützt. In der Pilotphase werden die Gruppensprecher durch die Vorgesetzten und die Personalabteilung bestimmt. Dabei werden die Vorschläge aus der Gruppe gemeinsam mit den Vorgesetzten diskutiert. Das Gruppenkonzept sieht die freie Wahl der Gruppensprecher durch die Gruppenmitglieder in einer späteren Phase vor. Der Gruppensprecher handelt im Auftrag der Gruppe. Die Meister nehmen in verstärktem Umfang Coaching- und Koordinierungsaufgaben wahr.

Zu den Kernelementen der Teamarbeit zählen der Einsatz von Trainerteams, umfassende Aus- und Weiterbildungsveranstaltungen, die Information aller Beteiligten, die Visualisierung aller Leistungen und Ziele, die Gestaltung eines dezentralen Vorschlagswesens und die Erarbeitung eines gruppenorientierten Entlohnungssystems.

Das Unternehmen unterstützt die Teamarbeit durch den Einsatz eines Trainerteams bestehend aus Trainer, Fachtrainer und Teamer. Die Moderatoren begleiten die einzelnen Gruppen, bis sie sich gefestigt haben. Die Teammitglieder erhalten sowohl eine fachliche als auch eine gruppenspezifische Qualifizierung. Die Schulungselemente umfassen Qualitätsaspekte, technische und organisatorische Aufgaben, Ordnungs- und Sauberkeitsregeln, Arbeitssicherheit und Teamarbeit. Sie werden in regelmäßigen Sequenzen vermittelt. Als Unternehmensziel wurden fünf Schulungstage pro Jahr und Mitarbeiter vorgegeben.

Die Information der Mitarbeiter über die Erfolge der Teamarbeit wird mit Hilfe von aktuellen Mitteilungen, Broschüren, Aushängen, Beiträgen in der Werkszeitung und Videoaufzeichnungen sichergestellt. Das Unternehmen fördert eine offene Kommunikationskultur in Form von regelmäßigen Mitarbeitergesprächen, Abteilungssitzungen, Seminaren, Meistersitzungen und Workshops, um Kommunikations- und Kooperationsbeziehungen der Teammitglieder zu entwickeln. Informationen, die allen anderen Mitarbeitern Kenntnisse über die Gruppenleistungen, Zielerreichungsgrade und Kenntnisse über die Problemlösungsaktivitäten vermitteln, dienen den Gruppenmitgliedern zur Rückkopplung und motivieren sie zur Zielerreichung.

Das Unternehmen arbeitet mit einem dezidierten Kennzahlensystem, das zur Selbststeuerung und Selbstkontrolle der Gruppen eingesetzt wird. Aus den Unit-Zielen werden Ziele für die einzelnen Gruppen abgeleitet. Kennzahlen zur Messung der Gruppenergebnisse sind: Ausschuß-/Nacharbeitsquoten, Liefertreue, Nutzungszeit, Anzahl Verbesserungsvorschläge, Produktivität, Bestände und Durchlaufzeiten. Die mit der Visualisierung angestrebten Ziele wie Schaffung von Transparenz über Leistungen und Produktionsabläufe, Motivation der Mitarbeiter, Identifikation der Mitarbeiter mit dem Arbeitsumfeld und Ergebniskontrolle werden durch verhaltens-, materialfluß- und betriebsmittelbezogene Visualisierungsintrumente erreicht. An zentralen Standorten innerhalb der Fertigung werden auf beleuchteten Informationstafeln unitbezogene Daten wie Kennzahlen, Auditergebnisse, Qualitäts- und Produktivitätsdaten herausgestellt. Die Teammitglieder werden anhand von Fotos, die Teamstrukturen mit Hilfe von Organigrammen und die aktuellen Probleme und Themen in Form von Problemaufschreibungen und Maßnahmenblättern vorgestellt. Zur Ergebniskontrolle erfolgt eine Veröffentlichung von bereits realisierten Ergebnissen zur Rüstzeitreduzierung oder Qualitätsverbesserung auf den unitbezogenen Informationstafeln. Auf weiteren Informationstafeln werden die unterschiedlichen Unit-Leistungen und Zielkenngrößen wie Ausschuß-, Nacharbeits- und Produktivitätsdaten sowie die Anzahl geleisteter Verbesserungsvorschläge gegenübergestellt.

Materialflußorientierte und betriebsmittelbezogene Visualisierungsinstrumente erhöhen die Transparenz in der Fertigung und reduzieren die Zeiten der Störungsbehebung. Zur Unterstützung der Materialflußsteuerung werden Kanban-Flächen, Mindest- und Maximalbestände eingerichtet. Als Hilfsmittel zur Realisierung präventiver Instandhaltungsmaßnahmen werden Inspektionspunkte auf den Anlagenzeichnungen markiert und in Reichweite der Werker und Instandhalter angebracht. Rüstprobleme und Instandhaltungsmaßnahmen werden an allen Anlagen dokumentiert. An den Produktionsmitteln befinden sich Rundumleuchten, die aufleuchten, sobald die Fertigung durch das Auftreten von Fehlteilen, Störungen oder Schichtwechsel unterbrochen wird. An unterschiedlichen Fertigungspunkten existieren Tafeln mit Referenzteilen zur Unterstützung des Montageablaufs. Qualitätsprobleme werden am Entstehungsort aufgezeigt. Die Problemlösung erfolgt direkt mit den verantwortlichen Mitarbeitern. Eine neue Farbgestaltung - die Halleninnenwände sind weiß gestrichen, Transportwege gelb, Ausschußbehälter rot, Nacharbeitsbehälter gelb und Engstellen als Sperrflächen markiert - unterstützt die Effizienz der Abläufe in der Produktion. Innerhalb der Fertigungseinheiten werden Layoutpläne, in denen Materialflüsse, Materialbereitstellflächen, Kanban-Flächen und Anlagen farblich gekennzeichnet sind, ausgehängt, um den Mitarbeitern Prozeßzusammenhänge und Kunden-Lieferanten-Beziehungen zu verdeutlichen.

Das dezentrale Vorschlagswesen sichert eine schnelle Bearbeitung der Verbesserungsvorschläge und minimiert den administrativen Aufwand. Die Mitarbeiter erhalten innerhalb von zwei Wochen Feedback über die Annahme der Verbesserungsvorschläge und eine Prämie mit der nächsten Lohnzahlung. Zur Einbeziehung ausländischer Mitarbeiter in den KVP-Prozeß werden Patenschaften gebildet. Die Paten betreuen ihre ausländischen Kollegen und helfen ihnen bei der Formulierung der Verbesserungsvorschläge. Die Veröffentlichung von umgesetzten Verbesserungsvorschlägen in der Mitarbeiterzeitung, die Visualisierung der realisierten Vorschläge sowie die Teilnahme aller umgesetzten Vorschläge einmal pro Monat an einer Verlosung von Sachgewinnen und die Zulassung von Gruppenvorschlägen sind weitere Maßnahmen, die die Beteiligung am betrieblichen Vorschlagswesen erhöhen. Das Unternehmen konnte seine Verbesserungsvorschlagsrate innerhalb von fünf Jahren von 0,2 auf über 5 Vorschläge pro Mitarbeiter und Jahr erhöhen.

Bei der Einführung der Gruppenarbeit war der Betriebsrat von Anfang an eingebunden. Die Anregungen von Seiten des Betriebsrates konnten bei der Ausgestaltung des Konzepts insbesondere bei Lohn- und Qualifikationsfragen und schichtübergreifenden Betrachtungen berücksichtigt werden. Ziel war es, das prämienorientierte Entlohnungssystem zu einer ergebnisorientierten Entgeltform weiterzuentwickeln. Um im Rahmen einer Leistungsvergütung dem unterschiedlichen Engagement des einzelnen Rechnung zu tragen, wird zur Bestimmung von Leistungszulagen ein Ordnungssystem eingesetzt. Grundlage des Ordnungssystems sind Bewertungsmerkmale wie Flexibilität, Selbständigkeit, Überblick, Kreativität und Sozialverhalten, welche die Anforderungen im Rahmen der Gruppenarbeit abdecken. Die Beurteilung wird durch die Fachvorgesetzten durchgeführt und halbjährlich überprüft. Die Mitarbeiter besitzen ein Initiativrecht. Das Ergebnis der Beurteilung wird in Beurteilungsstufen umgesetzt. Als erfolgsfördernd für die Umsetzung von Teamstrukturen können die gruppenspezifische Ausbildung der Beteiligten, der Einsatz von Trainerteams, die Bildung von Patenschaften, die Visualisierung von Leistungsdaten, die Gestaltung eines gruppengerechten Entlohnungsmodells und die hohe Unterstützung der Führungskräfte genannt werden. Eine zusammenfassende Darstellung der Gestaltungselemente der Veränderung der Arbeitsorganisation findet sich in Abb. 2-14.

Fallstudie 4: Automobilzulieferindustrie

Hauptziele:

- Produktivitätssteigerung
- Qualitätsverbesserung
- Prozeßoptimierung
- Erhöhung des Anlagennutzungsgrades
- Vermeidung von Verschwendung

Lösungen:

- Teamarbeit in Form von Problemlösungsgruppen, Arbeits- und Fertigungsteams
- Fachliche und gruppenspezifische Ausbildung der Teammitglieder
- Einsatz eines Trainerteams zur Unterstützung der Problemlösungsaktivitäten
- Prinzip der offenen Kommunikation
- Bildung von Patenschaften
- Visualisierung von Zielkenngrößen
- Gestaltung eines Entlohnungssystems, das den Anforderungen der Gruppenarbeit gerecht wird

Methodeneinsatz:

- Kennzahlensystem zur Messung der Gruppenergebnisse und zur Selbststeuerung und -kontrolle der Mitarbeiter
- Dezentrales Vorschlagswesen
- Problemlösungs- und Kreativitätstechniken
- Visual-Management
  - Einsatz von leistungs- und verhaltensbezogenen Visualisierungsinstrumenten (Informationstafeln und -broschüren)
  - materialfluß- und betriebsmittelbezogene Visualisierungsinstrumente (Kanban, Farbgestaltung, Checklisten, präventive Instandhaltung, Signalleuchten)
- Multifunktionsräume

Ergebnisse:

- Anzahl Verbesserungsvorschläge pro MA/Jahr:
  → von 0,2 auf über 5 Vorschläge

Abb. 2-14: Fallstudie 4: Automobilzulieferindustrie

Fallstudie 5: Automobilzulieferindustrie

Ein zweites Unternehmen der Automobilzulieferindustrie gestaltet den Einführungsprozeß auf Basis folgender Grundsätze:

- Marktfokus, um den steigenden Kundenanforderungen gerecht zu werden,
- Einbeziehung der Mitarbeiter durch Delegation von Aufgaben,
- Reduzierung der Arbeitsteilung und
- straffere Führungs- und Arbeitsorganisation.

Nach erfolgreicher Implementierung der Gruppenarbeit in den direkten Bereichen sollen Arbeits- und Problemlösungsgruppen zur Erzielung von Produktivitätseffekten und Schaffung von Teamfähigkeit auch in den administrativen Bereichen realisiert werden. Die Einführung des Gruppenarbeitskonzepts zielt ab auf die Übertragung von Verantwortung bei der Gestaltung der Fertigungsabläufe und auf die Steigerung der Problemlösungsfähigkeit der Mitarbeiter. Die Erhöhung des Autonomiegrades der Gruppen findet in einem dreistufigem Entwicklungsprozeß statt (vgl. Abb. 2-15). In der ersten Phase erfolgt die Gruppenbildung und die Arbeit in Problemlösungsgruppen. KVP-Aktivitäten stellen den Einstieg in die Gruppenarbeit dar. Gruppenmitglieder, Gruppensprecher und Meister werden in dieser Phase auf ihre neuen Aufgabenprofile vorbereitet. In der zweiten Phase wird der Schwerpunkt der Gruppenentwicklung auf verstärkte Kooperation, Ausdehnung von Dispositionsspielräumen, Erreichung einer Mehrfachqualifikation und Flexibilitätssteigerung der Aufgabenerfüllung gelegt. Phase drei beinhaltet die Ausdehnung der Dispositionsspielräume der Gruppenmitglieder und die Dezentralisierung von Führungs- und Koordinationsaufgaben. Die Gruppen wählen ihre Gruppensprecher und werden während des Einführungsprozesses durch die Meister und spezielle Paten aus den Fachabteilungen indirekter Bereiche unterstützt. Die Betreuer erarbeiten die Methoden-, Moderations- und Problemlösungskompetenz mit den Gruppen. Die Paten stellen bei Problemen, die aus fachlichen Gründen durch die Gruppen nicht zu bewältigen sind, die Verbindung zu den indirekten Bereichen sicher. Neben der wesentlich verbesserten Problemlösungsfähigkeit findet zeitgleich eine fachliche und methodische Qualifikation statt. Während der Betreuungsaufwand in Phase eins und zwei sehr hoch ist, lösen die Gruppenmitglieder ihre Probleme in Phase drei selbständig. Der Meister nimmt in Phase drei verstärkt Coaching- und Moderationsaufgaben wahr.

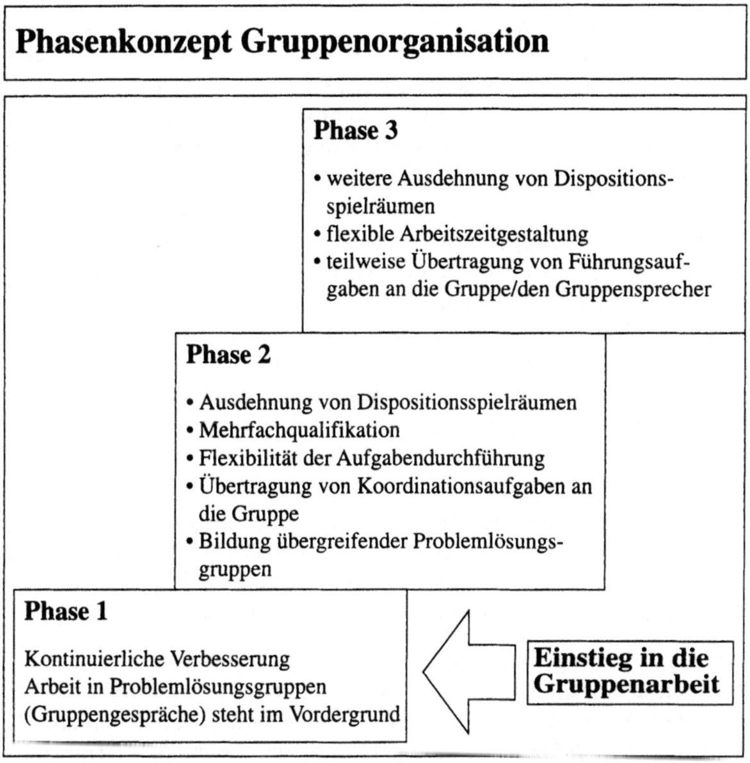

Abb. 2-15: Fallstudie 5: Phasenkonzept Gruppenorganisation

Das Aufgabenspektrum der Gruppenmitglieder beinhaltet in der ersten Phase:

- kontinuierliche Verbesserungsaufgaben,
- Informations- und Kommunikationsaufgaben,
- Weitergabe von Informationen innerhalb der Gruppe,
- Teilnahme an Gruppengesprächen,
- Mitwirkung in Problemlösungsgruppen,
- Erarbeiten von Verbesserungsvorschlägen,
- Planungs- und Steuerungsaufgaben,
- direkte Tätigkeiten und die
- Einhaltung von Ordnungs- und Sauberkeitsregeln.

Dieses Aufgabenspektrum erweitert sich in der zweiten und dritten Phase um die Übernahme von Qualitätssicherungsaktivitäten, die

Vornahme von Rückmeldungen, einfache Instandhaltungstätigkeiten und eine Fehlteilverfolgung und -behebung. Die Gruppensprecher werden von den Gruppenmitgliedern oder dem Meister vorgeschlagen. Die Gruppen wählen die schichtbezogenen Gruppensprecher, welche die Gruppen nach außen vertreten und die Koordination der Leistungserstellungsprozesse und der Problemlösungsaktivitäten gewährleisten. Sie sind Ansprechpartner und Konfliktlöser und durchlaufen wie die Gruppenmitglieder einen phasenbezogenen Entwicklungsprozeß. In der ersten Phase bestehen die Aufgaben des Gruppensprechers in der Entgegennahme und Weiterleitung von Informationen, der Visualisierung und Aktualisierung von Leistungsdaten sowie der Organisation und Moderation der Problemlösungsarbeit. In der zweiten Phase kommen Fragen der Personalführung, -entwicklung und Konfliktlösung hinzu. In dieser Phase gehören zu den erweiterten Aufgaben des Gruppensprechers die Präsentation der Gruppenergebnisse, Nachhaltung der Zielerreichung, Abstimmung mit den betroffenen Abteilungen und die Übernahme der Reihenfolgeplanung und Arbeitsverteilung. In der dritten Phase wird zusätzlich eine Beurteilung der Mitarbeiterqualifikation und eine Mitwirkung bei der Aus- und Weiterbildung der Gruppenmitglieder vorgenommen.

An den Gruppengesprächen nehmen die Gruppe und ihr Sprecher, der Meister, der Betriebsrat oder die Mitarbeiter aus den indirekten Bereichen teil. Sie finden wöchentlich für eine Stunde bei Bezahlung der Arbeitszeit in dafür eingerichteten Gruppenräumen statt. Gruppenbesprechungen werden zur Koordination der gemeinsamen Arbeitsaufgaben, Abstimmung der Produktionspläne, Arbeitseinteilung- sowie für Problemlösungsarbeiten genutzt. Der Meister koordiniert die Ziele, Maßnahmen und Ergebnisse und unterstützt die Gruppen und Gruppensprecher bei der Wahrnehmung ihrer Aufgaben. Des weiteren ist er für die Konfliktlösung und den Abbau von Spannungen in den Gruppen, die Koordination zwischen den Fachabteilungen, die Unterstützung der Problemlösungsgruppen und die Qualität in den Gruppen verantwortlich. Personalführungsaufgaben wie die Auswahl und Einführung neuer Mitarbeiter, die Durchführung von Zielvereinbarungen, die Umsetzung von Gruppenideen, die Förderung der Mitarbeit in den Problemlösungsgruppen und die Bewertung von Verbesserungsvorschlägen gehören ebenfalls zu seinen neuen Aufgaben. Das Schulungskonzept zur Unterstützung der Gruppenarbeit umfaßt eine gruppenspezifische Qualifizierung, welche die Sozial- und Methodenkompetenz fördert. Zur Beurteilung der Gruppen werden quantitative Kenngrößen wie Ausschußquote, Durchlaufzeit, Bestände, Kosten,

Nutzungsgrade, Termintreue und Flexibilität und qualitative Kenngrößen wie Anzahl Verbesserungsvorschläge pro Mitarbeiter pro Monat, Anzahl Probleme, Anzahl Gruppengespräche, Anzahl Entscheidungsfindungen in den Gruppen, Krankheitsrate, Fluktuationsquote, Anzahl geschulter Mitarbeiter herangezogen. Die Darstellung der gruppenspezifischen Leistungsdaten unterstützt die Gruppenmitglieder bei der Selbstorganisation. Selbstkontrollen können durch den Soll-Ist-Vergleich der Zielwerte durch die Mitarbeiter vorgenommen werden. Neben Informationstafeln für die Arbeitsgruppen werden weitere Medien zur Unterstützung der Gruppenarbeit mit der Zielsetzung, Transparenz über Leistungen und Prozesse zu schaffen und eine stärkere Identifikation der Gruppen mit den Leistungen und Verbesserungsaktvitäten zu erreichen, eingesetzt. Plakate und Aushänge motivieren die Mitarbeiter bei der Gruppen- und Problemlösungsarbeit. Auf Informationswagen werden Produkte, Teilespektren, Fertigungslayouts, Gruppenstrukturen, Prozesse und Kunden dargestellt. Informationsbroschüren und Informationsveranstaltungen zur Gruppenarbeit ergänzen das Kommunikationskonzept, welches in zwei Pilotbereichen zu einer verstärkten Beteiligung der Mitarbeiter am Problemlösungsprozeß, einer höheren Motivation und Arbeitszufriedenheit der Gruppenmitglieder geführt hat. Die Entwicklung der Leistungsdaten, Ausschuß- und Nacharbeitsquoten deuten auf eine Verbesserung der Qualität und Produktivität hin. In einem Pilotbereich konnten nach einem Jahr folgende Ergebniswirkungen nachgewiesen werden (vgl. Abb. 2-16):

- Erhöhung der Anzahl Verbesserungsvorschläge pro Mitarbeiter und Jahr von 0,5 auf 1,5;
- Produktivitätssteigerung von 20%;
- Qualitätsverbesserung um 40%.

Als Barrieren für den organisatorischen Lern- und Diffusionsprozeß erweisen sich die zu knappen Personalressourcen für eine ausreichende Betreuung der Gruppen, die Ängste der mittleren Führungskräfte und die fehlende Ausrichtung des Entlohnungssystems nach Gruppenprinzipien. Als Erfolgsfaktoren der Einführung wurden die interne Prozeßbegleitung und das Patenmodell, die Führung durch Zielvereinbarung und die Durchführung von regelmäßigen Teamgesprächen in den Vordergrund gestellt. Die halbjährliche Durchführung einer gegenseitigen Auditierung dient dem Erfahrungsaustausch und Wissenstransfer der Gruppen untereinander. Die Auditierungsinhalte richten sich nach dem formalen Stand der Gruppen in Bezug auf die

Autonomie, den Methodeneinsatz, die Zielvereinbarung und die Zielverfolgung.

Fallstudie 5: Automobilzulieferindustrie

Hauptziele:

- Übertragung von Verantwortung auf die Mitarbeiter bei der Gestaltung der Fertigungsabläufe
- Steigerung der Problemlösungsfähigkeit der Mitarbeiter
- Produktivitätssteigerung
- Reduzierung der Ausschuß- und Nacharbeitsquoten
- Motivationssteigerung

Lösungen:

- Einführung von Gruppenarbeit in drei Phasen/Änderung der Aufgabeninhalte
  Phase 1: KVP-Arbeit
  Phase 2: Arbeitsgruppen/Mehrfachqualifikationen
  Phase 3: Ausdehnung des Handlungsspielraums
- Gruppenspezifische Qualifizierung (Methoden-/Sozialkompetenz) der Gruppensprecher, Gruppenmitglieder und Meister
- Bildung einer Unterstützungsorganisation/Patenmodell
- Durchführung von Gruppengesprächen
- Informations- und Kommunikationskonzept

Methodeneinsatz:

- Patenmodell
- Führung durch Zielvereinbarung
- Dezentrales Vorschlagswesen
- Visualisierung der gruppenspezifischen Leistungsdaten (Informationstafeln, Plakate, Informationsmappen und -broschüren)
- Auditierung

Ergebnisse:

- Erhöhung der Anzahl Verbesserungsvorschläge pro Mitarbeiter und Jahr von 0,5 auf 1,5
- Produktivitätssteigerung von 20%
- Qualitätsverbesserung um 40%

Abb. 2-16: Fallstudie 5: Automobilzulieferindustrie

Fallstudie 6: Elektronikindustrie

Die Ausgangssituation eines Elektronikunternehmens vor der Institutionalisierung des kontinuierlichen Verbesserungsprozesses war gekennzeichnet durch unsichere Prozesse, unzureichende Informations- und Kommunikationsstrukturen und fehlendes Prozeß-, Qualitäts- und Kundendenken. Die Ziele, die das Unternehmen mit der Einführung von Problemlösungsgruppen in den direkten und indirekten Bereichen anstrebte, bestanden in der Schaffung von Teamstrukturen, der Förderung der Teamfähigkeit der Mitarbeiter, der Verbesserung der Kommunikations- und Kooperationsbeziehungen und dem Aufdecken von Rationalisierungspotentialen.

In der Projektvorbereitungsphase wurden Informationsveranstaltungen für Führungskräfte und Mitarbeiter durchgeführt, um über Ziele und Vorgehensweise des Projekts zu informieren. Die Projektorganisation besteht aus einem Kernteam und den Projektteams. Die Festlegung, welche Aufgaben, Verantwortung und Unterstützung jede Hierarchieebene in diesem Projekt wahrzunehmen hatte, gewährleistet die Einbeziehung aller Mitarbeiter. In den direkten und indirekten Bereichen erfolgt die Bildung von Problemlösungsgruppen, bestehend aus vier bis sechs Mitarbeitern. Jede Problemlösungsgruppe trifft sich in einem wöchentlichen Rhythmus für zwei Stunden während der Arbeitszeit zu Gesprächen. Die Arbeitsinhalte sind:

- Verbesserungen der Arbeitsplatzgestaltung,
- Maßnahmen zur Erhöhung der Qualität und Prozeßsicherheit,
- Vermeidung von Verschwendung,
- Verbesserung der Informations- und Kommunikationsbeziehungen,
- präventive Instandhaltung und Qualifikationsmaßnahmen.

Die Problemlösungsgespräche werden von gewählten Teamsprechern moderiert. Die Sprecher, die zugleich Moderator, Ansprechpartner und Konfliktlöser sind, werden intensiv auf ihre neuen Aufgaben vorbereitet. Hierzu werden ihnen Moderations- und Problemlösungstechniken sowie Planspiele zur Teamfähigkeit vermittelt. Ziel- und Kenngrößen zur Qualitäts- und Prozeßverbesserung werden in Zusammenarbeit mit den Bereichsleitern gebildet. Um ein Controlling der kontinuierlichen Verbesserungsaktivitäten zu erzielen, erfolgt ein dezentrales Controlling durch Visualisierung von Zielkenngrößen. Die Visualisierung der Leistungsdaten und Zielvorgaben dient der zielorientierten Ausrichtung und dem Controlling von Verbesserungsaktivitäten und Leistungen der Problemlösungsgruppen. Das Visualisierungskonzept umfaßt die Einrichtung von KVP-Stützpunkten innerhalb der Fertigung und die Aufstellung von Informationssäulen in jeder Abteilung. Des weiteren kommen Produktschaukästen und Plakate zum Einsatz. Die Stützpunkte bilden einen Bereich, in dem Mitarbeiter gemeinsam an Problemstellungen und Lösungen arbeiten. Eine von den Mitarbeitern erarbeitete Gruppenmappe dient der chronologischen Ablage von Dokumenten und spiegelt Projektentwicklung und -fortschritt wider. Für neue Teammitglieder erleichtert sie den Einstieg. Zusätzlich stehen in allen Produktbereichen Informationstafeln mit den bereichspezifischen Kenndaten wie Anzahl Hauptvarianten, Durchlaufzeiten repräsentativer Produkte, Anzahl Mitarbeiter, Kundenspektrum.

Um eine Beurteilung der Problemlösungsaktivitäten zu erhalten, auditiert ein Auditkomitee in vierteljährlichem Abstand alle direkten und indirekten Bereiche. Mit Hilfe eines Fragebogens werden folgende Kriterien beurteilt:

- Umfang der Selbstorganisation der Teams,
- Engagement bezüglich Qualitätsdenken, Qualifikationsbereitschaft und Leistungsbereitschaft,
- Prozeßorientierung,
- Problemlösungsverhalten, z.B. Anzahl realisierter Verbesserungsvorschläge,
- Visualisierung, z.B. Aktualität der Daten oder Gestaltung der Informationssäulen und
- Zusammenarbeit mit den Vorgesetzten.

Die Gesamtbeurteilungen werden an den Informationssäulen veröffentlicht. Nach sechs Monaten Projektdurchführung konnten die ersten Ergebniswirkungen vorgestellt werden. Hierzu zählen (vgl. Abb. 2-17):

- Effizientere Problemlösung bei Störungen,
- Qualitätsverbesserungen,
- Verbesserte Informations- und Kommunikationsbeziehungen,
- Höhere Teamfähigkeit,
- Flexibilitätssteigerungen,
- Verbesserung der Arbeitsplatzergonomie,
- Ausdehnung der Handlungs- und Entscheidungsspielräume,
- Steigerung der Mitarbeitermotivation,
- Transparenz über Leistungsdaten und Abläufe sowie
- Optimierung der Schnittstellen.

Von über 140 Verbesserungsvorschlägen innerhalb eines halben Jahres wurden 80 Vorschläge realisiert. Das Kosteneinsparungspotential betrug hier insgesamt eine halbe Million DM. Das Werk operiert mit wenigen validen Kennzahlen, um den Erfolg des Projektes auch weiterhin zu beurteilen:

- Produzierte Vorgabestunden/Präsenzzeit,
- Anzahl Verbesserungsvorschläge/Mitarbeiter,
- Anzahl Schulungen /Mitarbeiter,
- Anzahl Problemlösungsgruppen/Produktbereich,
- Krankheitsbedingte und unfallbedingte Absenzen und
- Beurteilung der Visualisierung durch das Auditkomitee.

Für den Einführungserfolg war die Unterstützung der Machtpromotoren und die zeitlich befristete Einbeziehung externer Prozeßbegleiter von Bedeutung. Die Vorbereitung der Teamleiter bewirkte eine ziel- und ergebnisorientierte Problemlösungsarbeit. Die externen Prozeßbegleiter moderierten in der Anlaufphase einen sich nur ansatzweise selbsttragenden Lernprozeß und übernahmen Schulungsfunktionen für die Problemlösungs- und Kreativitätsmethoden. Eine Verbreiterung der organisatorischen Wissensbasis wurde durch den Einsatz der gegenseitigen Auditierung der Gruppen erzielt. Die Auditierung gemeinsam festgelegter Beurteilungskriterien in Bezug auf die Autonomie, den Methodeneinsatz, die Zielvereinbarung und die Zielverfolgung dient der Ausbreitung von Erfahrungswissen und der Multiplikation von Lösungsansätzen im Unternehmen.

Fallstudie 6: Elektronikindustrie

Hauptziele:

- Institutionalisierung des kontinuierlichen Verbesserungsprozesses
- Schaffung von Teamfähigkeit
- Verbesserung der Kommunikations- und Kooperationsbeziehungen
- Nutzung der Problemlösungskapazität der Mitarbeiter
- Aufdecken von Rationalisierungspotentialen

Lösungen:

- Bildung von Problemlösungsgruppen in direkten und indirekten Bereichen
- Einsatz von Trainern
- Visualisierung der Ziele/Leistungen/Ergebnisse der Problemlösungsgruppen
- Schulung der Trainer (Moderations-/Problemlösungstechniken)
- Durchführung von Gruppengesprächen

Methodeneinsatz:

- Problemlösungs- und Kreativitätstechniken
- Moderatorenhandbuch
- Visualisierungsinstrumente (Informationssäulen, Gruppenmappen, Produktschaukästen, KVP-Plätze)
- Zielvereinbarungsgespräche
- Lerntransfer durch gegenseitige Auditierung

Ergebnisse:

- Effizientere Problemlösungen
- Qualitätsverbesserung
- Verbesserte Informations- und Kooperationsbeziehungen
- Motivationssteigerung
- Schaffung von Teamfähigkeit
- Schnittstellenoptimierung
- Kosteneinsparung: 500.000,- DM

Abb. 2-17: Fallstudie 6: Elektronikindustrie

Fallstudie 7: Möbelindustrie

In einem Unternehmen der Büromöbelindustrie erfolgte im Rahmen eines Reorganisationsprojekts die Einführung von Gruppenarbeit. Die Ausgangssituation war durch eine geringe Einsatzflexibilität der Mitarbeiter und eine funktionsorientierte Spezialisierung von direkten und indirekten Tätigkeiten gekennzeichnet. Die unzureichende Nutzung des Problemlösungspotentials der Mitarbeiter führte zu negativen Qualitäts-, Produktivitäts- und Motivationswirkungen. In der Projektvorbereitungsphase wurde beschlossen, Gruppenarbeit zunächst in einem ausgewählten Pilotbereich mit folgender Zielsetzung zu realisieren:

- Steigerung der Wirtschaftlichkeit und der Arbeitszufriedenheit,
- Steigerung der Qualität, Produktivität und Termintreue,
- Erhöhung der Einsatzflexibilität durch Steigerung der Qualifikation der Mitarbeiter sowie
- Verstärkte Mitarbeiterorientierung und Nutzung der Problemlösungskapazität der Mitarbeiter.

Die Vorgehensweise zur Erarbeitung des Gruppenarbeitskonzepts gliedert sich in vier Arbeitspakete:

- Organisation der Gruppenarbeit (Anzahl Hierarchiestufen, Anzahl Gruppen, Gruppengröße, Aufgabenprofil der Gruppen, Schnittstellenbetrachtung),
- Qualifizierung und Personalauswahl,
- Analyse und mitarbeiterorientierte Gestaltung des Führungskonzepts,
- Arbeits- und Betriebszeitgestaltung.

Die Gruppenorganisation des Pilotbereiches in der Montage setzt sich aus einer Arbeits- und zugleich Problemlösungsgruppe zusammen. Die Wahl des Gruppensprechers und seines Stellvertreters erfolgt durch die Gruppe. Der Gruppensprecher ist dem Meister unterstellt und besitzt keine hierarchische Vorgesetztenposition. Er arbeitet produktiv in der Gruppe mit und betreut darüber hinaus die Gruppenmitglieder. Zu seinen Aufgaben zählen die Weiterleitung von Informationen, die Organisation und Koordination der Gruppenaktivitäten und die Unterstützung des Meisters bei der Mitarbeiterführung und Ausbildung. Der Meister ist Vorgesetzter mehrerer Gruppen und nimmt zunehmend Coachingaufgaben wahr. Er führt alle Mitarbeiter direkt, fordert die Mitarbeiter durch Aufgaben mit Problemcharakter und stellt die Kommunikation und Koordination mit anderen Funktionseinheiten sicher. Die Aufgaben der Gruppe bestehen aus Fachaufgaben, Aufgaben der Selbstorganisation und kontinuierlichen Verbesserungsaufgaben. Unter Aufgaben der Selbstorganisation ist die Mitgestaltung der Arbeitsinhalte und des Arbeitseinsatzes sowie die Einhaltung von Ordnungs-, Sauberkeits- und Sicherheitsregeln zu verstehen. Kontinuierliche Verbesserungsaufgaben beinhalten Zielvereinbarungen mit dem Meister, die Problemerkennung und -analyse, die Erarbeitung von Verbesserungsvorschlägen und die Realisierung von Produktivitäts- und Qualitätsverbesserungen. Problemlösungen in der Gruppe werden durch den Gruppensprecher moderiert und finden in der Startphase der Gruppenarbeit in einem wöchentlichen Rhythmus für jeweils zwei bis drei Stunden statt. Die Themen können von der Gruppe selbst gewählt werden und betreffen die Optimierung bestehender Arbeitsabläufe, das Gesamtlayout und die Arbeitsorganisation. Dabei steht in einem weiteren Schritt des Gruppenentwicklungsprozesses eine Selbstverpflichtung der Gruppenmitglieder anhand von Controllingzielgrößen im Vordergrund.

Im Rahmen der Projektarbeit wurde mit den betroffenen Mitarbeitern eine Arbeitsplatzmappe entworfen, die der Gruppe arbeitsplatzbezogene Informationen und Richtlinien an die Hand gibt. Die Mappe beinhaltet das jeweilige Layout, Arbeitsanweisungen, Prüfanweisungen, Ordnungs- und Sauberkeitsregeln sowie Instandhaltungsaufgaben und erfaßt auch Veränderungen des Arbeitsplatzes. Die Arbeitsanweisung in Verbindung mit dem Layout enthält eine detaillierte Aufgabenbeschreibung für jeden Arbeitsplatz. Arbeitsanweisungen und die Dokumentation der Veränderungen unterstützen einen systematischen Arbeitsplatzwechsel. Die Prüfanweisung in Verbindung mit den Richtlinien zu Ordnung und Sauberkeit fördert das Qualitätsbewußtsein und stellt die Überprüfung arbeitsplatzspezifischer Qualitätsmerkmale sicher. Des weiteren ermöglicht die Dokumentation von Instandhaltungsaufgaben die Übernahme von Instandhaltungsfunktionen durch die Mitarbeiter.

Die Einführung der Gruppenarbeit wird unterstützt durch eine zielgruppenbezogene Qualifizierung. Es werden Meister- und Moderatorenschulungen, Meister- und Gruppensprecherzirkel und ein Training in Gruppenarbeit zur Förderung der Methoden-, Sozial- und Fachkompetenz durchgeführt. Die Gruppensprecher und die Gruppenmitglieder erhalten zudem sämtliche Kompetenzen, die für ein produktives Arbeiten in der Gruppe erforderlich sind.

Zur Förderung des Teamgeistes entwickelte das Unternehmen ein neues Anreizsystem, das gestaffelte Auszeichnungen und Belohnungen vorsieht. Hierzu gehört die Visualisierung und Präsentation besonderer Leistungen, das Ranking von Gruppen nach Zielerreichungsgraden, die Verleihung von Zertifikaten sowie die Einladungen zu Essen und Reisen.

Gründe für die erfolgreiche Piloteinführung sieht die Unternehmensleitung in der langsamen Heranführung der Mitarbeiter an ihre neuen Aufgaben, der zielgruppenspezifischen Qualifizierung von Gruppenmitgliedern, Gruppensprechern und Meistern sowie der Visualisierung von Leistungsdaten und Zielvorgaben. Es wurde zudem erkannt, daß auf eine stärkere Einbindung der indirekten Bereiche, beispielsweise durch die Bildung eines Patensystems, Wert zu legen ist, um die Leistungs- und Problemlösungsprozesse der Gruppenmitglieder zu unterstützen und das Verständnis der administrativen Bereiche für Teamstrukturen zu wecken. Zudem wird eine stärkere Unterstützung der Macht- und Fachpromotoren als Prozeßbegleiter bei der Installation weiterer Gruppen erwartet.

Durch die Umsetzung einzelner Elemente des Gruppenarbeitskonzepts konnte die Einsatzflexibilität in der ersten Phase um 16% und nach abgeschlossener Ausbildung um 50% in der Pilotgruppe gesteigert werden. Die Termintreue stieg um 60%, und aufgrund mit den Gruppenmitgliedern vereinbarter Qualitätssicherungsmaßnahmen konnte bereits kurzfristig ein Anstieg des Qualitätsniveaus um 20% erreicht werden. Das Gruppenarbeitskonzept und Maßnahmen zur Layoutoptimierung erzielten eine signifikante Produktivitätssteigerung von 40% (vgl. Abb. 2-18). Der Zeitraum für die Piloteinführung der Gruppenarbeit betrug neun Monate. Für das Diffusionskonzept in weiteren Endmontagebereichen ist ein Zeitraum von maximal drei Jahren vorgesehen.

Fallstudie 7: Möbelindustrie

Hauptziele:

- Produktivitätssteigerung
- Erhöhung der Einsatzflexibilität der Mitarbeiter
- Nutzung der Problemlösungskapazität
- Erhöhung der Arbeitszufriedenheit
- Steigerung der Qualität und Termintreue

Lösungen:

- Einführung einer gruppenorientierten Führungs- und Arbeitsorganisation
- Partizipative Gestaltung des Führungskonzepts
- Erweiterung der Aufgabeninhalte der Gruppenmitglieder
- Qualifizierungsprogramme (Meister- und Moderatorenschulung, Meister- und Gruppensprecherzirkel)
- Gestaltung eines Anreizsystems
- Visualisierung der Leistungsdaten und Zielvorgaben
- Gruppenentwicklungsprozeß

Methodeneinsatz:

- Problemlösungs-, Moderations- und Konfliktlösungstechniken
- Arbeitsplatzmappe
- Ordnungs- und Sauberkeitsregeln
- Visualisierungsinstrumente (Informationstafel, Produktschaukasten)
- Zielvereinbarungsgespräche

Ergebnisse:

- Steigerung der Einsatzflexibilität um 50%
- Produktivitätssteigerung um 40% (inkl. Materialflußoptimierung)
- Erhöhung des Qualitätsniveaus um 20%
- Steigerung der Termintreue um 60%

Abb. 2-18: Fallstudie 7: Möbelindustrie

Fallstudie 8: Maschinenbau

Ein Maschinenhersteller führt die Gruppenorganisation auf der Basis eines dreistufigen Phasenkonzepts ein. In der ersten Phase steht die kontinuierliche Verbesserungsarbeit in Problemlösungsgruppen im Vordergrund. In der zweiten Phase werden permanente Arbeitsgruppen gebildet. Gleichzeitig erfolgt die Ausdehnung der Handlungs- und Entscheidungsspielräume der Gruppenmitglieder. Durch die Höherqualifizierung der Mitarbeiter wird eine größere Flexibilität der Aufgabendurchführung erreicht. Problemlösungsarbeit findet zusätzlich in bereichsübergreifenden Problemlösungsgruppen statt. In der dritten Phase werden die Dispositionsspielräume der Mitarbeiter weiter ausgedehnt; Führungsaufgaben werden teilweise an die Gruppen oder die Gruppensprecher vergeben.

Die Gruppenorganisation im Pilotsegment besteht aus fünf Arbeitsgruppen. Die Gruppengröße beträgt zwischen fünf und zwölf Mitarbeitern. Zu den Aufgaben der Gruppen zählen Fachaufgaben, die Übernahme von indirekten Tätigkeiten wie Instandhaltung, Qualitätssicherung, Rüsten, Kanbansteuerung, Erfüllung von organisatorischen und problemlösenden Aufgaben. Der Gruppensprecher koordiniert und organisiert in erster Linie Problemlösungsaktivitäten und unterstützt den Segmentleiter bei Fragen der Personalführung. Er wird von der Gruppe, unter Berücksichtigung eines Vetorechtes des Vorgesetzten, für ein halbes Jahr gewählt, wobei eine zweimalige Verlängerung seiner Amtszeit möglich ist. Sein Aufgabenspektrum ist der Abb. 2-19 zu entnehmen.

Der Segmentleiter ist der hierarchische Vorgesetzte der Gruppen. Er übernimmt Personalführungsaufgaben sowie die Organisation des Segments. Für die Gruppenmitglieder besitzt der Segmentleiter die Funktion eines Trainers, Konfliktlösers und Ansprechpartners bei Problemen. Sein Aufgabenspektrum ist in Abb. 2-20 dargestellt.

Aus einer Arbeitsgruppe können bis zu drei Problemlösungsgruppen hervorgehen. Die Moderation der Problemlösungsaktivitäten erfolgt durch den Gruppensprecher oder durch Mitglieder der Gruppe. Die Themenwahl erfolgt in Abstimmung mit dem Segmentleiter durch die Gruppenmitglieder. Der Segmentleiter ist für die Koordination der Problemlösungsaktivitäten, die Umsetzung der Lösungsmaßnahmen, das Controlling der Zielerreichung und die Durchführung von Qualifizierungsmaßnahmen verantwortlich. Die Arbeitsgruppen treffen sich einmal pro Woche. Teilnehmer an Problemlösungssitzungen sind die Gruppenmitglieder, die Gruppensprecher und gegebenenfalls der

Segmentleiter oder Paten aus den indirekten Funktionsbereichen. Das Unternehmen setzt Koordinatoren zur Abstimmung der Aktivitäten bereichsübergreifender Gruppen ein. Die Aufgaben eines Koordinators erstrecken sich über die Sammlung und Weiterleitung der Themen an die entsprechenden Vorgesetzten, die Initiierung von bereichsübergreifenden Problemlösungsgruppen, die Dokumentation der bearbeiteten Themen, die Initiierung von Präsentationen, das Controlling der Zielerreichung und Maßnahmenumsetzung bis hin zur Auszeichnung und Belohnung übergreifender Problemlösungsgruppen.

Aufgaben des Gruppensprechers

Fachaufgaben:

- Teile/Komponentenbearbeitung
  - NC-Bearbeitung
  - Vormontage
  - Hauptmontage

Indirekte Funktionen:

- Instandhaltung
- Qualitätssicherung
- Rüsten
- Kanban Steuerung

Organisatorische Aufgaben:

- Urlaubsplanung
- Visualisierung
- Mitwirkung an der Zielvereinbarung

Problemlösung:

- Erarbeiten und umsetzen von Problemlösungen
- Moderation der Problemlösungsgespräche
- Dokumentation der Maßnahmen

Unterstützung des Segmentleiters bei der Personalführung:

- Unterstützung des Meisters bei der Unterweisung von Mitarbeitern
- Einarbeitung neuer Mitarbeiter

Abb. 2-19: Fallstudie 8: Aufgaben des Gruppensprechers

Aufgaben des Segmentleiters

Organisation:

- Verantwortung für Ordnung/Sauberkeit/Betriebssicherheit
- Auf Einhaltung von Unterweisungen achten (z.B. Qualität)

Personalführung:

- Auswahl und Einführung neuer Mitarbeiter
- Aus- und Weiterbildung der Mitarbeiter
- Personaleinsatz, Versetzung, Umsetzung
- Motivation
- Förderung der Zusammenarbeit
- Zielvereinbarung/Zielkontrolle
- Übertragung von Verantwortung

Information/Kommunikation/Problemlösung:

- Moderation von Gruppen
- Abbau von Spannungen
- Informationsveranstaltungen organisieren
- Initiierung von Mitarbeit in Problemlösungsgruppen
- Koordination der Problemlösungsaktivitäten im Segment
  - Unterstützung bei der Qualifizierung und bei der Umsetzung der Lösungsmaßnahmen
  - Controlling der Maßnahmenumsetzung und Zielerreichung
  - Unterstützung der Gruppensprecher bei der Visualisierung
- Auszeichnung und Belohnung

Abb. 2-20: Fallstudie 8: Aufgaben des Segmentleiters

Das Unternehmen unterstützt die Gruppenmitglieder bei ihrer Problemlösungsarbeit durch die Bildung eines Patenmodells. Mitarbeiter aus der Arbeitsvorbereitung, der Qualitätssicherung, der Konstruktion, dem Einkauf, der Instandhaltung u.a. indirekten Bereichen werden als Ansprechpartner definiert. Die Übernahme einer Patenfunktion für die Gruppen erfordert die Teilnahme an Teamsitzungen zu bestimmten Fragestellungen und die Bereitstellung von Informationen. Die Paten sichern als Fachpromotoren die schnelle Umsetzung der Verbesserungsaktivitäten und unterstützen im Sinne der Prozeßbegleitung die Einführung von Gruppenarbeit.

Durch umfassende Schulungsaktivitäten werden die Gruppensprecher, Segmentleiter und Gruppenmitglieder auf ihre neuen Aufgaben vorbereitet (siehe Abb. 2-21).

Schulungskonzept

Gruppenspezifische Qualifizierung	**Segmentleiter-/ Gruppensprecher-Zirkel**	**Miteinander reden, miteinander arbeiten**
• Sozialkompetenz • Methodenkompetenz	(Training on the job) Segmentleiter, Gruppensprecher, 1-2 Stunden pro Woche	(Seminar/Workshop) Segmentleiter, Gruppensprecher, Gruppe; 2 x 1 Tag

fachliche Qualifizierung	**Fit für die Gruppe** (Training on the job)
Fachkompetenz	Gruppensprecher, Gruppen { nach Qualifizierungsbedarf

Abb. 2-21: Fallstudie 8: Schulungskonzept

Segmentleiter- und Gruppensprecher-Zirkel werden ein bis zwei Stunden pro Woche durchgeführt und sind als Training-on-the-job-Programm zu verstehen. Sie fördern die Ausbildung der Sozial- und Methodenkompetenzen und einen permanenten Erfahrungsaustausch. Während eines zweitägigen Seminars werden die Gruppenmitglieder über ihre zukünftigen Aufgabeninhalte informiert und mit den Zielen der Gruppe vertraut gemacht. Die Seminarinhalte umfassen Informationen über das Gruppenarbeitskonzept, Moderations- und Problemlösungstechniken, die Erarbeitung von Spielregeln für die Zusammenarbeit der Gruppen und die Anwendung von Konfliktlösungstechniken. Der Qualifizierungsbedarf der Mitarbeiter wird mit Hilfe von Ist- und Soll-Qualifikationsmatrizen ermittelt. Die fachliche Qualifizierung umfaßt beispielsweise Einrichtungs-, Instandhaltungs-, Wartungs- und Qualitätssicherungstätigkeiten. Die Führungskräfte vereinbaren mit den Gruppen Ziele über einen Zeitraum von sechs Monaten. Der partizipative Führungsstil und die Vereinbarung von Zielkenngrößen wie Qualität, Produktivität, Termintreue, Bestandshöhe und Problemlösungsaktivitäten sind für die Selbststeuerung und -kontrolle der Gruppen von Bedeutung (siehe Abb. 2-22).

Ziele der Gruppen/des Segments		
Ziel	**Operationalisierung**	**Erfassung/ Messung**
Qualität	• Ausschußquote • Nacharbeitungsquote	gruppenbezogen
Produktivität	• Optimierung ausgewählter Vorgabezeiten • Produktivitätskennzahl	segmentbezogen
Termintreue	• Anteil termingerecht gelieferter Baugruppen/Fertigteile	segmentbezogen
Bestände	• Reichweite in Tagen	segmentbezogen
Ziele für Problemlösungs-aktivitäten	• Einsparungspotential • Qualität • qualitative Ziele (z.B. Arbeitssicherheit)	je Problemlösungs-gruppe

Abb. 2-22: Fallstudie 8: Ziele der Gruppe

Auf Informationstafeln, die pro Segment an zentralen Stellen errichtet werden, erfolgt die Visualisierung gruppenrelevanter Leistungsdaten, Zielvorgaben und Zielerreichungsgrade. Als Ergebnisse der Piloteinführung der Gruppenorganisation konnten nach neun Monaten eine Produktivitätssteigerung von 15% und eine Reduzierung der Nacharbeitsquote von 4% auf 2% erzielt werden. Als qualitative Ergebnisse wurden die Erhöhung der Mitarbeitermotivation, die Steigerung der Anzahl Verbesserungsvorschläge und die Verbesserung des Lieferservices konstatiert (vgl. Abb. 2-23). Die Unterstützung durch Macht- und Fachpromotoren, die Einbeziehung des Betriebsrates in den Planungsprozeß, die Begleitung des Pilotprojekts durch externe Berater, die zielgruppenbezogenen Qualifizierungsmaßnahmen, umfassende Information der Beteiligten sowie die Bildung einer Unterstützungsorganisation durch Paten und Koordinatoren stellen einen effizienten Einführungsprozeß sicher. Der Durchdringungsgrad im direkten Bereich beträgt nach 15 Monaten 20%. Das Unternehmen strebt die Einführung von Gruppenarbeit in allen direkten Segmenten innerhalb von drei Jahren an.

Fallstudie 8: Maschinenbau

Hauptziele:

- Produktivitätssteigerung
- Nutzung der Problemlösungskapazität
- Motivation der Mitarbeiter
- Prozeßoptimierung

Lösungen:

- Dreistufiges Phasenkonzept zur Einführung von Gruppenarbeit
- Bildung einer Unterstützungsorganisation (Paten-/Koordinatorenmodell)
- Zielgruppenbezogene Schulungsaktivitäten zur Förderung der Methoden- und Sozialkompetenz
- Zielvereinbarungsgespräche
- Einsatz externer Berater als Prozeßbegleiter

Methodeneinsatz:

- Moderations-, Problemlösungs- und Konfliktlösungstechniken
- Spielregeln für die Zusammenarbeit
- Segmentleiter-/Gruppensprecherzirkel
- Informationstafeln/Visualisierung von gruppenbezogenen Controllinggrößen
- Informations- und Kommunikationskonzept

Ergebnisse:

- Produktivitätssteigerung um 15%
- Reduzierung der Nacharbeit von 4% auf 2%
- Motivationssteigerung der Mitarbeiter
- Erhöhung der Einsatzflexibilität der Mitarbeiter
- Erhöhung der Anzahl Verbesserungsvorschläge
- Verbesserung des Lieferservicegrades

Abb. 2-23: Fallstudie 8: Maschinenbau

Fallstudie 9: Maschinenbau

Diese Fallstudie zeigt Lösungsansätze zur Einführung von Arbeits- und Problemlösungsgruppen in den indirekten Bereichen auf. Die Ausgangssituation in der Auftragsabwicklung war durch lange Auftragsbearbeitungszeiten, Schnittstellenprobleme, Doppelarbeit, lange Reaktionszeiten bei Anfragen und einen hohen Bearbeitungsaufwand gekennzeichnet. Die Projektinhalte bestanden in der Neugestaltung des Auftragsabwicklungsprozesses, in der Neustrukturierung des Vertriebsprozesses und der Export- und Serviceabwicklung. Die Basis für die Neustrukturierung bildete eine Funktions- und Leistungsanalyse. Die interdisziplinäre Projektgruppe setzte sich aus Mitarbeitern der Arbeitsvorbereitung, des Einkaufs, des Vertriebs, der Auftragsbearbeitung und der Konstruktion zusammen. Eine Reduzierung der Schnittstellen und eine schnelle Auftrags- und Angebotsbearbeitung wurde durch die Differenzierung nach Auftrags- und Angebotstypen und deren Komplettbearbeitung erzielt. Die Aufträge wurden in die Auftragstypen Neuaufträge, klärungsbedürftige Wiederholaufträge und nicht klärungsbedürftige Wiederholaufträge eingeteilt. Die vollständige Abwicklung nicht klärungsbedürftiger Wiederhol- und Katalogaufträge erfolgt durch zwei Vertriebsteams. Zur Bearbeitung von Neuaufträgen und klärungsbedürftigen Wiederholaufträgen wurde ein Auftragsabwicklungszentrum gebildet. Das Auftragsabwicklungszentrum besteht aus einem Team für die Abwicklung klärungsbedürftiger Aufträge und einem Team für die Bearbeitung klärungsbedürftiger Angebote. Jedes Team besitzt einen Koordinator, der für die bereichsübergreifende Kommunikation und Zusammenarbeit verantwortlich ist. Die Teamzusammensetzung des technischen Auftragsteams besteht aus Mitarbeitern der Auftragsbearbeitung, dem Einkauf, der Konstruktion und der Montagesteuerung. Diese Gruppe bearbeitet gemeinsam alle technischen und terminlichen Probleme der Kundenaufträge mit dem Ziel einer minimalen Auftragsdurchlaufzeit. Das technische Auftragsteam übernimmt die technische Auftragsbearbeitung, die Neuanlage von Stücklisten, die terminliche Bearbeitung und die Suche nach internen und externen Lieferanten. Die Angebotsgruppe ist für die Angebotsbearbeitung und Projektierung, die technische Klärung und Kalkulation sowie die Unterstützung des Außen- und Innendienstes verantwortlich. In die Angebotsgruppe wurden Mitarbeiter aus der Anwendungstechnik und dem Vertrieb integriert, um eine schnelle Angebotsbearbeitung sicherzustellen. Organisatorisch sind die Angebotsgruppe und das technische Auftragsteam dem Vertrieb zugeordnet.

Um die angestrebte Komplettbearbeitung in den Teams zu realisieren, wurden Qualifizierungsprofile der einzelnen Teammitglieder ermittelt und Qualifizierungsmaßnahmen erarbeitet. Der gegenseitige Qualifizierungsprozeß trug zur Erhöhung der Einsatzflexibilität der Teammitglieder bei. Jedes Team erarbeitete Regeln für eine effiziente Zusammenarbeit zur Reduzierung von Schnittstellenproblemen. Die räumliche Integration fördert eine schnelle Auftragsklärung und führt zu effizienten Informations- und Abstimmungsprozessen (siehe Abb. 2-24).

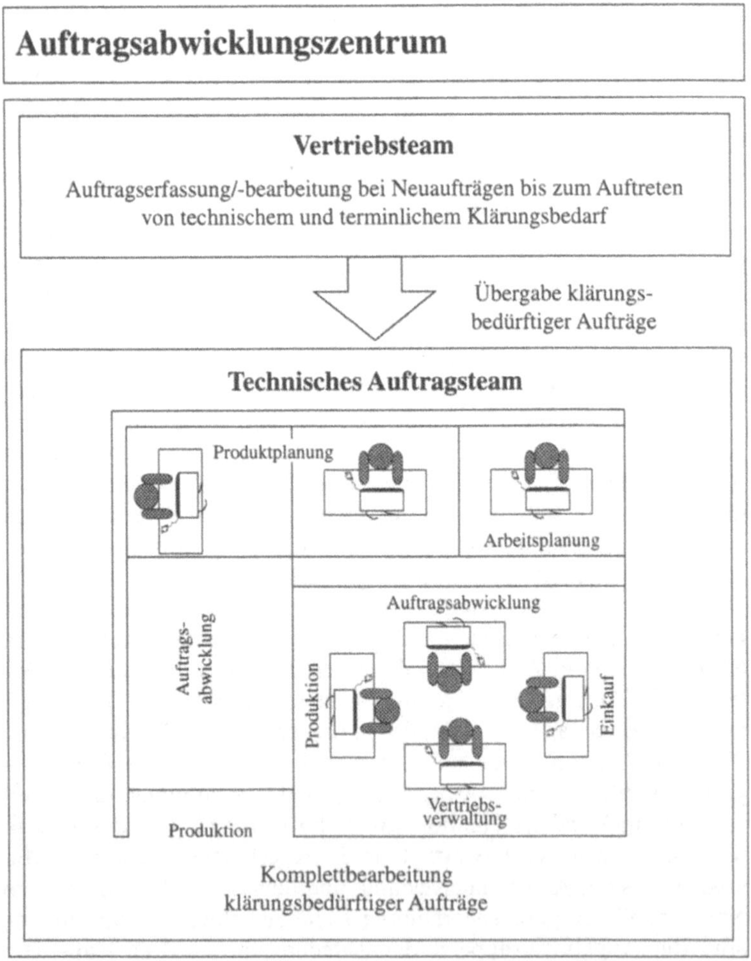

Abb. 2-24: Fallstudie 9: Auftragsabwicklungszentrum

Die Komplettbearbeitung klärungsbedürftiger Aufträge erhöht die Qualität der Auftragsbearbeitung. Die Potentiale der teamorientierten Auftragsabwicklung kommen in folgenden Kenngrößen zum Ausdruck (vgl. Abb. 2-25):

- Reduzierung der Durchlaufzeit um 67 % für die Auftragsbearbeitung von Neuaufträgen und um 90% bei Wiederholaufträgen ohne Klärungsbedarf,
- Reduzierung der Durchlaufzeit um 82% bei der Angebotserstellung von Neuaufträgen und um 79% bei nicht klärungsbedürftigen Aufträgen,
- Produktivitätssteigerung von 40 %.

Die Einführung der Teamarbeit in der Auftragsabwicklung ist von den Macht- und Fachpromotoren in hohem Maße unterstützt worden. Die rechtzeitige Einbeziehung des Betriebsrates und die umfassende Information der Mitarbeiter und Führungskräfte vor Start der Einführung der Gruppenarbeit und während der Konzept- und Umsetzungsphase vermied das Auftreten von Reibungsverlusten und Widerständen während der Umsetzung. In Analogie zu Fallstudie 10 wurde die Vorgehensweise zur Einführung des Auftragsabwicklungszentrums durch die Durchführung eines GENESIS-Workshops[94], an dem zusätzlich Lieferanten teilnahmen, unterstützt. Mit Hilfe des GENESIS-Konzepts läßt sich die Umsetzungsgeschwindigkeit erhöhen. Die Partizipation an der Planung und Umsetzung des Auftragsabwicklungszentrums erhöht die Leistungsmotivation der Mitarbeiter zur Teilnahme an Problemlösungsaktivitäten und fördert die Akzeptanz für die neue Gruppenorganisation. Der Einführungsprozeß wurde von externen Beratern, die den Teamentwicklungsprozeß als Prozeßbegleiter unterstützten und die gegenseitige Qualifizierung der Mitarbeiter betreuten, mitgestaltet. Die Einführung einer Entlohnung nach Zielvereinbarung, die die Zielkenngrößen Produktivität, Qualität und Termintreue in den Vordergrund stellt, fördert effiziente Leistungserstellungsprozesse der Gruppen.

94 Vgl. hierzu unten, Kapitel 4.9.2.

Fallstudie 9: Maschinenbau

Hauptziele:

- Reduzierung der Auftragsbearbeitungszeiten
- Effiziente Abwicklung der Auftragsbearbeitung
- Vermeidung von Verschwendung in den administrativen Prozessen
- Gestaltung einer prozeßorientierten Auftragsabwicklung

Lösungen:

- Bildung eines Auftragsabwicklungszentrums/prozeßorientierter Gestaltungsansatz
- Interdisziplinäre Teamzusammensetzung
- Räumliche Konzentration der an der Auftragsabwicklung beteiligten Mitarbeiter
- Bildung von Auftragstypen/Komplettbearbeitung der Auftragstypen
- Erhöhung der Einsatzflexibilität/Mehrfachqualifizierung
- Visualisierung von auftragsabwicklungsbezogenen Kenngrößen
- Entlohnung nach Zielvereinbarung

Methodeneinsatz:

- Regeln für eine effiziente Zusammenarbeit
- Informationstafeln/Informationsveranstaltungen
- Zielvereinbarungsgespräche
- Gegenseitige Qualifizierung

Ergebnisse:

- Reduzierung der Durchlaufzeit um 67% für die Auftragsbearbeitung von Neuaufträgen und um 90% bei Wiederholaufträgen ohne Klärungsbedarf
- Reduzierung der Durchlaufzeit um 67% für die Angebotserstellung von Neuaufträgen und um 79% bei nicht klärungsbedürftigen Aufträgen
- Produktivitätssteigerung von 40%

Abb. 2-25: Fallstudie 9: Maschinenbau

Fallstudie 10: Maschinenbau

Zur Erhöhung der Produktivität in den indirekten Bereichen führte ein Maschinenhersteller Arbeits- und Problemlösungsgruppen ein. Eine fehlende Differenzierung nach Auftragstypen innerhalb der Auftragsabwicklung und eine räumliche Trennung der Aufgabenträger hatten einen ineffizienten Auftragsabwicklungsprozeß verursacht. Zur Beseitigung von langen Auftragsbearbeitungszeiten, fehlender Flexibilität bei der Auftragsdurchführung und Schnittstellenproblemen wurden die Bildung eines Auftragsabwicklungszentrums und die Realisierung einer teamorientierten Bearbeitung von standardisierten Auftragstypen vorgenommen.

Die Konzeption des Auftragsabwicklungszentrums stellt einen prozeßorientierten Organisationsansatz in den Vordergrund.[95] Es werden alle Funktionen zusammengefaßt, die für die Abwicklung eines Auftrages erforderlich sind. Da sich Bearbeitungsumfänge und die Art der wahrzunehmenden Funktionen auftragsabhängig unterscheiden, wird die Struktur des Auftragsabwicklungszentrums an die verschiedenen Auftragstypen angepaßt. In Abhängigkeit der Tätigkeiten wie der Arbeitsplan-, Stücklisten- oder Zeichnungserstellung werden die Aufträge typenbezogen durchgeführt. Der Einführungsprozeß durchlief eine dreimonatige Ist-Analyse und eine sechsmonatige Soll-Konzeptphase, die sich aus zwei Stufen zusammensetzt. In der ersten Stufe wurde das Auftragsabwicklungszentrum konzeptionell ausgeplant. Hierzu wurden drei Monate benötigt. In der zweiten Stufe wurden die EDV-Strukturen angepaßt und das Gesamtkonzept verfeinert. Die Realisierungsphase startete parallel zur zweiten Phase des Sollkonzepts. In der Analysephase wurden folgende Schwerpunkte herausgearbeitet:

- Reduzierung der Auftragsabwicklungszeiten,
- Vermeidung von Doppelaktivitäten,
- Reduzierung von Schnittstellen und Übergabeaktivitäten,
- Erhöhung der Informationsverfügbarkeit und Transparenz,
- Reduzierung des Koordinations- und Abstimmungsaufwandes bei auftretenden Störungen,
- Erhöhung der internen und externen Termintreue,
- Verringerung des administrativen Aufwandes für verlängerte Werkbänke sowie
- gegenseitige Vertretungsmöglichkeiten.

---

95 Vgl. Eversheim/Krumm/Häuser 1993, S. 48-51; Müller 1992.

Projektbearbeitung	Zeit		Planungsinhalte
Projektarbeit	3 Monate	1	Geschäftsprozeßanalyse
		2	Bestimmung der Auftragstypen
GENESIS	4 AT	3	Auswahl der Kern- und Randfunktionen
		4	Überarbeitung/Verbesserung der bestehenden Abläufe
		5	Abgrenzung der Aufgabenumfänge
Projektarbeit	6 Monate	6	Festlegung der Eingangs- und Ausgangsinformationen
		7	Ausstattung der Arbeitsplätze
		8	Definition der Anforderungsprofile
		9	Ableitung des Qualifizierungsbedarfs
		10	Aufstellung des Qualifizierungsplanes
		11	Festlegung der Aufbauorganisation
		12	Räumliche Planung
		13	Realisierung

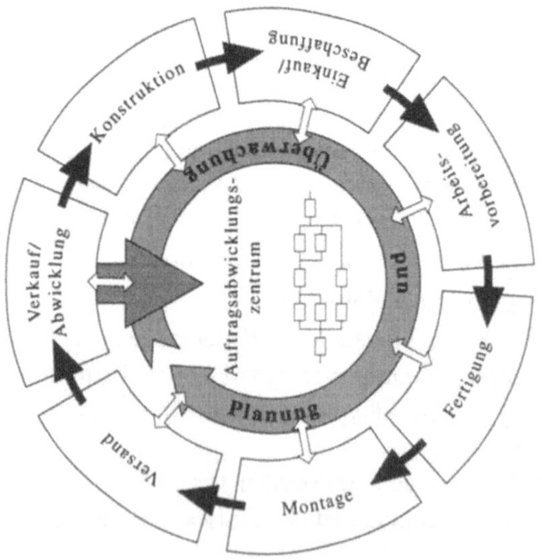

Abb. 2-26: Fallstudie 10: Vorgehensweise zur Einführung des Auftragsabwicklungszentrums

Zur Erreichung der Zielgrößen wurden mehrere Maßnahmenpakete realisiert. Hierzu zählen die auftragsabhängige Standardisierung der Arbeitsabläufe, die Reduzierung von Liegezeiten, die Berücksichtigung des Prinzips der Einmalerfassung von Informationen, die Festlegung von definierten Übergabe- und Kontrollpunkten, die Durchführung von Qualifizierungsmaßnahmen und die räumliche Nähe der Funktionsträger. Unterstützend wirkte die Aktualisierung der Daten, die Optimierung der EDV-Hardware und der Einsatz von leistungsfähigen Planungs- und Steuerungsinstrumenten.

Das Unternehmen wählte zur Einführung des Auftragsabwicklungszentrums und der Teamarbeit die in Abb. 2-26 dargestellte Vorgehensweise.

Maßnahmenpläne mit Verantwortlichen und Terminen erlaubten ein zielgerichtetes Controlling der einzelnen Realisierungsschritte. Zur Beschleunigung der Projektaktivitäten wurde ein GENESIS-Workshop[96] durchgeführt. Im Vordergrund stand die Auswahl der Kern- und Randfunktionen der Auftragstypen, die kurzfristige Überarbeitung und Verbesserung der bestehenden Abläufe und die Abgrenzung der Tätigkeitsinhalte. Zusätzliche Maßnahmen zur Umsetzung des Auftragsabwicklungszentrums wurden in regelmäßig stattfindenden Projektteamsitzungen erarbeitet. Hierzu gehörten die Festlegung der erforderlichen Eingangs- und Ausgangsinformationen, die Ausstattung der Arbeitsplätze, die Definition der Anforderungsprofile der Mitarbeiter, die Ableitung von Qualifizierungsbedarfen, die Erarbeitung und Durchführung von Qualifizierungsmaßnahmen, die Festlegung der Aufbauorganisation und die räumliche Planung zur Bürogestaltung. Die räumliche Konzentration sichert die eindeutige Zuordnung von Verantwortlichkeiten und die schnelle Bearbeitung von klärungsbedürftigen Aufträgen. Der enge Kontakt der Teammitglieder erleichtert Informations- und Abstimmungsvorgänge, garantiert die Einbeziehung der Teammitglieder in den Auftragsabwicklungsprozeß und den gemeinsamen Zugriff auf EDV-Hilfsmittel. Um eine verbesserte Zusammenarbeit mit der Produktion zu erzielen, wurden bei der Layoutgestaltung die Installation des Auftragsabwicklungszentrums in Nähe der Fertigung berücksichtigt. Qualifizierungsmaßnahmen im Team und die Mehrfachqualifizierung der Teammitglieder ermöglichen Vertretungen und erhöhen die Reaktionsgeschwindigkeit bei Problemen. Die Einführung von Teamstrukturen in der Auftragsabwicklung bewirkte eine deutliche Steigerung der Arbeitseffizienz.

96 vgl. hierzu unten, Kapitel 4.9.2.

Neben einer Durchlaufzeitreduzierung um durchschnittlich 60% für die unterschiedlichen Auftragstypen konnte durch die Bildung des Auftragsabwicklungszentrums eine Produktivitätssteigerung von 12,6% erzielt werden (vgl. Abb. 2-27). In vollem Umfang wurden die Potentiale nach einer Einarbeitungsphase von sechs Monaten nachgewiesen.

Die Umsetzung der Teamstrukturen in den indirekten Bereichen wurde durch die Durchführung eines GENESIS-Workshops beschleunigt. Die Einleitung von gegenseitigen Qualifizierungsprozessen erhöhte die Einsatzflexibilität der Teammitglieder. Für die Umsetzung und Durchsetzung der Konzeption war der Einsatz von externen Beratern, die Unterstützung der Machtpromotoren und die Einbeziehung der Beteiligten in die Planungs- und Umsetzungsaktivitäten hilfreich.

Fallstudie 10: Maschinenbau

Hauptziele:

- Reduzierung der Auftragsbearbeitungszeiten
- Schnittstellenoptimierung/Vermeidung von Doppelaktivitäten
- Verbesserung der Informations- und Kooperationsbeziehungen
- Reduzierung des Koordinations- und Abstimmungsaufwandes bei Auftreten von Störungen
- Erhöhung der Informationsverfügbarkeit
- Erhöhung der internen und externen Termintreue

Lösungen:

- Bildung eines Auftragsabwicklungszentrums
- Realisierung einer teamorientierten Bearbeitung von standardisierten Auftragstypen
- Räumliche Integration der beteiligten Funktionen
- Auftragsabhängige Standardisierung der Arbeitsabläufe
- Prinzip der Einmalerfassung von Informationen
- Definition von Zielgrößen zur Selbststeuerung und -kontrolle

Methodeneinsatz:

- Visualisierung und Auditierung der Zielkenngrößen
- Problemlösungs- und Moderationstechniken
- GENESIS-Methode
- Gegenseitige Qualifizierung

Ergebnisse:

- Durchlaufzeitreduzierung um durchschnittlich 60% für die unterschiedlichen Auftragstypen
- Produktivitätssteigerung von 12,6%

Abb. 2-27: Fallstudie 10: Maschinenbau

Fallstudie 11: Maschinenbau

Zur Beschleunigung der Auftragsabwicklungszeiten und zur Optimierung der Projektierung richtete ein Unternehmen der Schienenfahrzeugbranche eine Projektinsel im indirekten Bereich ein. Der Einsatz von Arbeits- und Problemlösungsgruppen und die Realisierung des Teamgedankens in den indirekten Bereichen sollte die Anwendung der Methoden und Prinzipien des Simultaneous Engineering[97] unterstützen. Hierzu wurde ein viertägiger GENESIS-Workshop in der Kundenauftragskonstruktion durchgeführt, um die Umsetzung der erarbeiteten Projektansätze zu beschleunigen. Ein interdisziplinäres Team (Mitarbeiter aus den Abteilungen Auftragsleitstelle, Disposition, Einkauf, Arbeitsvorbereitung und Konstruktion) analysierte und optimierte innerhalb der vier Tage die Zeitstrecke von der Auftragsbestätigung bis zur Inbetriebsetzung. Als Problemschwerpunkte wurden die Ablauforganisation, das Bürolayout und die Aufbauorganisation identifiziert. Der Konstruktionsprozeß wies Schwachstellen bezüglich nicht marktkonformer Durchlaufzeiten, mangelnder Standardisierung, hohen Fehleranteilen und vielen Änderungen auf. Das Bürolayout führte aufgrund der räumlichen Trennung der an der Projektabwicklung beteiligten Mitarbeiter zu ineffizienten Kommunikations- und Informationsprozessen. Schnittstellenprobleme und ungeklärte Zuständigkeiten resultierten aus der bisherigen Aufbauorganisation. Es wurden folgende Ziele ermittelt:

- Reduzierung des Aufwands in den Vorkostenstellen je Projekt um 50%,
- Durchlaufzeitverkürzung je Kundenauftrag um 60%,
- Verringerung der Anzahl der Änderungen um 50%.

Bei der Neugestaltung des Kundenauftragsabwicklungsprozesses galt es, die Simultaneous-Engineering-Prinzipien wie Vorverlagerung von Erkenntnisprozessen, Erhöhung der deterministischen Prozeßanteile, Parallelisierung, Integration und Beschleunigung von Aktivitäten umzusetzen. Der neue Kundenauftragsabwicklungsprozeß besteht aus klar abgegrenzten Phasen mit Meilensteinen. Jede Phase ist mit auszuführenden Tätigkeiten, Zuständigkeiten und Zielvorgaben hinterlegt. Die Intensivierung der Zielvereinbarungsphase, die frühzeitige Einbeziehung aller am Prozeß Beteiligten und das Controlling der Meilensteine sind von besonderer Bedeutung. In der Design-Phase wurden

97 Zu den Prinzipien des Simultaneous Engineering vgl. Wildemann 1993c, S. 27-33.

neue Methoden wie Failure Mode and Effects Analysis (FMEA)[98] und das Checklistensystem Profit[99] eingesetzt. Zur Erhöhung des Standardisierungsgrads wurden Baukasten-Paten und Methodeneigner bestimmt. Die Parallelisierung von Tätigkeiten, die frühzeitige Einbeziehung der betroffenen Abteilungen und die interdisziplinäre Teamarbeit reduzieren die Durchlaufzeiten, die Fehleranzahl, die Anzahl an Änderungen und somit den Stundenaufwand je Projekt. Das neue Bürolayout ist durch die Zusammenfassung aller wesentlichen Funktionen und der dafür benötigten Hilfsmittel in der Projektinsel gekennzeichnet. In der Projektinsel hat jeder Ingenieur und Konstrukteur einen festen Arbeitsplatz. Für die Mitarbeiter aus der Arbeitsvorbereitung, dem Einkauf, der NC-Programmierung und den Methoden- und Baukastenspezialisten stehen Arbeitsplätze mit Vollausstattung zur Verfügung. Alle neuen Büros sind so konzipiert, daß die Wände nach Bedarf versetzt und entfernt werden können und flexibel EDV-Installationen möglich sind. In der Projektinsel werden an einer dreigeteilten Informationswand Leistungsdaten und Informationen über Projektinhalt und -ziele, das Projektteam, die Teamleistung, Probleme und Maßnahmen sowie aktuelle Punkte visualisiert.

Zur Entflechtung von Kompetenzentscheidungen, funktionsspezifischer Integration und Förderung des Know-how-Transfers wurde auf Basis der Aufgabenanalyse eine neue Aufbauorganisation geschaffen. Durch die räumliche Integration aller an der Projektabwicklung Beteiligten wurde der Informationsaustausch und die Zusammenarbeit verbessert. Der Projektleiter ist für die Zielerreichung, die Zuteilung der Kapazitäten und die effiziente Projektabwicklung verantwortlich. Der Projektingenieur trägt die technische Verantwortung und betreut den systematischen Arbeitsplatzwechsel der Produktbetreuer. Fachverantwortliche stellen ihre Problemlösungskapazitäten bereit und übernehmen Ausbildungsaktivitäten. Eine projektbezogene Visualisierung der Projektinhalte und -ziele und Teamleistungen unterstützt die Teamarbeit in der Projektinsel.

Die Pilotinstallation reduzierte den Aufwand der Vorkostenstellen je Projekt um 50% und die Durchlaufzeit der Kundenaufträge um 60%; die Qualität der Auftragsabwicklungsprozesse verbesserte sich um 50% und die Anzahl der Änderungen konnte um 50% reduziert werden. Zudem wurde die CAD-Nutzungszeit von 50% auf 90% erhöht und die Informations- und Kommunikationsbeziehungen konnten in-

98 Vgl. Pfeifer 1989, S. F3-1-F3-30.
99 Vgl. Wildemann 1993c, S. 83-90.

nerhalb der Konstruktion und zwischen den Vorkostenstellen Arbeitsvorbereitung, Einkauf, Konstruktion, Auftragsleitstelle und Kundendienst durch die Veränderung des Layouts erheblich verbessert werden. Die Einführung von teamorientierten Strukturen in der Kundenauftragskonstruktion führte zu erheblichen Zeit- und Aufwandsreduktionen sowie zu einer erhöhten Qualität von Produkten und Prozessen, die zur Erschließung von neuen Marktanteilen genutzt werden können (vgl. Abb. 2-28).

Die GENESIS-Workshops können aufgrund ihrer Signalwirkung als Katalysatoren zur Beschleunigung der Umsetzung von Teamstrukturen in direkten und indirekten Bereichen eingesetzt werden. In dem betrachteten Unternehmen hat sich die Vorgehensweise bewährt, die Gruppe mit Hilfe eines GENESIS-Workshops zu installieren, ihr sofort einen konkreten Auftrag zu geben und sie für einen Zeitraum von sechs Monaten zu coachen. Ein halbjährlicher Coachingprozeß, der von externen Beratern und internen Prozeßbetreuern übernommen werden kann, fördert die Qualität der Zusammenarbeit und entwickelt die Teamfähigkeit einzelner. Für die Einführung der Gruppenarbeit ist die hohe Unterstützung der Machtpromotoren von zentraler Bedeutung. Um die Problemlösungskapazitäten der Mitarbeiter zur Ausgestaltung des Gruppenkonzepts zu nutzen, wurden die Mitarbeiter in allen Phasen der Veränderung über den Projektstatus und das weitere Vorgehen informiert und in die Planungs- und Realisierungsphasen einbezogen. Die Schulung der fachlichen und methodischen Kompetenz der Teammitglieder wurde vor der Installation der Projektinsel vorgenommen. Die Gruppenarbeit ist nach 9,5 Monaten zu 30% in den indirekten Bereichen eingeführt. Angestrebt wird ein Durchdringungsgrad von 70%.

Fallstudie 11: Maschinenbau

Hauptziele:

- Reduzierung der Auftragsabwicklungszeiten
- Reduzierung des Aufwands in den Vorkostenstellen je Projekt
- Reduzierung der Anzahl der Änderungen
- Verbesserung der Informations- und Kommunikationsbeziehungen
- Verbesserung der Qualität der Auftragsabwicklung und Projektierung

Lösungen:

- Realisierung von Simultaneous-Engineering-Prinzipien
- Einrichtung einer Projektinsel zur Beschleunigung der Auftragsabwicklungszeiten
- Räumliche Integration aller Mitarbeiter, die an der Projektabwicklung beteiligt sind
- Interdisziplinäre Teamarbeit
- Information der Teammitglieder über Teamleistungen, -ziele und Terminsituation
- Einsatz externer Berater als Prozeßbegleiter

Methodeneinsatz:

- Visualisierung von projektbezogenen Maßnahmen und Kennzahlen
- Projektmanagement
- Simultaneous-Engineering-Prinzipien
- GENESIS-Methode
- FMEA und Profit
- Baukasten-Paten und Methodeneigner

Ergebnisse:

- Reduzierung des Aufwands der Vorkostenstellen je Projekt um 50%
- Reduzierung der Auftragsabwicklungszeiten um 60%
- Reduzierung der Anzahl der Änderungen um 50%
- Erhöhung der CAD-Nutzungszeit von 50% auf 90%
- Verbesserung der Qualität der Auftragsabwicklung um 50%

Abb. 2-28: Fallstudie 11: Maschinenbau

3. Strukturelemente zur Einführung von Gruppenorganisationen

Vor dem Hintergrund des konzeptionellen Bezugsrahmens, den empirischen Erkenntnissen aus den erarbeiteten Fallstudien in Kapitel 2 und den Ergebnissen der Expertenbefragung sollen im folgenden die Strukturelemente zur Einführung einer Gruppenorganisation beschrieben werden. Zu diesen zählen:

- Autonomiegrad der Gruppen,
- Organisationsstruktur der Gruppen,
- Führung,
- Selbstcontrolling durch Visualisierung,
- Qualifikation,
- Kontinuierlicher Verbesserungsprozeß und Betriebliches Vorschlagswesen
- Entlohnung.

Anschließend erfolgt eine Typologisierung der in den Fallstudien realisierten Ausprägungen der Strukturmerkmale der Gruppenarbeit. Die Analyse der Beziehungszusammenhänge zwischen den einzelnen Elementen und den Erfolgskriterien des konzeptionellen Bezugsrahmens liefert empirisch abgesicherte Erkenntnisse über Unterschiede und Gemeinsamkeiten erfolgreich umgesetzter Einführungsprozesse. Auf dieser Basis können erste Handlungsempfehlungen zur Gestaltung mitarbeiterorientierter Organisationsstrukturen abgeleitet werden.

3. 1 Autonomiegrad der Gruppen

Der Autonomiegrad der Gruppe hängt von der Art der Aufgabenintegration und vom Arbeitsumfang ab. Je nach Autonomiegrad der Gruppe erfolgt neben der Erweiterung der direkten Aufgabeninhalte eine Beteiligung der Mitarbeiter an dispositiven Tätigkeiten wie Arbeitsverteilung, Fertigungsfortschrittsüberwachung und Betriebsmittelprüfung, die sich auf den gesamten Fertigungsprozeß beziehen.[1] Der Arbeitsumfang kann sich auf die Vornahme von Einzeltätigkeiten beschränken oder die Übernahme einer Komplettbearbeitung bedeuten. Die Arbeitselemente der Planungs-, Fertigungs- und Kontrollaufgaben werden so zusammengefaßt, daß die Mitarbeiter in den Gruppen unterschiedliche Arbeitsvorgänge ausführen und gleichzeitig für die Qualitätskontrolle, Instandhaltung und für die Festlegung der Aus-

---

1 Vgl. Bühner 1994, S. 225.

bringung verantwortlich sind.[2] Im Rahmen der Gruppen- und Problemlösungsarbeit werden zunehmend Planungs-, Entscheidungs-, Kontroll- und Koordinierungsaufgaben, etwa für die Mitwirkung und Optimierung bei der Aufgabenverteilung, für den Einsatz von Arbeitsmitteln oder die Gestaltung der Arbeitsabläufe auf die Mitarbeiter übertragen.[3] Die Erweiterung der Tätigkeitsspielräume erhöht die Arbeitszufriedenheit und Leistungsmotivation der Mitarbeiter.[4] Als ein weiteres Merkmal des Autonomiegrades ist die Selbstorganisation der Gruppen und in diesem Zusammenhang die Wahrnehmung von Kompetenzen zu nennen. Entweder wird die Gruppe fremdgesteuert oder sie übernimmt in begrenztem Umfang oder umfassend die Selbstorganisation der Gruppe.[5] Da die Entscheidungsfreiheit der Gruppe durch externe Restriktionen im betrieblichen Umfeld beschränkt wird, bezieht sich die Gruppenautonomie auf interne Regelungstatbestände.[6] In der Kompetenz der Gruppe liegt es, die Arbeitsaufgaben untereinander aufzuteilen und damit auch die Kontrolle über die Aufgabenerfüllung und der damit verbundenen Zielerreichung zu übernehmen.[7] Der Aufbau von Kommunikations- und Kooperationsstrukturen ist für eine Selbststeuerung der Gruppen zwingend erforderlich.[8] Die Übernahme von Verantwortung für die Erreichung der Gruppenziele setzt eine frühzeitige Information der Mitarbeiter über die Zielvorgaben der Gruppe, die gruppenspezifischen Abläufe und die Kostenzusammenhänge voraus.[9] Die Vermittlung von gruppenrelevanten Informationen und Steuerungskenngrößen steigert die Eigenverantwortlichkeit der Mitarbeiter, sichert die Beteiligung an den Entscheidungs- und den Kontrollprozessen, nutzt das vorhandene Problemlösungspotential der Mitarbeiter und unterstützt den Prozeß der Gruppenentwicklung.[10]

Die Zeitautonomie stellt eine weitere Ausprägung des Autonomiegrades dar. Gruppen mit hohem Autonomiegrad regeln ihre Arbeitszeit

---

2 Vgl. Becker 1995, S. 22f.

3 Vgl. Wildemann 1994a, S. 114.

4 Vgl. Eckardstein/Schnellinger 1978, S. 226ff.

5 Vgl. Antoni 1994a, S. 36ff.

6 Autonomie bedeutet, daß ein Gruppenmitglied sich nicht ständig kontrolliert fühlt und seine Tätigkeit selbst bestimmen kann; vgl. Antoni/Lehnert/Bungard 1994, S. 313. Unter Autonomie wird auch die Selbst- und Eigengesetzlichkeit, Unabhängigkeit und Selbstbestimmung von Personen und Gruppen verstanden; vgl. Kappler 1992, Sp. 272 und die dort angegebene Literatur.

7 Vgl. Bühner 1994, S. 149.

8 Vgl. Schlund 1994, S. 142.

9 Vgl. Ambaum/Ruhnau 1993, S. 274.

10 Vgl. Bühner 1994, S. 218.

inklusive Pausen-, Verteil- und Erholungszeiten und Schichtzuordnung selbst.[11] Hinsichtlich der Zeitautonomie reicht der zeitliche Dispositionsspielraum von starren Arbeitszeitsystemen bis hin zu teilautonomen Arbeitsgruppen. Zunehmende Zeitautonomie wird den Mitarbeitern in flexiblen Gleitzeitmodellen, Baukastensystemen und Teilzeitmodellen eingeräumt.[12] Völlig autonom können Mitglieder zeitautonomer Arbeitsgruppen die Lage und Dauer der Arbeitszeit bestimmen. Durch die Zeitsouveränität der Gruppenmitglieder wird eine Steigerung der Kapazitätsflexibilität bei Auftragsschwankungen gewährleistet.[13]

Der Autonomiegrad von permanenten Arbeits- und Problemlösungsgruppen in 20 befragten Unternehmen zeigt deutliche Unterschiede: Drei der befragten Unternehmen übertragen den Mitarbeitern umfassende Handlungs- und Dispositionsspielräume, die Mehrzahl der Unternehmen ist durch einen mittleren Autonomiegrad gekennzeichnet (vgl. Abb. 3-1).[14]

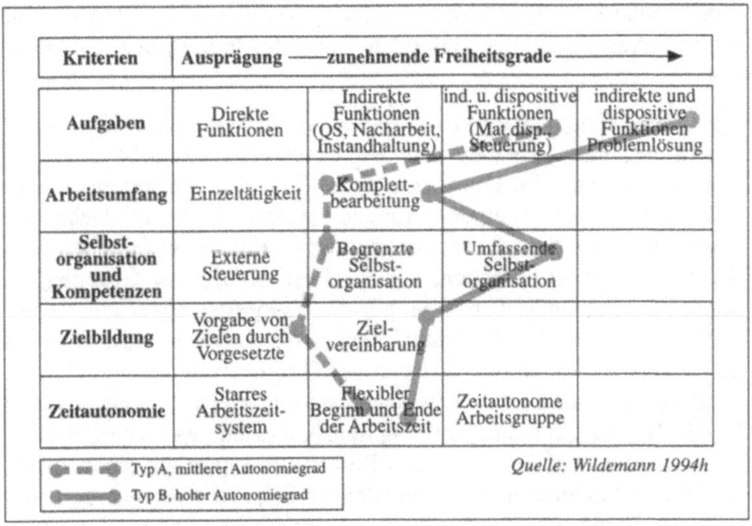

Abb. 3-1: Autonomiegrad von permanenten Arbeits- und Problemlösungsgruppen

11 Vgl. Seitz 1993, S. 38.
12 Vgl. Wildemann 1994d, S. 19.
13 Vgl. Büth 1994, S. 204.
14 Vgl. Wildemann 1995h, S. 9 und 47.

3. 2 Organisationsstruktur der Gruppen

Bei der Betrachtung der Organisationsstruktur einer Gruppenorganisation ist eine Differenzierung zwischen der organisatorischen Integration der Gruppen in die Gesamtorganisation und der internen Organisation innerhalb der Gruppen vorzunehmen. Permanente Arbeits- und Problemlösungsgruppen, die in die Primärorganisation integriert werden, verändern bestehende Organisationsformen und Hierarchieebenen. Sie ermöglichen eine effizientere Realisierung von Leistungserstellungsprozessen. In 79% der befragten Unternehmen führte die Einführung von Gruppenarbeit zu einer flacheren Hierarchie durch Wegfall einer oder mehrerer Hierarchieebenen.[15] Die Übertragung von Aufgaben und Kompetenzen an die Gruppe führt zu einer Reduzierung des ursprünglichen Aufgabenumfangs von Führungskräften. Für die einzelnen Gruppenmitglieder ergeben sich Veränderungen aus einem erweitertem Verantwortungsbereich. Die Selbstorganisation der Arbeitsabläufe verlangt neben der fachlichen Qualifikation auch eine stärkere Ausbildung der Methoden- und Sozialkompetenz der Mitarbeiter.

Die interne Organisation der Gruppen ist durch die Veränderung der Funktionen und Aufgaben von Gruppensprechern und Meistern gekennzeichnet, die im Hinblick auf die Gesamtorganisation für eine zielorientierte Steuerung der Gruppen verantwortlich sind. Neben der Erweiterung von Handlungsspielräumen innerhalb der Gruppen werden Koordinationsaufgaben, die die Abstimmung der Gruppenmitglieder untereinander betreffen, auf die Gruppensprecher übertragen. Der Gruppensprecher ist primus inter pares. Er arbeitet produktiv in der Gruppe mit[16], ist der Vertreter der Gruppe nach außen und informiert den Meister über Arbeitsergebnisse und Zielerreichungsgrade.[17] Er hält Kontakt zu indirekten Funktionsbereichen, um eine effektivere Unterstützung der Gruppen- und Problemlösungsarbeit sicherzustellen.[18] Die Moderation der Gruppengespräche ist eine wichtige Aufgabe des Sprechers. Bei der Problemlösungsarbeit und der Organisation der Arbeitsabläufe hat er Schuldzuweisungen zu verhindern und die Diskussion zielorientiert zu führen.[19] Der Gruppensprecher ist dafür verantwortlich, daß zurückhaltende oder leistungsschwächere

15 Vgl. Wildemann 1994d, S. 21f.
16 Vgl. Bühner 1994, S. 239.
17 Vgl. Gollnick 1993, S 114.
18 Vgl. Wildemann 1995i, S. 21.
19 Vgl. Wildemann 1995i, S. 22.

Mitglieder in der Gruppe nicht übergangen werden, sondern durch Einbeziehung und durch Übertragung von Know-how die Chance zur Weiterentwicklung erhalten. Konflikte, die während Gruppensitzungen auftreten und die Gruppe tangieren, sollten sofort gelöst werden. Dagegen sind Konflikte zwischen einzelnen Gruppenmitgliedern bilateral zu lösen, und erst, wenn es zu keiner Lösung kommt, ist es Aufgabe des Gruppensprechers oder des Meisters die Konfliktlösung herbeizuführen.[20] Zur Bewältigung neuer Aufgaben sind die Gruppensprecher mit Problemlösungs-, Kreativitäts- und Konfliktlösungstechniken sowie Moderationsregeln vertraut zu machen.[21] In der Einführungsphase haben Gruppensprecher häufig das Problem, daß den Gruppenmitgliedern nicht klar ist, welche Aufgaben sie wahrnehmen, und daß sie bei der Ausführung ihrer Aufgaben keine disziplinarische Weisungsbefugnis besitzen. Dieses Problem betrifft beispielsweise die Arbeitseinteilung oder das Führen der Urlaubsliste. In beiden Fällen werden von dem Gruppensprecher quasi-disziplinarische Entscheidungen erwartet.[22] Um anfängliche Schwierigkeiten zu vermeiden, sind vor Start der Gruppenarbeit die Beteiligten über die Rolle des Gruppensprechers, seine Aufgaben und seine hierarchische Position zu informieren.[23] Ob und in welcher Höhe dem Gruppensprecher ein Zusatzentgelt zugestanden wird, hängt davon ab, welche Tätigkeiten ihm übertragen werden. Eine besondere Entlohnung seiner Tätigkeit kann entweder durch die Einstufung in eine andere Entlohnungsgruppe oder durch einen zusätzlichen Pauschalbetrag pro Tag oder pro Monat erfolgen.[24]

Zur Bestimmung des Gruppensprechers bestehen in der Praxis unterschiedliche Vorgehensweisen. Eine Variante besteht darin, den Gruppensprecher zunächst für die Amtszeit von sechs Monaten und bei späterer Wiederwahl für ein Jahr durch die Gruppe bestimmen zu lassen.[25] Um eine gewisse Kontinuität der personellen Besetzung zu ge-

---

20 Vgl. Antoni 1994c, S. 123.

21 Vgl. Stürzl 1993, S. 233.

22 Vgl. Volkswagen AG 1994, S. 2.

23 Vgl. Stürzl 1993, S. 232f.

24 In einer Fallstudie wurde dem Gruppensprecher ein zusätzlicher Betrag von 10,- DM brutto täglich zugestanden.Verfolgt ein Unternehmen den Weg, dem Gruppensprecher keine zusätzliche Entlohnung für die Ausübung seiner Funktion zu zahlen, können den Gruppensprechern Weiterbildungsmaßnahmen, die sie dazu befähigen, zu gegebener Zeit eine Ausbildung zum Meister durchzuführen, als zusätzliche Anreize angeboten werden.

25 Vgl. Stürzl 1993, S. 208.

währleisten, sind kürzere Amtszeiten des Gruppensprechers nicht geeignet. Ein weiterer Ansatz besteht in der Wahl des Gruppensprechers durch die Gruppe, wobei die Gruppensprecher vorher vom Management geprüft und als geeignet eingestuft werden.[26] In die gleiche Richtung geht die Alternative, den Gruppensprecher von der Gruppe wählen zu lassen, dem Meister hierbei jedoch ein Vetorecht einzuräumen.[27] Die Ausschreibung von Gruppensprechern birgt die Gefahr von später entstehenden Spannungen zwischen Gruppensprecher und Gruppe.[28] Erfolgt die Arbeit in mehreren Schichten, so ist die Wahl eines schichtübergreifenden Gruppensprechers sinnvoll. Eine Rotation der Gruppensprecher erscheint dann zweckmäßig, wenn die Gefahr besteht, daß sich ein Gruppensprecher als ein "Mini-Meister" herauskristallisiert.[29] Grundsätzlich sollte in allen vorgestellten Varianten die Möglichkeit einer Ab- und Neuwahl vorgesehen sein. In 81% der befragten Unternehmen erfolgt die Wahl der Gruppensprecher durch die Gruppe, in 31% der Unternehmen besteht ein Mitspracherecht der Vorgesetzten und des Betriebsrats durch Einräumung eines Vetorechts oder die Möglichkeit, Kandidaten für die Wahl vorzuschlagen.[30]

Die Gruppenarbeit ist mit einer Veränderung des Meisterprofils verbunden. Meister sind nicht mehr ausschließlich Vorgesetzte, sondern benötigen Methoden- und Sozialkompetenz zur Führung von Gruppen und Koordination von Problemlösungsaktivitäten.[31] Sie verstehen sich als Trainer oder Coach ihrer Mitarbeiter.[32] Die Ausgestaltung der Rolle des Meisters wird beeinflußt durch die Aufgaben, Kompetenzen und den Grad der Selbstorganisation der Gruppen. Die Aufgabenschwerpunkte liegen in der zielorientierten Ausrichtung der Gruppen auf die Unternehmens- und Bereichsziele und die Förderung der Kommunikations- und Problemlösungsbereitschaft der Gruppen zur Erzielung von Produktivitätssteigerungen.[33] Das auf eine Erhöhung der Gruppenleistung in Relation zur individuellen Leistungsfähigkeit ausgerichtete Gruppenkonzept kann zu einem Konkurrenzdenken zwischen unterschiedlichen Gruppen sowie zwischen den einzelnen

26 Vgl. o.V. 1994.
27 Vgl. Haman 1993, S. 243.
28 Vgl. Gottschall 1994, S. 240.
29 Vgl. Stürzl 1993, S. 209.
30 Vgl. Wildemann 1994d, S. 23.
31 Vgl. Antoni 1994c, S. 133f.
32 Vgl. Schlenkermann 1993, S. 12.
33 Vgl. Springer 1994, S. 235.

Mitgliedern der Gruppe führen, das auch Konflikte verursachen kann. Es gehört deshalb zu einer der Führungsaufgaben des Meisters, diese Konflikte zu lösen.[34] Ursprünglich im Aufgabenbereich von Meistern liegende Verantwortlichkeiten werden mit fortschreitender Zeitdauer der Gruppen- und Problemlösungsarbeit auf die Gruppe übertragen.[35] Es handelt sich etwa um Aufgaben der Feinsteuerung oder Qualitätssicherung. Mit der Übertragung zusätzlicher Aufgaben ist eine Qualifizierung der Mitarbeiter verbunden. Die neue Rolle des Meisters ist darauf ausgerichtet, den Qualifikationsbedarf der Mitarbeiter zu ermitteln und eine bedarfsgerechtere Qualifikation im Sinne einer Teamentwicklung sicherzustellen.[36] Sinnvoll ist eine Abstimmung der Schulungsmaßnahmen mit den jeweiligen Arbeitsgruppen, um deren Mitsprachemöglichkeiten zu stärken. Eine eigenverantwortliche Wahrnehmung von dispositiven Aktivitäten ist ohne die zugehörige Information nicht denkbar, so daß sich insbesondere das Rollenverständnis des Meisters durch den wegfallenden Informationsvorsprung ändert.[37] Die rechtzeitige und umfassende Weiterleitung von Informationen, beispielsweise über Zielerreichungsgrade, ist notwendig für die Selbstorganisation und Selbststeuerung der Gruppen. Durch die Selbststeuerung der Gruppen und durch die Verlagerung gewisser Tätigkeitsumfänge an die Mitarbeiter besitzt der Meister einen zeitlichen Dispositionsspielraum, um an Reorganisationsvorhaben, Rationalisierungsstudien und bereichsübergreifenden Projektgruppen in verstärktem Maße mitzuwirken.[38] Die Aufgaben des Meisters und des Gruppensprechers sind der Abb. 3-2 zu entnehmen. Zur Vorbereitung der Gruppensprecher, Meister und Gruppenmitglieder auf ihre veränderten Aufgabeninhalte und -umfänge sind Qualifizierungsprogramme in Zusammenarbeit mit der Personalentwicklung zu erarbeiten und zielgruppenspezifisch durchzuführen.[39]

34 Vgl. Wildemann 1995i, S. 26.
35 Vgl. Wildemann 1994d, S. 24.
36 Vgl. Wildemann 1995i, S. 24.
37 Vgl. Wildemann 1994d, S. 25.
38 Vgl. Antoni 1994c, S. 128.
39 Vgl. unten, Kap. 3.5.

Aufgaben des Gruppensprechers

Fachaufgaben	Personalführung	Information/ Kommunikation/KVP
• Produktionsaufgaben • Instandhaltung • Qualitätssicherung • Rüsten • Steuerung	• Vertretung der Gruppe • Förderung der Zusammenarbeit in der Gruppe • Umsetzung von Gruppenideen • Initiierung von Mitarbeit in Problemlösungsgruppen • Unterstützung des Meisters bei: - Qualifizierung der Mitarbeiter - Beurteilung der Mitarbeiter - Personaleinsatzplanung - Motivation der Mitarbeiter	• Moderation von Gruppen • Beratung der Mitarbeiter • Aktualisierung von Informationen (Visualisierung) • Mitwirkung in Problemlösungsgruppen • interne und externe Kommunikation/Koordination • Konfliktlösung

Aufgaben des Meisters

Innovation/KVP	Personalführung	Information/ Kommunikation
• Teilnahme an bereichsübergreifenden Projekten/ Rationalisierungsstudien • Verbesserung der Standards • Unterstützung der Gruppensprecher bei der Visualisierung von Leistungsdaten • Unterstützung der Problemlösungsgruppen/Umsetzung von Gruppenideen • Bewertung von Verbesserungsvorschlägen	• Vertretung des Moduls • Personaleinsatz, Versetzung, Umsetzung • Qualifizierung der Mitarbeiter/Teamentwicklung • Motivation der Mitarbeiter • Zielvereinbarung/-kontrolle • Mitwirkung bei Entgeltfindung	• Präsentation von - Zielen - Maßnahmen - Ergebnissen • Moderation von Gruppen • Beratung der Mitarbeiter/ Gruppensprecher • Konfliktlösung • Koordination zwischen Fachabteilungen und Modul

Abb. 3-2: Aufgaben des Gruppensprechers und Aufgaben des Meisters

3. 3 Führung

Mitarbeiterorientierte Organisationsformen erfordern Führungskräfte, die einen stärker partizipativen Führungsstil anwenden und ihre Mitarbeiter mit Hilfe des Instruments der Zielvereinbarung führen.[40] Ein kooperatives Führungsverhalten ist durch Offenheit, Vertrauen und eine gemeinsame Zielbildung gekennzeichnet.[41] Zentrales Merkmal des kooperativen Führungsverhaltens ist die systematische Anleitung und Hilfestellung zur Unterstützung der Selbstorganisation.[42] Die Mitarbeiter in den Arbeits- und Problemlösungsgruppen können innerhalb systembedingter oder durch den Vorgesetzten bestimmter Grenzen frei handeln.[43] Die Gruppe übernimmt die Analyse, die Entwicklung von Lösungsmöglichkeiten und die Entscheidung über die ihr übertragenen Aufgabenfelder. Für die Gruppenarbeit lassen sich drei Stufen abnehmender Partizipation am Entscheidungsprozeß unterscheiden. Die weitestgehende Stufe der Partizipation an betrieblichen Entscheidungen ist dadurch begrenzt, daß nicht eine Gruppe Kompetenzen und Verantwortlichkeiten für Entscheidungen übertragen bekommen kann, die den Handlungsspielraum einer anderen Gruppe einschränkt:

Stufe 1: Der Gruppe wird bei ihrer Konstitution der maximale Aufgabenumfang, den sie entscheiden könnte, ohne in den Bereich anderer Gruppen einzugreifen, übertragen. Für den Fall, daß die Gruppe zu keiner eigenen Entscheidung kommt, nimmt der Vorgesetzte eine beratende oder konfliktlösende Funktion wahr.

Stufe 2: Der Vorgesetzte übernimmt Entscheidungen aus Wirtschaftlichkeitsgründen oder weil die Entscheidungen sozialen Konfliktstoff bergen. Hierzu gehören beispielsweise die Genehmigung von Freischichten, die Anordnung von Überstunden oder Entscheidungen bei schnell erforderlichen Reaktionen auf Störungen.

Stufe 3: Der Gruppe wird ein spezifisches Aufgabenspektrum übertragen, welches sich vorwiegend an den Betriebsmitteln und den Arbeitsabläufen sowie der Arbeitsorganisation der Gruppe orientiert.

---

40 Vgl. Wildemann 1994d, S. 25. Zu den Führungsstiltypologien vgl. Tannenbaum/Schmidt 1958, S. 96.

41 Vgl. Deutsch 1976, S. 26f.

42 Vgl. Stürzl 1993, S. 167.

43 Zu den folgenden Ausführungen vgl. Wildemann 1994d, S. 27.

Der Handlungsspielraum einer Gruppe wird adäquat zu ihrem Qualifikationsniveau entsprechend den Stufen zunehmender Partizipation bestimmt. Indikatoren für die Übertragung von Verantwortung auf die Gruppe sind die Wichtigkeit der Entscheidung für die Erfüllung der Aufgabe, die Existenz erkennbarer Zusammenhänge zwischen der Entscheidung und der eigentlichen Arbeitsaufgabe und die Zustimmung zu der Art der Entscheidungsfindung durch die Gruppe. Der Umfang der übertragenen Aufgaben richtet sich danach, inwiefern dadurch eine Erhöhung der Effizienz der Aufgabenerfüllung, eine Entlastung der Führungskräfte von operativen Tätigkeiten oder eine bessere Entscheidungsqualität verbunden ist. Die Erfüllung der Arbeitsaufgabe und eine partizipative Entscheidungsfindung im Sinne der Unternehmensziele ist nur bei ausreichendem Informationsstand der Mitarbeiter gewährleistet.[44] Die Einbeziehung der Mitarbeiter in Entscheidungsprozesse führt zu demokratischeren Abstimmungsprozessen und fördert die Übereinstimmung der Gruppenmitglieder mit den Unternehmenszielen. Ein Maximum an Gruppenleistung ist zu erzielen, wenn alle Mitarbeiter kooperativ auf gemeinsame Ziele hinarbeiten. Kennzeichen einer partizipativen Führung sind deshalb klare Zielvereinbarungen für die übertragenen Aufgaben. Gruppenarbeit erfordert neuartige Leistungsziele und Verfahren der Zielvorgaben und -kontrolle.[45] Das Konzept der Führung durch Zielvereinbarung beruht auf der Annahme, daß die Mitarbeiter ihre Aufgaben umso besser erfüllen, je genauer sie die angestrebten Ergebnisse kennen.[46] Wesentliche Umsetzungsaspekte der partizipativen Zielplanung sind die Gesprächsführung, die Zielauflösung, die Maßnahmenverfolgung und Zielkontrolle.[47] Von Interesse ist weiterhin die Fragestellung, inwieweit die Zielvereinbarung als Grundlage einer leistungsorientierten Entgeltfindung herangezogen werden kann.[48] Der Zielvereinbarungsprozeß beinhaltet die Konkretisierung der übergeordneten Unternehmensziele bis hin zu den Gruppenzielen und die Operationalisierung der Zielkenngrößen in meßbare und von den Gruppen akzeptierte

---

44 Die Effektivität der Führung wird durch die Abgrenzung und Strukturiertheit des Aufgaben- und Entscheidungsfeldes der Mitarbeiter, die Qualitätsanforderungen der Aufgabe, den Informationsstand der Gruppenmitglieder sowie der Gruppenkonformität beeinflußt.

45 Vgl. Bamberger/Riot 1987, Sp. 457f.

46 Vgl. Schmidt 1987, Sp. 2088.

47 Vgl. Krieg/Drebes 1996, S. 55ff.

48 Vgl. Krieg/Drebes 1996, S. 58; vgl. auch unten, Kap. 3.7.

Zielvorgaben.[49] Zur Erfolgskontrolle der Gruppenarbeitskonzepte sind operative, quantitative und qualitative Zielkenngrößen zu bilden. Hierbei ist eine ergebnisgesteuerte Vorgehensweise, die sich auf das Erreichen meßbarer und nachvollziehbarer Verbesserungen richtet, erfolgversprechend.[50] Die aktive Einbindung der Mitarbeiter in den Zielvereinbarungsprozeß fördert gruppenorientiertes Verhalten und die Motivation der Mitarbeiter.[51] Die Vorteile liegen demzufolge in der Steigerung der Identifikation der Gruppenmitglieder mit den Zielvorgaben, der Vermittlung eines zielorientierten Kosten- und Leistungsbewußtseins und der Schaffung von Transparenz über gruppenspezifische Zielerreichungsgrade.[52] Eine Steigerung der Leistungsmotivation ist durch Vereinbarung erreichbarer, aber herausfordernder Ziele, Vorgabe mittelschwerer Aufgaben und regelmäßiges Feedback zu realisieren.[53] In den befragten Unternehmen erfolgte in 50% der Fälle eine Zielvereinbarung zwischen den Vorgesetzten und den Mitarbeitern. Als Kenngrößen wurden sowohl Zielgrößen, die sich auf den Leistungserstellungsprozeß beziehen, als auch Zielgrößen, die die Effizienz der Problemlösungsarbeit abbilden, herangezogen (siehe Abb. 3-3).[54] Ein partizipativer Führungsstil trägt entscheidend zur Entwicklung der Gruppen und somit zur erfolgreichen Einführung von Gruppenkonzepten bei.[55] Voraussetzung hierfür ist, daß sich die Gruppen im Sinne der Unternehmensziele verhalten und das Konzept von allen Organisationsmitgliedern verfolgt, kommuniziert und transparent gemacht wird.[56]

49 Vgl. Odiorne 1979, S. 67ff.
50 Vgl. Schmidt 1987, Sp. 2088f.
51 Vgl. Staehle 1992b, Sp. 661.
52 Vgl. Gabele 1992b, Sp. 954.
53 Vgl. Gebert 1987, Sp. 1055.
54 Vgl. Wildemann 1994d, S. 30.
55 Vgl. Niefer 1993, S. 125f.
56 Vgl. Ulrich 1987, Sp. 645f.

Kenngröße	Zielvereinbarung in % der Unternehmen
• Kosten	60%
• Bestände	58%
• Durchlaufzeit	50%
• Qualität	45,5%
• Liefer-/Termintreue	40%
• Nutzungsgrad	30%
• Ausbringung	30%
• Anzahl Verbesserungs-vorschläge pro Mitarbeiter	24%

Quelle: Wildemann 1994d

Abb. 3-3: Zielvereinbarung in den befragten Unternehmen

3. 4 Selbstcontrolling durch Visualisierung

Die Einführung von Gruppenkonzepten stellt neue methodische und organisatorische Anforderungen auch an das Controlling. Traditionelle Konzepte mit dem Fokus auf Fremdkontrolle stehen im Widerspruch zu der Erweiterung der Entscheidungs- und Handlungsspielräume der Mitarbeiter. Die Verantwortung hinsichtlich Menge, Qualität, Kapazitätsnutzung und Termineinhaltung sowie der beeinflußbaren Kosten liegt innerhalb eines vorgegebenen Rahmens bei den Mitarbeitern. Ein Controlling von Gruppen erfordert Freiräume für eigenverantwortliches Handeln und den Wandel von einer reglementierten Fremdsteuerung hin zu einer auf Zielvereinbarungen basierenden Selbststeuerung von Leistungserstellungs- und Problemlösungsprozessen.[57] Vor diesem Hintergrund ergeben sich folgende Aufgaben für ein Controlling von Gruppen:

- Ermittlung von Anforderungen an das Controlling, die aus den erweiterten Handlungs- und Entscheidungsspielräumen der Mitarbeiter resultieren;
- Erarbeitung eines Controllingsystems, das den neuen Anforderungen gerecht wird;
- Entwicklung von Controllinginstrumenten für Leistungserstellungs- und Problemlösungsprozesse in Gruppen.[58]

Des weiteren sind traditionelle Controllinginstrumente durch eine reine Ergebnisorientierung gekennzeichnet.[59] Zur Steuerung der Gruppen ist jedoch neben der Beurteilung der Ergebnisse der Gruppenarbeit auch der Leistungserstellungs- und Problemlösungsprozeß in den Gruppen einzubeziehen. Gruppenarbeit unterstellt keine Zwangsmechanismen zwischen In- und Outputgrößen, insbesondere in Bezug auf den Problemlösungsprozeß. Der Prozeß wird als gleichgewichtetes Element betrachtet.[60] Gruppenorientierte Controllingkonzeptionen erfordern daher die Verwendung von ergebnis- und prozeßorientierten Steuerungsgrößen (siehe Abb. 3-4 und 3-5).[61] Durch ein ergebnisorientiertes Controlling sind die Leistungsbeiträge der

57 Vgl. Horváth 1991, S. 804.

58 Vgl. Wildemann 1994d, S. 34f.

59 Vgl. Küpper/Weber/Zünd 1990. Die traditionellen Controllingsysteme haben sich nicht parallel zu den Veränderungen in den betrieblichen Kostenstrukturen entwickelt; vgl. Johnson/Kaplan 1987, S. 243; Cooper/Kaplan 1988, S. 22f.

60 Vgl. Wildemann 1994h, S. 18f.

61 Vgl. Wildemann 1994d, S. 37f.

Gruppen bezogen auf Leistungserstellung und Problemlösung und die hierfür eingesetzten Faktoren transparent zu machen.[62] Das ergebnisorientierte Controlling erfüllt diese Informationsfunktion, indem es die Beiträge der Gruppen zum Unternehmensergebnis und zur Unternehmenszielerreichung berücksichtigt. Es zeigt die Ergebnisse der Gruppen auf und hat darüber hinaus die Funktion, die Verschwendung von Ressourcen aufzudecken.[63]

Kenngrößen/ Kriterien		
	Ausbringung	– Stückzahl pro Schicht/Tag pro Mitarbeiter/Tag pro Fläche
	Betriebsmittel	– Nutzungsgrad – Anlagenverfügbarkeit
	Liefer-/ Termintreue	– Programmtreue – Abweichungen
	Flexibilität	– Umrüstgeschwindigkeit v. Betriebsmitteln – Losgrößenvariabilität – Lieferflexibilität
	Qualität	- Ausschußquote (Input/Output) - Nacharbeit
	Material	- Durchlaufzeit - Bestände
	Umsatz	- Umsatz je Mitarbeiter - Umsatz je Produktbereich - Umsatz je Monat/Quartal/Jahr - Umsatz je Fläche - Umsatz zu Anlagevermögen - Umsatz zu Investitionen
	Kosten	- Gemeinkosten - Personalkosten - Werkzeugkosten - Materialkosten - Kosten für Hilfsmittel

Quelle: Wildemann 1994d

Abb. 3-4: Ziel-/Kenngrößen

62 Vgl. Frese 1992b, Sp. 874.
63 Vgl. Reichmann 1993, S. 21.

Nach der Neugestaltung der Leistungserstellungs- und Problemlösungsprozesse bei der Gruppenbildung sind Meßgrößen für die laufende Beurteilung dieser Prozesse festzulegen.

Kenngrößen/ Kriterien	**Qualifikation**	- Qualifikationsmatrix - Anzahl geschulter Mitarbeiter - Anzahl Schulungen / Seminare
	Problemlösungs-aktivitäten	- Anzahl Verbesserungsvorschläge / Mitarbeiter / Monat - Anzahl aufgelisteter Probleme - Durchlaufzeit (Problemlösung) - Quote umgesetzter Vorschläge - Holprinzip/Kanban - TQM - Lieferantenanbindung - Gruppenorganisation - KVP-Tools/Methoden - Visual-Management,
	Selbstorganisation	- Anzahl der Gruppengespräche - Anwesenheit bei Gruppengesprächen - Interne Aufgabenverteilung in der Gruppe - Einhaltung von Ordnungs- und Sauberkeitsregeln
	Sozialkompetenz	- Anzahl der Entscheidungsfindungen in der Gruppe - Informationsaustausch - Wechselseitige Unterstützung
	Motivation	- Krankheitsrate - Abwesenheitsrate aufgrund betrieblicher Vereinbarungen - Fluktuationsquote

Quelle: Wildemann 1994d

Abb. 3-5: Ziel-/Kenngrößen

Prozeßorientierte Kennzahlen zwingen die Mitarbeiter über das Aufrechterhalten vorgegebener Standards zu einer intensiveren Auseinandersetzung mit dem Arbeitsumfeld und den Arbeitsabläufen.[64] Prozeßorientierte Meßgrößen in Gruppenarbeitskonzepten fördern die Zielorientierung der Leistungserstellung und Problemlösung und ge-

64 Vgl. Imai 1992, S. 51.

ben Handlungsempfehlungen zu einer Verbesserung der Prozesse.[65] Sie richten sich auf die Verbesserung der Arbeitsabläufe, Problemlösungsaktivitäten und Methoden in den Gruppen.[66] Aufgrund der Bedeutung der Verhaltensweisen der Gruppenmitglieder für die Effizienz und Effektivität des Leistungserstellungsprozesses sollte ein Controlling von Gruppen deswegen auch verhaltensbezogene Kenngrößen wie Krankenstand, Fluktuationsrate, Beschwerdequote u.a. einbeziehen.[67]

Für ein wirkungsvolles Selbstcontrolling der Gruppenmitglieder ist eine Rückkopplung über die Zielerreichung von Bedeutung. Ein verstärktes Selbstcontrolling innerhalb der Gruppen entlastet die bestehende Führungsorganisation.[68] Bei einer Überwachung von Kosten, Qualität und zeitbezogenen Kenngrößen durch die Gruppenmitglieder innerhalb eines Zielkorridors entfallen traditionelle Aufgaben der Fremdkontrolle.[69] Bei der Anwendung traditioneller Controllinginstrumente wird eine Selektion der Informationsempfänger vorgenommen. Vorgaben und Ergebnisse hinsichtlich einzelner Ziel- und Kenngrößen werden im Rahmen des betrieblichen Berichtswesens an eine ausgewählte Zahl von Adressaten weitergeleitet. Eine Publizierung innerhalb des Unternehmens, die die gewonnenen Informationen allen Mitarbeitern zugänglich macht, erfolgt nicht oder nur in Bezug auf einzelne Kenngrößen. Dies führt zu einem Aufbau von Informationsasymmetrien, welche die Wahrnehmung von erweiterten Aufgabenumfängen und Kompetenzen der Gruppenmitglieder beeinträchtigen können.[70] Je mehr Eigenverantwortung gefordert wird, um so mehr sind die Mitarbeiter zielgerichtet zu informieren.[71] Informationen über Ziel- und Kenngrößen signalisieren den Mitarbeitern Anerkennung und fördern damit Motivation, Engagement und Leistungsbereitschaft.[72]

Visualisierung und Auditierung sind geeignete Instrumente, um ein Controlling von Gruppen zu unterstützen.[73] So hat sich bei der Ein-

---

65 Vgl. Wildemann 1995c, S. 69.
66 Vgl. Wildemann 1995i, S. 136ff.
67 Vgl. Wildemann 1995i, S. 134ff.
68 Vgl. Brink 1992, Sp. 1150.
69 Vgl. Wildemann 1995c, S. 69.
70 Vgl. Wildemann 1995c, S. 273ff.
71 Vgl. Bartölke 1992, Sp. 2389.
72 Vgl. Niefer 1993, S. 133.
73 Zu den folgenden Ausführungen vgl. Wildemann 1994d, S. 36ff.

führung von Gruppenarbeit und der Implementierung des kontinuierlichen Verbesserungsprozesses der Einsatz von Informationstafeln, die innerhalb der Fertigung und der indirekten Bereiche aufgestellt werden, zum Controlling von Verhalten und Leistungen der Gruppenmitglieder bewährt. Die Visualisierung der Leistungsdaten, Zielvorgaben und Zielerreichungsgrade ermöglicht den Mitarbeitern eine wirkungsvolle Selbststeuerung und Leistungszielüberwachung.[74] Darüber hinaus können visualisierte Leistungsdaten für eine gegenseitige Kontrolle von Gruppen und für die Kontrolle durch Vorgesetzte herangezogen werden.[75] Die Informationstafeln, die innerhalb der Arbeitsbereiche aufgestellt werden, beinhalten Informationen über gruppenspezifische Zielvorgaben und Ergebnisse der Problemlösungsarbeit (siehe Abb. 3-6).[76]

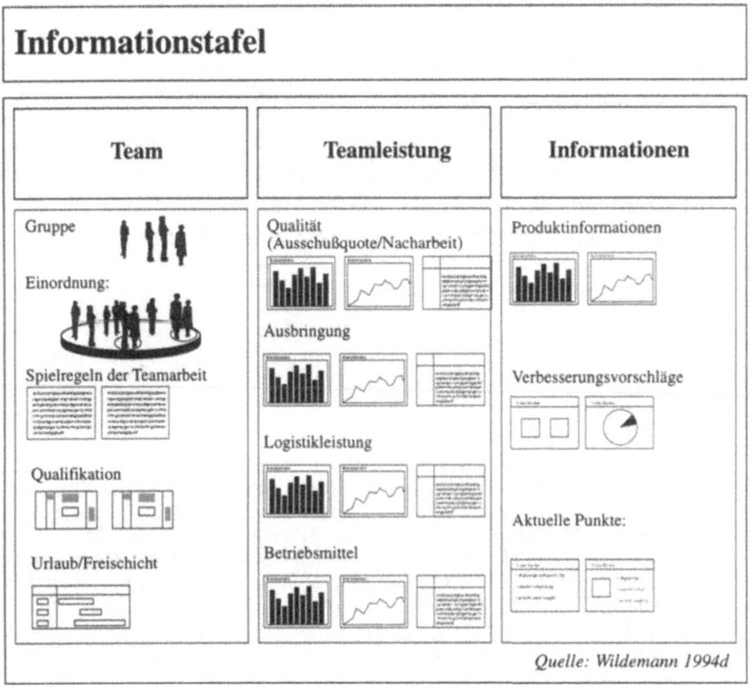

Abb. 3-6: Visualisierung am Arbeitsplatz durch Informationstafeln

74 Vgl. Wildemann 1994d, S. 36.
75 Vgl. Wildemann 1995c, S. 273.
76 Vgl. Wildemann 1994d, S. 40.

Die Visualisierung von gruppenbezogenen Leistungsdaten (Ausbringung, Nutzungsgrad, Ausschuß/Nacharbeit, Bestände, Durchlaufzeiten, Produktivität, Lieferfähigkeit, Termintreue), Fertigungsinformationen, kontinuierlichen Verbesserungsaktivitäten und Qualifizierungsmaßnahmen ermöglicht den Gruppenmitgliedern eine Selbstkontrolle bezüglich der Zielerreichung und erhöht die Motivation zur Zielerreichung.[77] Verbesserte Kommunikationsbeziehungen, ein verbessertes Arbeitsklima sowie eine Erhöhung der Identifikation mit dem Arbeitsumfeld und dem Unternehmen sind positive Effekte, die durch die Gewährleistung umfassender Informationen erzielt werden können.[78] Gleichzeitig bilden Informationen die Basis für Problemlösungsarbeit und fördern die Einleitung von Maßnahmen zur Behebung von Problemen direkt am Entstehungsort.[79] Durch die ständige Aktualisierung der Kenngrößen läßt sich die Wirksamkeit der umgesetzten Verbesserungsmaßnahmen unmittelbar nachvollziehen. Damit ist die Visualisierung ein wichtiges Instrument zur Gewährleistung der für den Lernprozeß erforderlichen Feedbackprozesse.[80]

Zur Unterstützung unternehmensspezifischer Programme wie Total Quality Management (TQM), Total Productive Maintenance (TPM) und Kaizen sind die beteiligten Mitarbeiter über laufende Projektaktivitäten, -ziele, -inhalte und -ergebnisse zu informieren.

---

77 Vgl. Wildemann 1995c, S. 276.

78 Durch die Visualisierung von bereichs- bzw. gruppenrelevanten Leistungsdaten wird die Kommunikation und der Kontakt zwischen den Gruppenmitgliedern untereinander und den Vorgesetzten gefördert. Ein Austausch ist in all den Fragen möglich, die das Arbeitsumfeld, die Effektivität der eingesetzten Produktionsmittel, die Arbeitsorganisation, die Zielvorgaben und das Vorgesetzten- sowie Gruppenverhalten betreffen; vgl. Wildemann 1995c, S. 272.

79 Vgl. Suzaki 1994, S. 152. Zu den folgenden Ausführungen vgl. Fauth 1994, S. 282f. Die Visualisierungsflächen können in Muß- und Kann-Felder eingeteilt werden. Die Muß-Felder sind mit gruppenbezogenen Leistungsdaten zu gestalten. Diese sind in Zusammenarbeit mit den Vorgesetzten von den Gruppenmitgliedern zu erheben, zu aktualisieren und in einer standardisierten Form zu visualisieren. Die standardisierte Darstellung gewährleistet eine Vergleichbarkeit mit den anderen Gruppenergebnissen. Die Kann-Felder unterliegen der Gestaltungsfreiheit der Gruppenmitglieder. Informationsinhalte und die Art der Darstellung sind durch die Gruppenmitglieder festzulegen.

80 Vgl. Wildemann 1994d, S. 36.

Im Rahmen von TQM-Programmen[81] sind themenbezogene Informationstafeln zur Darstellung von Qualitätsleistungsdaten geeignet, das Qualitätsbewußtsein aller Mitarbeiter zu sensibilisieren (siehe Abb. 3-7).[82]

Transparenz über die erbrachten Qualitätsleistungen wird durch die Visualisierung von Ausschuß-/Nacharbeitsquoten, Qualitätszielvorgaben und Qualitätsmethoden erreicht. Zur Erreichung der Zielvorgaben arbeiten Problemlösungsgruppen an den aktuellen Qualitätsproblemen. Die Mitarbeiter dokumentieren ihre geleistete Problemlösungsarbeit in Form von Maßnahmenkatalogen. Eine Visualisierung der Soll-Ist-Werte der Zielvorgaben dient dem Controlling der TQM-Aktivitäten.

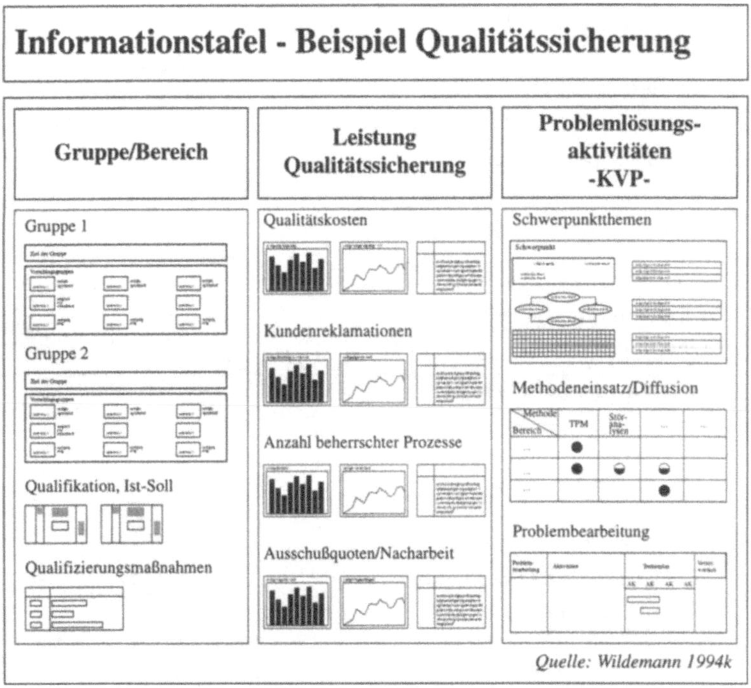

Abb. 3-7: Informationstafel - Beispiel Qualitätssicherung

---

81 TQM ist eine umfassende Qualitätsstrategie, welche die Anwendung neuer Methoden, beispielsweise Failure Mode and Effects Analysis (FMEA) oder Quality Function Deployment (QFD), beinhaltet; vgl. grundlegend Schildknecht 1992; Al-Radhi 1995; Wildemann 1995l.

82 Vgl. Wildemann 1995k, S. 72.

Die von den Unternehmen mit dem Einsatz von Visualisierungskonzepten verfolgten Zielsetzungen bestehen in erster Linie in der Vermittlung von Informationen über Prozesse und Produkte, der Erzielung einer Motivationssteigerung und der Unterstützung der Gruppenarbeit durch die Darstellung von Zielkenngrößen, Verbesserungsaktivitäten und Qualitätsdaten (vgl. Abb. 3-8).[83] Die Arbeitskreisbefragung ergab, daß die Visualisierung zur Unterstützung der Gruppenarbeit in über der Hälfte der Unternehmen zur Anwendung kommt und zu 90% in der Projektarbeit eingesetzt wird (siehe Abb. 3-9).[84]

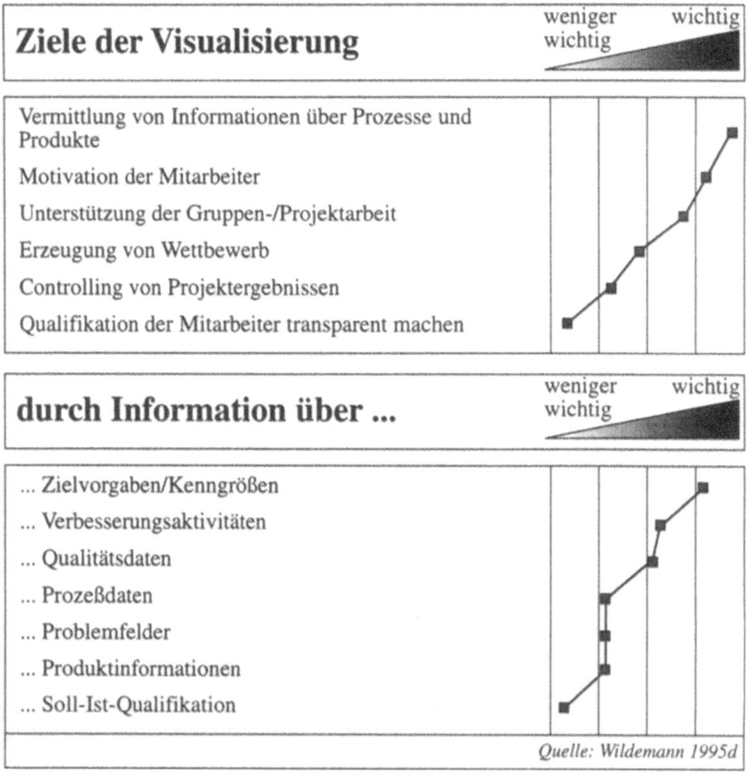

Abb. 3-8: Ziele der Visualisierung

83 Vgl. Wildemann 1995d, S. 77.
84 Vgl. Wildemann 1995d, S. 80.

Der Anwendungsgrad der visualisierten Zielkenngrößen verdeutlicht die Bedeutung der Leistungsdaten wie Qualität, Bestände, Durchlaufzeit oder Gemeinkosten für eine wirkungsvolle Selbststeuerung der Gruppen (vgl. Abb. 3-9). Die Möglichkeit zur Selbststeuerung der Gruppen ist durch die Operationalisierung von verständlichen, beeinflußbaren Zielgrößen in verstärktem Maße zu nutzen.

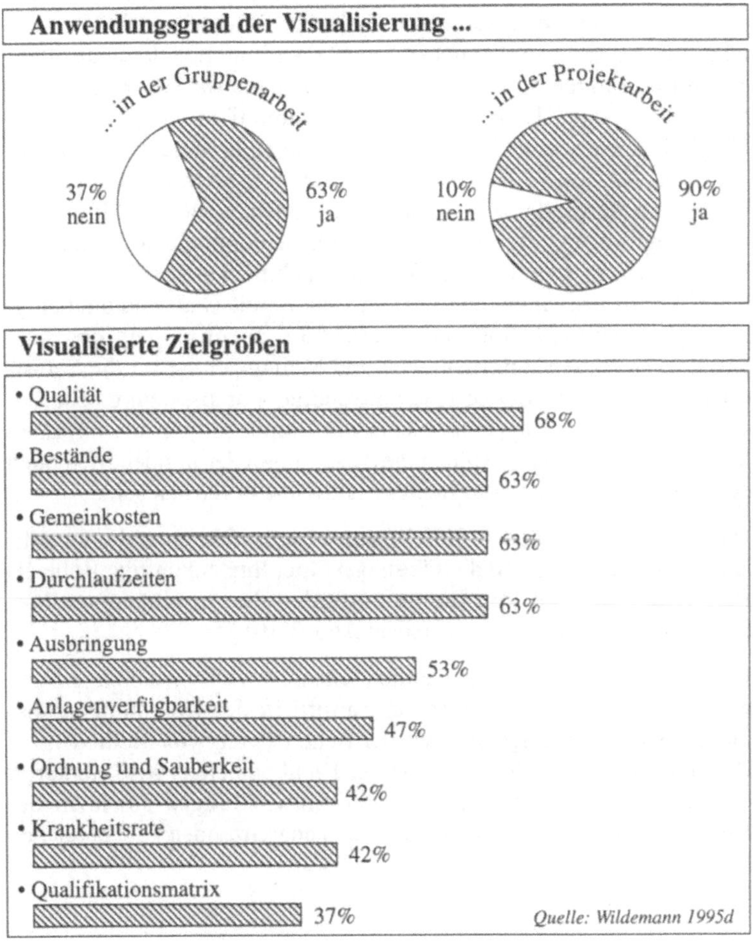

Abb. 3-9: Anwendungsgrad der Visualisierung und visualisierte Zielgrößen

3. 5 Qualifikation

Zur erfolgreichen Umsetzung von Gruppenarbeitskonzepten sind nicht nur die fachlichen, sondern insbesondere auch die Kooperations- und Problemlösungsfähigkeiten der Mitarbeiter zu verbessern. Die erweiterten Tätigkeitsumfänge, die Übernahme von Verantwortung, das Problemlösen sowie die neue Form der Zusammenarbeit erfordern ähnlich wie bei Prozessen des technischen Wandels fachliche, methodische und soziale Kompetenzen.[85] Extrafunktionale Qualifikationsanforderungen - wie Systemdenken, planerisches Know-how, Methodenwissen, Lernbereitschaft, Kommunikations- und Teamfähigkeit sowie soziale Kompetenz - gewinnen in diesem Zusammenhang an Bedeutung.[86] Die Bedeutung der Methodenkompetenz wächst mit steigender Autonomie der Gruppen, wobei die Mitarbeiter in die Lage versetzt werden sollen, Probleme unmittelbar in ihrem Arbeitsbereich zu identifizieren und Maßnahmenkataloge zu erarbeiten.[87] Für das Arbeiten in Gruppen ist die Bereitschaft und die Fähigkeit zur Kommunikation und Kooperation wichtig, denn der Austausch von Wissen, Informationen und Meinungen ist für die Selbstorganisation einer Gruppe eine notwendige Voraussetzung. Zur Lösung auftretender Gruppenprobleme wie Gruppendruck oder informeller Gruppenführerschaft sollten die Teammitglieder mit den Methoden der Konfliktlösung und des Interessenausgleichs vertraut sein.

Darüber hinaus verändert die Gruppenorganisation auch die Qualifikationsanforderungen an die Führungskräfte. Ihre zukünftige Rolle als Berater und Betreuer von Gruppen erfordert die Ausbildung der Methoden- und Sozialkompetenz (siehe Abb. 3-10).[88]

Eine Qualifikationslücke ist deutlich erkennbar zwischen dem jetzigen und dem zukünftigen Anforderungsprofil in der Kommunikations- und Kooperationsfähigkeit sowie der Beherrschung von Methoden zur Problemlösung. Der Schwerpunkt der Fachkompetenz wird stärker in der Aufgabe des Einbringens neuer Entwicklungen sowie in der Durchführung eines Wissentransfers aus angrenzenden Fachbereichen liegen.

---

85 Vgl. Wildemann 1994d, S. 43.

86 Vgl. Schneider 1994, S. 71; Schelten 1991, S. 198ff.

87 Vgl. Wildemann 1994d, S. 43.

88 Vgl. Wildemann 1994d, S. 43, 45ff.

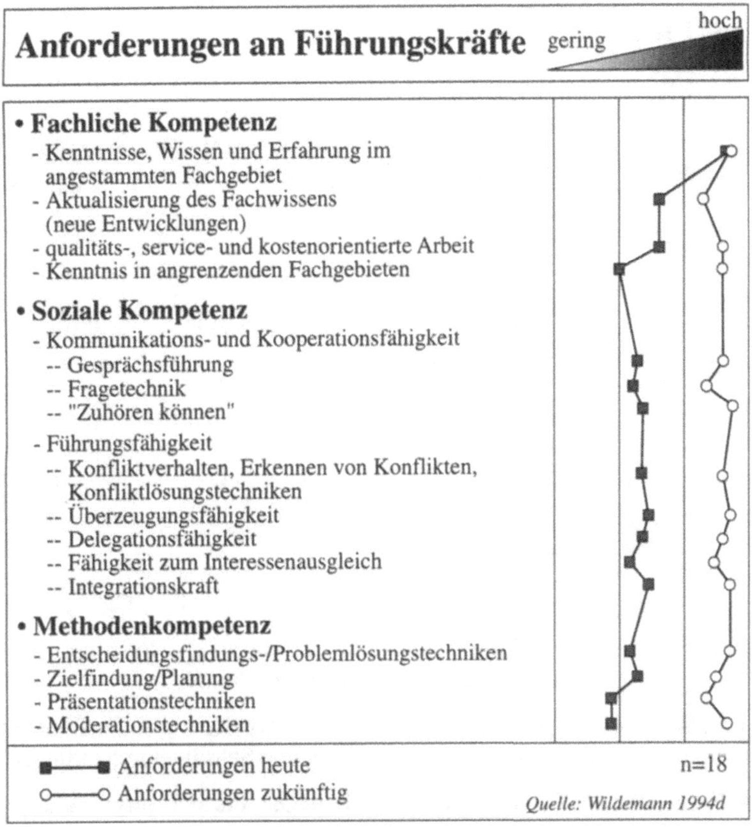

Abb. 3-10: Veränderung der Anforderungen an die Führungskräfte in der Gruppenorganisation

Die Expertenbefragung ergab außerdem, daß der Schwerpunkt der Qualifizierungsmaßnahmen bei den Führungskräften und den Meistern lag. Die Gruppenmitglieder wurden nur in einem Drittel der Unternehmen mit den fachlichen, methodischen und sozialen Kenntnissen vertraut gemacht (siehe Abb. 3-11).[89] Die Auswertung zeigt die Notwendigkeit auf, Qualifizierungsprogramme für die Gruppenmitglieder zu entwickeln, um sie auf die erweiterten Handlungs- und Entscheidungsspielräume im Rahmen der Selbstorganisation vorzubereiten.

89 Vgl. Wildemann 1994d, S. 47.

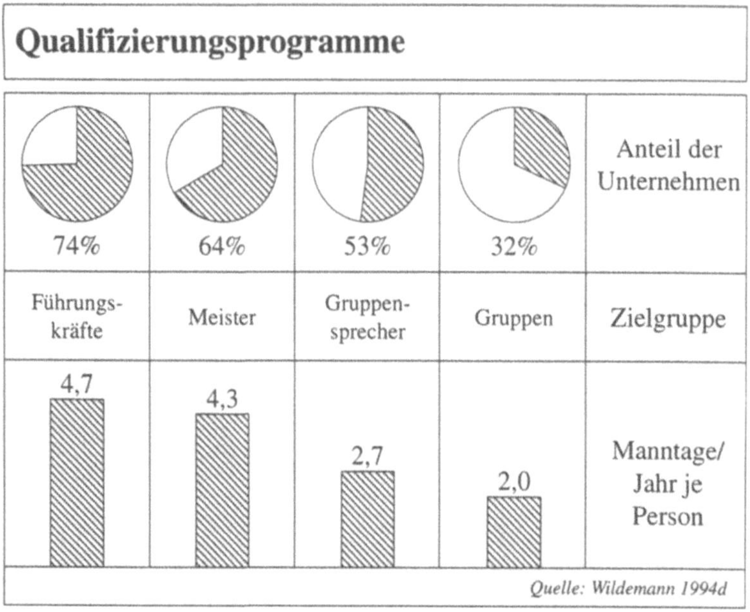

Abb. 3-11: Durchführung von Qualifizierungsprogrammen zur Unterstützung der Gruppenarbeit (n=19)

Für die Schulung von Vorgesetzten und Mitarbeitern sind im Rahmen eines Personalentwicklungskonzepts folgende Schritte durchzuführen:

- Ermittlung der Qualifikationsanforderungen, die sich aufgrund der neuen mitarbeiterorientierten Organisationsform an die Beteiligten stellen,
- Ermittlung der Ist-Qualifikation,
- Vergleich der Ist- und Soll-Qualifikation und Identifikation von Qualifikationslücken,
- Ermittlung von zielgruppenspezifischen Lernzielen und -inhalten,
- Entwicklung, Bewertung und Auswahl alternativer Fort- und Weiterbildungsmethoden sowie
- Erarbeitung eines Maßnahmenkataloges zur Umsetzung der Personalentwicklungsstrategie.[90]

Die Schulungsinhalte sind, ausgehend von den jeweiligen Qualifikationsanforderungen und den vorhandenen Ist-Qualifikationsprofilen, zielgruppenspezifisch festzulegen.

90 Vgl. Bühner 1994, S. 124.

Die fachliche Qualifizierung kann auf folgenden Ebenen realisiert werden:

- Höherqualifizierung innerhalb einer Gruppe, also das Erlernen höherwertiger Tätigkeiten,
- Breitenqualifizierung innerhalb einer Gruppe, d.h. die Beherrschung mehrerer Operationen,
- Breiten- und Höherqualifizierung in den vor- und nachgelagerten Gruppen,
- Übernahme von Tätigkeiten aus den Fachbereichen (Qualitätssicherung, Instandhaltung, Logistik...).[91]

Zur Deckung des Qualifizierungsbedarfs hinsichtlich der Methodenkompetenz sind die Gruppenmitglieder und Führungskräfte mit den Problemerkennungs-, Problemlösungs-, Visualisierungs- und Kreativitäts- sowie Moderationstechniken vertraut zu machen.[92] Zur Vermittlung der Sozialkompetenz durch Förderung eines gruppenorientierten Verhaltens sowie der Steigerung von Kommunikations-, Konfliktlösungs- und Kooperationsfähigkeit bieten sich Workshops und Rollenspiele an.[93] Die Erweiterung solcher Kompetenzen kann nicht per Anweisung erreicht werden. Sie ist durch einen kontinuierlichen Aufbau von Erfahrungswissen, der Förderung von Kommunikationsbeziehungen und durch den Aufbau von Netzwerken zu unterstützen.[94]

91 Vgl. Grün 1993, S. 96.
92 Vgl. Bühner 1994, S. 278; Hackstein/Heeg 1992, Sp. 436.
93 Vgl. König 1992, Sp. 2053.
94 Vgl. Buchner 1995, S. 253ff.

3. 6 Kontinuierlicher Verbesserungsprozeß und Betriebliches Vorschlagswesen

In 67% der befragten Unternehmen wurde die Organisation durch eine Sekundärorganisation in Form von Problemlösungsgruppen zur Erschließung der Problemlösungskapazitäten ergänzt oder überlagert.[95] Der Problemlösungsprozeß umfaßt die Abwicklung von Aktivitäten, die vom Erkennen eines Problems bis zu dessen Lösung durchgeführt werden.[96] Zur Sicherstellung der Umsetzung werden die für die Realisierung notwendigen Aktivitäten in einem Maßnahmenkatalog mit Angabe von Verantwortlichen und Terminen dokumentiert.[97] Mit Hilfe von Ziel-Controllingblättern können die Überwachung der Maßnahmenumsetzung und der Ergebnisnachweis durchgeführt werden. Die hierdurch erzielte Rückkopplung über die Wirksamkeit der durchgeführten Maßnahmen fördert die Motivation der Mitarbeiter, sich aktiv an den Problemlösungsaktivitäten zu beteiligen, und ermöglicht Modifikationen der Lösungsansätze bei verzögerter Zielerreichung.[98] Die Autonomie der Problemlösungsgruppen wird durch die Entscheidungsspielräume hinsichtlich verschiedener Kriterien determiniert.[99] Zunächst stellt sich die Frage, ob Mitarbeiter befugt sind, selbständig

95 Vgl. Wildemann 1994d, S. 9.

96 Vgl. Staehle 1991, S. 270ff. Zunächst sammelt die Problemlösungsgruppe Problemschwerpunkte mit Hilfe verschiedener Kreativitätstechniken wie Brainstorming oder Brainwriting. Im Anschluß erfolgt die Problemgewichtung, wobei die einzelnen Probleme in eine Prioritätenreihenfolge gebracht werden, nach der die Abarbeitung der Probleme zu erfolgen hat. Mögliche Gewichtungskriterien sind beispielsweise der potentielle Beitrag zur Erreichung der Gruppenziele, Realisierbarkeit, Umsetzungsaufwand, Dringlichkeit und zu erwartendes Einsparungspotential. Bei der Problemdefinition erfolgt die genaue Abgrenzung des Problems nach Inhalt und Umfang. Anschließend werden im Rahmen der Problemanalyse die Ursache-Wirkungszusammenhänge aufgedeckt. Anhand eines Ursache-Wirkungsdiagramms werden den einzelnen Problemen die Problemursachen zugeordnet und die Haupteinflußgrößen herausgearbeitet. Auf dieser Basis werden Lösungsansätze für die ermittelten Problemursachen erarbeitet. Bei mehreren Lösungsalternativen nimmt die Gruppe eine Bewertung vor und entscheidet sich mit Hilfe einer Gegenüberstellung der Vor- und Nachteile unter Berücksichtigung des jeweiligen Zielbeitrags für eine der Lösungsalternativen.

97 Um ein hinreichendes Maß an Operationalität zu sichern, empfiehlt sich der Einsatz von standardisierten Maßnahmenblättern, die folgende Punkte enthalten sollten: eine verbale Beschreibung der Maßnahme, geschätzte Kosten und Erträge, Durchführungszeitplan, Verantwortlichkeiten, Haupt- und Einzelmaßnahmen, angestrebter Zielbeitrag; vgl. Pümpin/Geilinger 1988, S. 45; Hax/Majluf 1988, S. 367; Hahn 1986, S. 305.

98 Vgl. Haberfellner 1992, Sp. 2096.

99 Vgl. Wildemann 1994d, S. 11f.

Problemlösungsgruppen zu bilden und die Gruppenzusammensetzung zu bestimmen, oder ob diese Initiative eher vom Vorgesetzten ausgeht. Ein weiteres Kriterium stellt die Organisation der Gruppensitzungen dar, die sich auf die Festlegung von Zeitpunkt, Dauer und Ort der Sitzungen bezieht. Die wichtigste Einflußgröße des Autonomiegrades ist der Entscheidungsspielraum der Gruppe hinsichtlich des Problemlösungsprozesses. Hierbei ist von Bedeutung, inwieweit die Gruppe die zu bearbeitenden Themen selbst auswählen kann oder die Problemstellungen der Gruppe vorgegeben werden. Auch bei der Definition und der Quantifizierung der Ziele und der Vorgehensweise zur Problembearbeitung ergeben sich unterschiedliche Freiheitsgrade hinsichtlich der Autonomie der Gruppe. Die Einbeziehung der Mitarbeiter in die Auswahl und Realisierung der erarbeiteten Lösungsmaßnahmen wirkt sich positiv auf deren Motivation aus. Das Ergebnis-Controlling kann sowohl in Form einer reinen Fremdkontrolle als auch einer reinen Selbstkontrolle oder in einer Kombination aus beidem erfolgen.

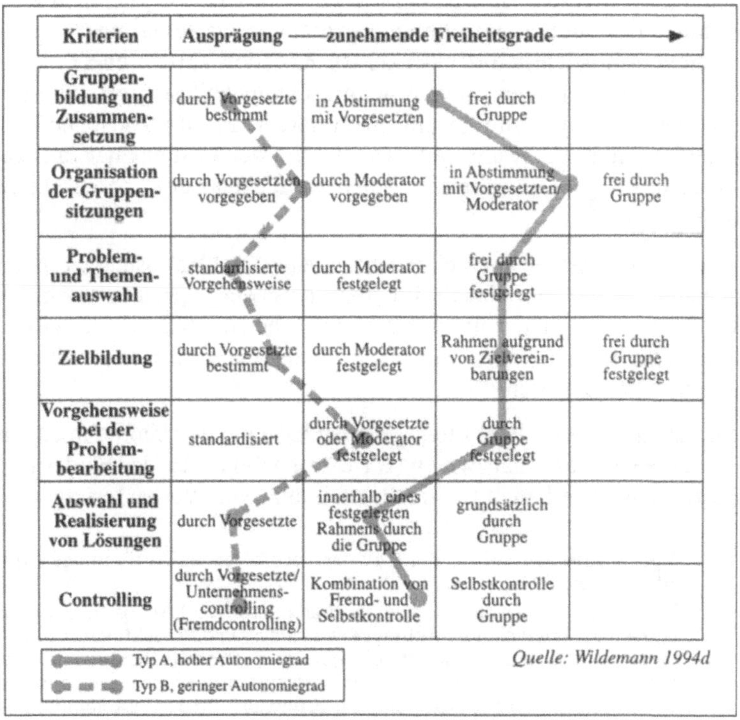

Abb. 3-12: Autonomiegrad von Problemlösungsgruppen

Die Expertenbefragung ergab hinsichtlich der Ausprägungen des Autonomiegrades zwei verschiedene Typen von Problemlösungsgruppen (siehe Abb. 3-12).[100] In 5 Unternehmen sind die Problemlösungsgruppen mit weitgehenden Freiheitsgraden ausgestattet (Typ A). Diese Gruppen formieren sich auf eigene Initiative, teilweise in Abstimmung mit ihren Vorgesetzten. Sie wählen selbständig die zu bearbeitenden Themenschwerpunkte sowie die Vorgehensweise zur Problemlösung. Die Zielsetzung wird von den Gruppenmitgliedern unter Berücksichtigung der Unternehmensziele diskutiert und mit dem Vorgesetzten durch Selbstverpflichtung vereinbart. Die Umsetzungsentscheidung liegt bei bereichsbezogenen, nicht kostenintensiven Veränderungen in der Gruppe. Die Realisierung bereichsübergreifender oder investitionsintensiver Lösungsalternativen erfordert eine Abstimmung mit den Vorgesetzten. Die Umsetzungsverantwortung liegt in beiden Fällen bei der Gruppe. Das Ergebnis-Controlling wird durch Selbstkontrolle sichergestellt. Zusätzlich erfolgt eine Fremdkontrolle durch die Vorgesetzten. Demgegenüber weisen 12 Unternehmen Problemlösungsgruppen auf, die einen vergleichsweise geringen Autonomiegrad hinsichtlich der genannten Kriterien aufweisen (Typ B). Die Vorgesetzten üben sowohl bei der Gruppenbildung als auch bei der Problemanalyse und -lösung einen stärkeren Einfluß aus. Die Entscheidung über Auswahl und Realisierung der Lösungsmaßnahmen sowie die Ergebniskontrolle bleiben weitgehend den Vorgesetzten vorbehalten.

Während die Arbeit in abteilungsbezogenen Problemlösungsgruppen in erster Linie darauf abzielt, Produktivitätssteigerungen in einem für die Gruppenmitglieder überschaubaren Arbeitsumfang zu verwirklichen, unterstützen crossfunktionale Teams die Optimierung durchgängiger Prozeßketten.[101]

Parallel zu den Problemlösungsgruppen haben viele Unternehmen ein Betriebliches Vorschlagswesen (BVW) eingeführt, das der Förderung, Bewertung, Anerkennung und Realisierung von Verbesserungsvor-

---

100 Vgl. Wildemann 1994d, S. 12; zu den nachfolgenden Ausführungen vgl. Wildemann 1994d, S. 13f.

101 Die Schwachstellenanalyse und die Erarbeitung von Lösungsansätzen innerhalb der Innovations-, Auftragsabwicklungs- und Produktionsplanungsprozeßkette erfordert eine interdisziplinäre Teamzusammensetzung. Dadurch wird sichergestellt, daß Spezialisierungsvorteile der einzelnen Bereiche genutzt werden können und die Erreichung eines Gesamtoptimums möglich wird. Bereichsübergreifende Teams arbeiten nur zeitlich begrenzt zusammen, um ihr Know-how zur Prozeßoptimierung einzubringen, und lösen sich nach Durchführung und Zielerreichung wieder auf.

schlägen dient.[102] Die primäre Zielsetzung liegt in der Motivation der Mitarbeiter, sich freiwillig und über die ihnen übertragenen Aufgaben hinaus zu engagieren und Verbesserungsvorschläge zur Optimierung ihres Arbeitsumfeldes und zur Erhöhung der Produktivität, zur Verbesserung der Qualität und zur Förderung der persönlichen Entfaltung einzubringen.[103] Die Nutzung des BVW als Rationalisierungsinstrument zur Produktivitätssteigerung bewirkt in Verbindung mit der Nutzung von Gruppenkonzepten Synergieeffekte und führt zu einer höheren Effektivität im Vorschlagswesen.[104]

Traditionelles Vorschlagswesen

Merkmale

- Eigene komplexere Aufbau- und Ablauforganisation parallel zur Unternehmensorganisation
- Zulassung von Verbesserungsvorschlägen nur aus anderen Bereichen
- Gleicher Bearbeitungsablauf für alle Verbesserungsvorschläge
- Anonymität bei der Bearbeitung der Verbesserungsvorschläge
- Schwerpunkt beim Anreizsystem bilden materielle Anreize

Innovatives Vorschlagswesen

Merkmale

- Dezentrale Bearbeitung der Verbesserungsvorschläge durch direkte Vorgesetzte
- EDV-gestützte Bewertung und Prämienvergabe
- Sicherstellung von Feedback über die Annahme der Verbesserungsvorschläge
- Dokumentation und Visualisierung der Verbesserungsvorschläge
- Unterstützung der Umsetzung durch Management und indirekte Bereiche

Abb. 3-13: Gegenüberstellung traditionelles Vorschlagswesen und innovatives Vorschlagswesen

Das Vorschlagswesen hat in vielen Unternehmen als eigenständige Organisation in der Organisation den Anschluß an weiterentwickelte Organisationsstrukturen verpaßt.[105] So ist das traditionelle, zentral

102 Vgl. Heidack 1992; zu der Organisation und den Organen des BVW vgl. Heidack/Brinkmann 1987, S. 125ff.

103 Vgl. Bessoth 1975, S. 18.

104 Vgl. Grochla/Thom 1980, S. 768 und 776f.

105 Vgl. Heidack/Brinkmann 1987, S. 24. Eine Weiterentwicklung des Vorschlagswesens zu einem effizienten Problemlösungsinstrument scheiterte häufig an organisations-, system- und verhaltensbedingten Barrieren.

organisierte Vorschlagswesen durch Defizite wie lange Bearbeitungszeiten, zögerliche Umsetzung der Verbesserungsvorschläge, hohen administrativen Aufwand und unzureichende Feedbackprozesse zu den Einreichern gekennzeichnet.[106] Lange Wartezeiten und intransparente Abläufe führen zur Demotivation und unzureichender Beteiligung am Problemlösungsgeschehen.[107] Die Forderung nach einer Neugestaltung in Richtung einer stärkeren dezentralen Bearbeitung der Verbesserungsvorschläge zur Realisierung von kurzen Bearbeitungs- und Umsetzungszeiten und einem verstärktem Einsatz von Teamarbeit kommt insbesondere bei innovativen Unternehmen zum Ausdruck.[108] Gefragt sind Konzepte, die kleine Verbesserungsvorschläge schnell und unbürokratisch umsetzen, hochwertige Vorschläge frühzeitig erkennen und deren Umsetzung beschleunigen (siehe Abb. 3-13).[109] Unternehmen koppeln die Gruppenaktivitäten mit dem betrieblichen Vorschlagswesen, um durch die Genehmigung von Gruppenvorschlägen zur Förderung des organisatorischen Lernens beizutragen.[110] Durch die Intensivierung von Gruppenvorschlägen läßt sich eine Erweiterung der Problemlösungskapazitäten erzielen.[111] Verbesserungsideen, die sich auf den eigenen Bereich beziehen, werden in Vorschlagsgruppen vor Ort behandelt. Gemeinsam mit den Vorgesetzten werden in den Vorschlagsgruppen Verbesserungsvorschläge erörtert, Verbesserungspotentiale ermittelt und die Umsetzungsmaßnahmen besprochen.[112] Gruppenorientierte Verbesserungsvorschläge zeichnen sich durch hohe Lern- und Umsetzungserfolge aus.[113] Sie tragen zur kooperativen Selbstqualifikation bei.[114] Der Mitarbeiter ist nicht von der Umsetzung ausgeschlossen, sondern aktiv beteiligt. Durch die dezentrale Beurteilung und Entscheidung über die Realisierung lassen sich der administrative Auf-

106 Vgl. Wildemann 1994e, S. 6.

107 Vgl. Wildemann 1994e, S. 7.

108 Vgl. Wildemann 1994e, S. 8.

109 Vgl. Schlotfeldt 1993.

110 Vgl. Wildemann 1994e, S. 12.

111 Vgl. Freimuth 1986, S. 525.

112 Vgl. Gutbrod-Speidel 1993, S. 308. Es gilt eine Konzeption zu entwickeln, die eine dezentrale Abwicklung fördert, Verwaltungsvorgänge minimiert und den direkten Kontakt aller Beteiligten voraussetzt.

113 Vgl. Merz 1988, S. 173; Freimuth 1986, S. 525; Gruppenvorschläge besitzen einen höheren Reifegrad; die Umsetzung wird dadurch beschleunigt; vgl. Brinkmann 1977, S. 107.

114 Vgl. Merz 1988, S. 173f.

wand erheblich reduzieren und der Bearbeitungsprozeß beschleunigen.[115]

Direkt nach dem Einreichen eines Verbesserungsvorschlages sollte jeder Einreicher eine Anerkennungsprämie erhalten.[116] Eine zweite Prämie wird nach erfolgter Umsetzung der Verbesserungsvorschläge ausgeschüttet. Dabei wird ein festgelegter Prozentsatz (z.B. 15-25%) der ermittelten Einsparungen an die beteiligten Einreicher ausgezahlt.[117] Die Nutzung immaterieller Anreize wie persönliche Anerkennung, Teilnahme an Projekten oder Mitwirkung an der Realisierung der Verbesserungsvorschläge sind bei der Neugestaltung der Anreizsysteme zu berücksichtigen.[118] Neben immateriellen Formen der Anerkennung wird ein zusätzlicher Anreiz in Form von Gruppenprämien gegeben.[119] Die Prämien orientieren sich an der Anzahl der eingereichten Vorschläge sowie an der Umsetzungsgeschwindigkeit der vorgeschlagenen Maßnahmen.[120]

Zur Unterstützung innovativer Konzepte des Vorschlagswesens müssen Verbesserungen zu einem Bestandteil des Führungsprozesses gemacht und an die Leistungsbeurteilung angekoppelt werden.[121] Bei Zielvereinbarungen ist eine Steigerung der Beteiligungsquote (z.B. Anzahl Verbesserungsvorschläge/pro Mitarbeiter/pro Bereich) anzustreben.[122] Die Förderung von Kommunikation und Interaktion durch

---

115 Vgl. Wildemann 1994e, S. 62.

116 Vgl. Merz 1988, S. 52.

117 Vgl. Quarch 1993, S. 301; 15 % der Netto-Ersparnis, die innerhalb des ersten Jahres nach Umsetzung des Vorschlages erzielt wurden. Für nicht-quantifizierbare Vorschläge sind bestimmte, festgelegte Geldbeträge vorgesehen. Hierzu existiert eine Entscheidungstabelle, die je nach Bedeutung, Anwendungsbereich und Originalität des Vorschlages Geldbeträge zwischen 100.- und 1500.- DM staffelt. In Deutschland wird eine Durchschnittsprämie in Höhe von 22,71% der Nettoersparnis pro VV gezahlt (USA 4,28%; Japan 1,91%); vgl. Thom 1993, S. 282. Zur Gestaltung des Anreizsystems; vgl. Thom 1993, S. 286.

118 Vgl. Altmann 1989, S. 217.

119 Der Aufbau des Prämiensystems und Bewertungsbeispiele sind darzustellen; vgl. Heidack 1992, Sp. 2305.

120 Vgl. Wildemann 1994e, S. 24.

121 Vgl. Sprenger 1994, S. 14; Heidack/Brinkmann 1987, S. 67ff. Eine Effizienzsteigerung des Vorschlagswesens ist durch eine Maßnahmeninteraktion von Information, Prämiensystem, Förderung kreativer Einreicher und einer Überwindung von Fähigkeits-, Willens-, Risiko- und Eingangsbarrieren durch den Aufbau einer Vertrauenskultur zu erzielen; vgl. Reißlinger 1980, Sp. 2365f.; Heidack 1992, Sp. 2310.

122 Vgl. Thom 1993, S. 284. Die Visualisierung der Beteiligungsquoten erhöht den Wirksamkeitsfaktor des BVW; vgl. Brinkmann 1992, S. 179.

Gruppenvorschläge, die Aufhebung der Anonymität bei der Begutachtung durch eine dezentrale Abwicklung und ein innovationsförderndes Verhalten der Vorgesetzten tragen zur Organisationsentwicklung bei.[123] Die Wirkungen eines innovativen Vorschlagswesens sind der Abb. 3-14 zu entnehmen.[124]

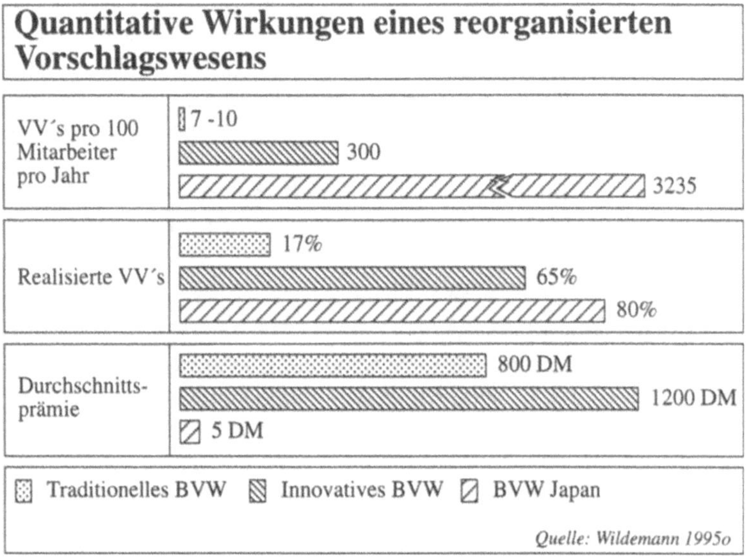

Abb. 3-14: Quantitative Wirkungen eines reorganisierten Vorschlagswesens

123 Vgl. Freimuth 1986, S. 526. Insbesondere ist auf den Aufbau einer Vertrauenskultur zur Förderung von Innovationen Wert zu legen; vgl. Thom 1993, S. 282. Zu den Aufgaben der Führungskräfte bei der Erhöhung der Beteiligungsquoten siehe Zander 1993.

124 Vgl. Wildemann 1995o, S. 37.

3.7 Entlohnung

Traditionelle Leistungslohnkonzepte wie Akkordlohn tragen der höheren Autonomie der Mitarbeiter in mitarbeiterorientierten Organisationskonzepten nicht ausreichend Rechnung. Gruppengerechte Entlohnungssysteme berücksichtigen einerseits die individuelle Entlohnung und anderseits die gruppenbezogene Entlohnung in der Struktur und den Entlohnungsgrundsätzen.[125] Das Entlohnungssystem muß die Möglichkeit eröffnen, das Verhalten der Mitarbeiter durch Honorierung der Gruppenleistung auf eine gegenseitige Unterstützung und die Erreichung der vereinbarten Gruppenziele auszurichten.[126] Um dem integrativen Charakter der Gruppenarbeitsform gerecht zu werden, sind die Ziele, die wirtschaftlich und objektiv erfaßbar und von den Gruppen beeinflußbar sind, als zentrale Bezugsgrößen in den Vordergrund zu stellen.[127]

Die Entlohnung nach Zielvereinbarung kann als ein Entgeltsystem bezeichnet werden, das geeignet ist, Leistungsbereitschaft und Leistungsmotivation der Mitarbeiter zu erhöhen und gruppenorientiertes Verhalten zu fördern. Diesem Entlohnungskonzept liegt die Überlegung zugrunde, daß die Entlohnung gemeinsam mit anderen Faktoren motivationsfördernd wirkt, wenn folgende Voraussetzungen erfüllt sind:

- der Mitarbeiter kennt die an ihn gestellten entgeltrelevanten Anforderungen;
- der Mitarbeiter ist an der Festlegung der Anforderungen und der zu erreichenden Ziele beteiligt und identifiziert sich mit diesen.[128]

Die Mitarbeiter erhalten zusätzlich zum tariflich vereinbarten Grundlohn Boni, deren Höhe sich nach dem Zielerreichungsgrad richtet. Die Ziele werden den Gruppen nicht einseitig vorgegeben, sondern die Gruppenmitglieder werden aktiv in den Zielvereinbarungsprozeß miteinbezogen. Die gemeinsame Operationalisierung der Zielkenngrößen erfolgt periodisch zwischen Mitarbeitern und Führungskräften.

---

125 Vgl. Schlenkermann 1995, S. 202.

126 Vgl. Brumberg 1994, S. 179.

127 Vgl. Niefer 1993, S. 77.

128 Zur Entlohnung nach Zielvereinbarung vgl. Geiger 1992; zu den nachfolgenden Ausführungen vgl. Brumberg 1994, S. 182-188.

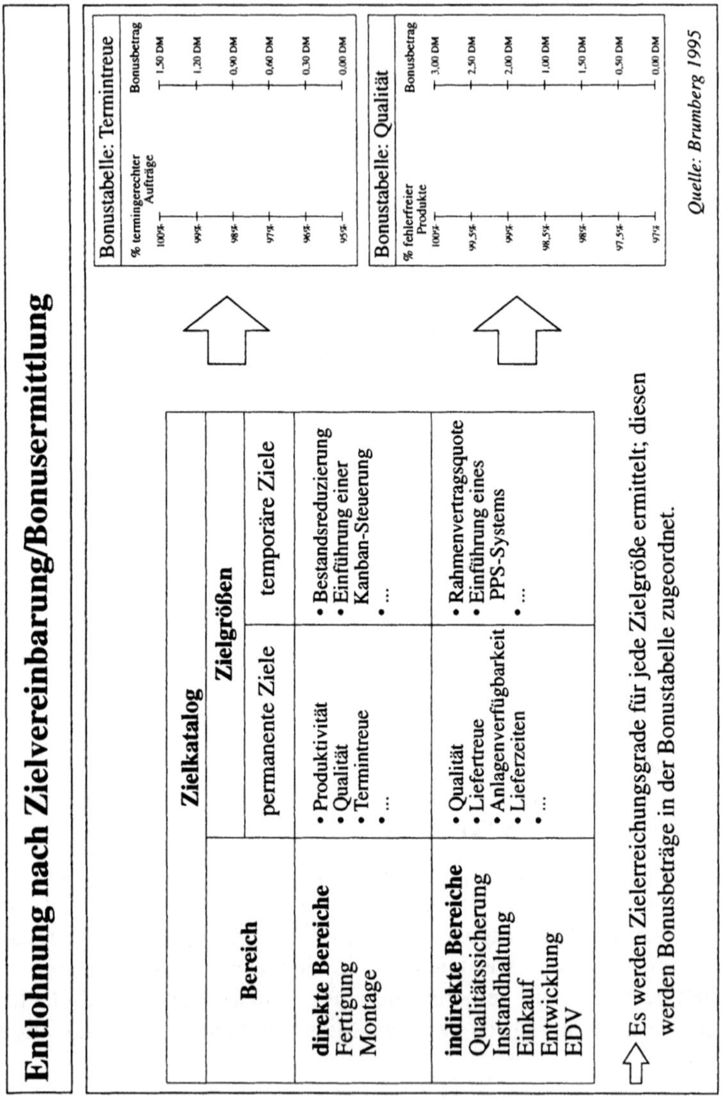

Abb. 3-15: Entlohnung nach Zielvereinbarung/Bonusermittlung

Die flexible Neufestlegung der entgeltrelevanten Ziele erlaubt die Einbeziehung veränderter Umfeldanforderungen und Leistungsverhalten der Gruppen. Sie gestattet eine direkte Kopplung zwischen Entlohnung und organisatorischen Lernprozessen, da, ausgehend vom jeweils erreichten Niveau im Verbesserungsprozeß, neue Ziele und neue Vorgaben für bestehende Ziele vereinbart werden können.[129]

Die Gruppenmitglieder erhalten in jeder Periode entsprechend dem Zielerreichungsgrad einen Bonus, der einer Bonustafel zu entnehmen ist (vgl. Abb. 3-15).[130] Als Zielkenngrößen können quantitative Kenngrößen wie Ausbringung, Nutzungsgrad, Ausschuß-/Nacharbeitsquote, Bestände, Durchlaufzeiten, Lieferfähigkeit, Termintreue, Produktivität und qualitative Kenngrößen wie Anzahl Verbesserungsvorschläge oder Kennzahlen, die Aufschluß geben über Qualifikation, Motivation und Problemlösungsaktivitäten, herangezogen werden.[131] Die Abbildung 3-16 zeigt entgeltrelevante Zielgrößen aus dem direkten und indirekten Bereich, die für eine Zielvereinbarung verwendet werden können.[132] Die Einbeziehung der Mitarbeiter in den Zielvereinbarungsprozeß erhöht die Identifikation mit den Gruppenzielen und den zu erbringenden Gruppenleistungen.[133] Die Berücksichtigung von qualifikationsbezogenen Zielen bewirkt neben einer verstärkten Nutzung des Problemlösungspotentials der Mitarbeiter eine Steigerung ihrer Lernbereitschaft.[134] Für die Motivation der Gruppenmitglieder ist neben der Entgeltrelevanz eine Rückkopplung über die Zielerreichung von Bedeutung.

---

129 Vgl. Wildemann 1995h, S. 25.

130 Vgl. Brumberg 1994, S. 183; Brumberg 1995, S. 323.

131 Vgl. Brumberg 1994, S. 185. Zu einer zielorientierten Vorgehensweise, die sich auf das Erreichen spezifischer, meßbarer operativer Verbesserungen innerhalb definierter Zeiträume richtet; vgl. Schaffer/Thomson 1992, S. 82f.

132 Vgl. Wildemann 1995p, S. 22f.

133 Die Entlohnung nach Zielvereinbarung beinflußt die Arbeitsmotivation zielkonform, da die Bezugsgrößen direkt von den Unternehmens-/Bereichs-/Abteilungszielen abgeleitet und mit den Gruppenmitarbeitern vereinbart werden. Der Zusammenhang zwischen Boni und Zielerreichung ist somit allen Mitarbeitern transparent.

134 Vgl. Brumberg 1995, S. 313.

Entlohnung nach Zielvereinbarung - Zielgrößen

Entwicklung/Konstruktion	Fertigung/Montage
Anzahl Änderungen / Anzahl Entwicklungsprojekte Entwicklungszeiten im Vergleich zum besten/größten Wettbewerber Anzahl QFD-/FMEA-Projekte / Gesamtzahl der Entwicklungsprojekte Qualität der Entwicklung (Innovationsgrad, logistikgerecht, fertigungsgerecht)	Stückzahl Nutzungsgrad Ausschußquote Durchlaufzeit Bestände Termintreue Flexibilität Anzahl aufgezeichneter/gelöster Probleme Anzahl umgesetzter Problemlösungen
Instandhaltung	**Vertrieb**
Anzahl beherrschter Prozesse / Gesamtzahl Prozesse Stillstandszeiten/Ausfallhäufigkeiten Unterstützung direkter Bereiche	Auftragsdurchlaufzeit Aufträge Netto-Umsatz/Mitarbeiter Ø Auftragswert/Mitarbeiter Netto-Marge/Mitarbeiter
Qualitätssicherung	**Logistik/Einkauf**
Anzahl Reklamationen / Anzahl Auslieferungen Durchlaufzeit Qualitätskosten / Umsatz geschulte Mitarbeiter / Zeiteinheit Anzahl beherrschter Prozesse / Gesamtzahl Prozesse Anzahl QFD-/FMEA-Projekte / Gesamtzahl Projekte Unterstützung direkter Bereiche	Servicegrad Bestandsreichweite Durchlaufzeit Wiederbeschaffungszeit Anzahl Qualitätsvereinbarungen / Anzahl Lieferanten Anzahl Terminabweichungen / Anzahl Auslieferungen Anzahl unterbrochener Aufträge / Anzahl Aufträge Unterstützung direkter Bereiche (=interne Kunden)

Quelle: Wildemann 1995p

Abb. 3-16: Entlohnung nach Zielvereinbarung - Zielgrößen

Eine qualifikationsorientierte Modifikation des Entgeltsystems findet sich im Audi-Entgeltsystem, welches darüber hinaus eine Vereinheitlichung des Entgelts für direkte und indirekte Mitarbeiter sowie Angestellte vornimmt.[135] Bei der Arbeitsbewertung wurde der Anteil physischer Belastungsfaktoren von 60% bzw. 58% auf 35% reduziert. Vor allem aber wurde die Gewichtung der Ausprägung der Umweltfaktoren von 31% auf 10% gesenkt. Die Eingruppierung erfolgt auf Basis dieses Bewertungssystems sowohl für Einzelarbeitsplätze als auch für Arbeitsgruppen. Die Gruppenkernaufgabe beinhaltet alle innerhalb der Gruppe regelmäßig wahrzunehmenden direkten und indirekten Tätigkeiten und gilt dann als vom einzelnen beherrscht, wenn der Mitarbeiter sie in geforderter Zeit und Qualität erfüllen kann, in der Lage ist, andere Mitarbeiter anzulernen, selbständig Verbesserungsvorschläge entwickelt und deren Realisierung einleitet. Für die Gruppenkernaufgabe ist eine Entgeltgruppe definiert, in die Mitarbeiter bei Beherrschung der Aufgabe eingruppiert werden. Eine Eingruppierung in die nächsttiefere Stufe erfolgt bei unzureichender Beherrschung der Gruppenkernaufgabe. Ist ein Mitarbeiter in der Lage, zusätzlich zu der Gruppenkernaufgabe Tätigkeiten der vor- und nachgelagerten Gruppen zu übernehmen, wird er in eine nächsthöhere Entgeltgruppe eingestuft. Die traditionell differenzierte Lohn- und Gehaltsstruktur wurde durch ein einheitliches Basisentgelt ersetzt. Für direkte Mitarbeiter wurde der Akkordlohn durch ein Fertigungsentgelt, welches über den bisherigen Akkordrichtsatz liegt und eine 10% allgemeine Zulage beinhaltet, ersetzt. Indirekte Mitarbeiter beziehen ein Zeitentgelt zuzüglich einer individuellen Leistungszulage. Im Zuge der Vereinheitlichung wurde diese Zulage reduziert. Das Entgelt im Tarifangestellten-Bereich weist dieselbe Grundstruktur und in allen Gruppierungen dieselbe Höhe auf.[136] Die qualifikationsorientierte Entlohnung schafft einen Anreiz zur Mehrfachqualifizierung, Durchführung von gegenseitigen Qualifizierungsmaßnahmen und aktiven

---

135 Eine Darstellung des Audi-Entgeltsystems findet sich bei Bühner 1995, S. 196-199; Elsässer 1996, S. 128ff.

136 Differenzen zum vorherigen Lohn werden durch übertarifliche Zulagen ausgeglichen, die teilweise mit später erfolgenden Höhergruppierungen verrechnet werden.

Beteiligung an kontinuierlichen Verbesserungsaktivitäten.[137] Kritikpunkte am Audi-Entlohnungssystem bestehen in der unzureichenden Spezifizierung der Fähigkeit zur Einweisung anderer Mitarbeiter und der objektiv nur schwer zu bestimmenden Fähigkeit, Verbesserungsvorschläge zu erarbeiten und umzusetzen.[138]

Bei der Ausgestaltung der Entlohnungssysteme sind bestehende Tarifverträge und die Mitbestimmungsrechte des Betriebsrates zu berücksichtigen. Für die Auswahl der Entgelt-Bausteine ist eine Analyse der technischen und organisatorischen Arbeitsbedingungen des Arbeitsbereiches erforderlich, um gezielt die Ausgestaltung der Lohnform vorzunehmen.

---

137 Entlohnungssysteme, die eine gegenseitige Qualifizierung der Gruppenmitglieder fördern, kommen in der Praxis in zwei Gestaltungsoptionen zur Anwendung. 1. Das Entlohnungssystem nach dem Grundsatz "pay for knowledge", zielt darauf ab, jedes Gruppenmitglied nach seinen Fähigkeiten und seinem Können einzustufen und zu entlohnen. 2. Die Bezahlung nach Können und betrieblicher Notwendigkeit berücksichtigt nur insofern die individuelle Qualifikation, als sie zur Aufrechterhaltung der notwendigen Flexibilität in der Gruppe dient. Bei beiden Entlohnungsformen wurden schnell eintretende gegenseitige Qualifizierungsprozesse beobachtet, jedoch auch Falschangaben bezüglich des Fähigkeitsstandes einzelner Mitarbeiter; vgl. Stürzl 1993, S. 291.

138 Vgl. Bühner 1995, S. 203.

3. 8 Strukturtypen der Gruppenorganisation

Die in den Fallstudien dargestellten Gruppenkonzepte wurden hinsichtlich ihrer Strukturelemente untersucht. Es lassen sich unterschiedliche Ausprägungen der einzelnen Strukturelemente herausarbeiten (vgl. Abb. 3-18).

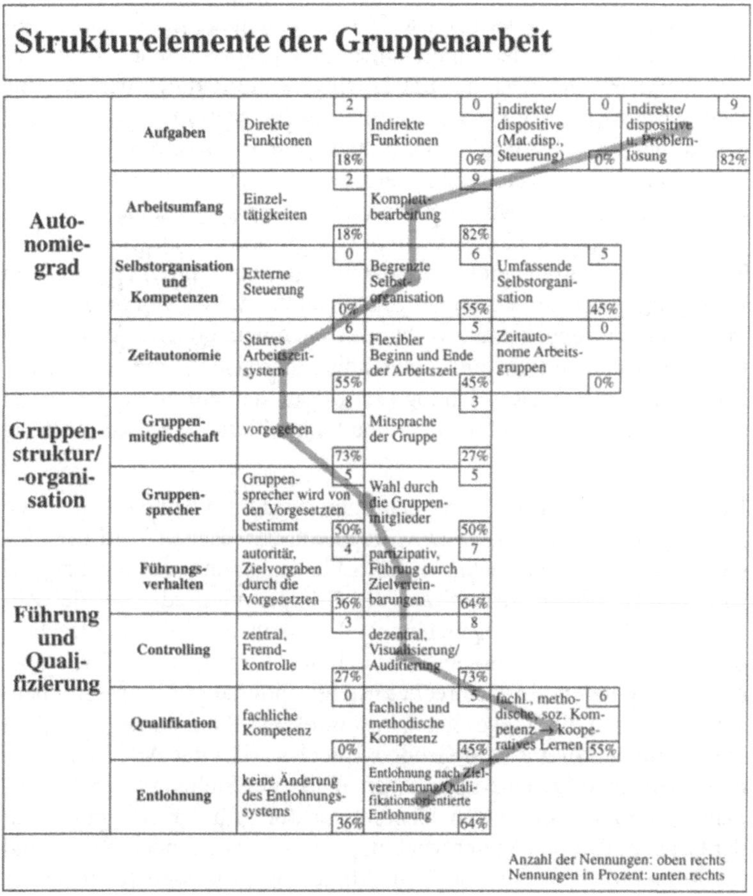

Abb. 3-18: Strukturelemente der Gruppenarbeit

Der Autonomiegrad der Gruppen umfaßt die Art der Aufgabenintegration, den Arbeitsumfang, die Form der Selbstorganisation und den zeitlichen Dispositionsspielraum der Gruppen.[139] In 82% der Unternehmen bestehen die Aufgaben aus direkten und indirekten Funktionen sowie Problemlösungsaktivitäten. Nur 18% der Unternehmen zählen zu den Gruppenaufgaben ausschließlich die Wahrnehmung von direkten Funktionen. Der Arbeitsumfang umfaßt bei 82% der Fallstudien die Komplettbearbeitung von Teilen und Baugruppen, lediglich 18% der Unternehmen beschränken den Aufgabenumfang auf die Vornahme von Einzeltätigkeiten. Die Ausgestaltung der Gruppenkonzepte sieht bei 45% der Unternehmen eine umfassende Selbstorganisation vor.[140] Bei 55% der untersuchten Unternehmen besteht eine begrenzte Möglichkeit zur Regelung der internen Organisation und Zusammenarbeit. Bezüglich der Zeitautonomie besitzen 55% der Unternehmen starre Arbeitszeitsysteme; 45% besitzen flexible Arbeitszeitmodelle, um den Mitarbeitern zeitliche Spielräume für Problemlösungsaktivitäten und gegenseitige Qualifizierung einzuräumen. Die Mehrzahl der betrachteten Unternehmen ist somit durch einen hohen Autonomiegrad der Gruppen gekennzeichnet. Ein hoher Autonomiegrad der Gruppe ist eng verbunden mit einem höheren Produktivitätsniveau der Gruppe und einer höheren Leistungsmotivation der Mitarbeiter zur Zielerreichung. Je größer der Autonomiegrad der Gruppe wird, desto wichtiger ist eine funktionierende Selbststeuerung der Gruppe.

Bei der Gestaltung der Gruppenorganisation sind unterschiedliche Ausprägungen möglich.[141] Die Gruppenmitgliedschaft wird bei 73% der betrachteten Unternehmen durch Führungskräfte vorgegeben, bei 27% der Unternehmen besitzen die Gruppenmitglieder bei der Zusammenstellung ein Mitspracherecht. Die Wahl des Gruppensprechers erfolgt in 50% der Unternehmen durch die Gruppenmitglieder, wobei den Vorgesetzten ein Vetorecht zusteht; optional wird der Gruppensprecher durch die Vorgesetzten bestimmt. Für die Leistungsfähigkeit einer Gruppe kommt dem Gruppensprecher, d.h. der Art der Ernennung, seinen Aufgabenkompetenzen und seiner Stellung in und außerhalb der Gruppe eine entscheidende Bedeutung für den Zusammenhalt der Gruppe, deren Weiterentwicklung zu funktionierenden Teams und der Förderung von Lern- und Qualifizierungsprozessen zu. In seiner

139 Vgl. oben, Kap. 3.1.

140 Selbststeuerung bedeutet nicht nur die Verlagerung von Qualitäts- und Terminplanung auf die Gruppenmitglieder; neben der Arbeitsaufgabe ist auch die Ausdifferenzierung der Gegenstandsbereiche Arbeitszeit, Qualifizierung, Leistung und Qualität erforderlich; vgl. Seitz 1993, S. 37.

141 Vgl. oben, Kap. 3.2.

Funktion als Ansprechpartner bei Problemen und Konfliktlöser unterstützt er durch aktives Konfliktmanagement, eine systematische Vorgehensweise zur Problemlösung und durch Einleitung von Personalentwicklungsmaßnahmen die Zielerreichung der Gruppe.

Die empirischen Ergebnisse zeigen deutlich, daß die Anwendung eines kooperativen Führungsstils aufgrund von motivationspsychologischen Erkenntnissen als erfolgsfördernd für die Einführung von Gruppenarbeit betrachtet werden kann. 36% der Unternehmen sind durch einen autoritären Führungstil, der die Vorgabe von Zielkenngrößen durch den Vorgesetzten beinhaltet, gekennzeichnet. Die Mehrzahl der Unternehmen (64%) wenden einen partizipativen Führungsstil an.[142] Im Vordergrund steht die mitarbeiterorientierte Gestaltung des Führungsprozesses und die Selbstverpflichtung der Mitarbeiter zur Zielerreichung mit Hilfe von Zielvereinbarungsgesprächen. Während bei einem autoritärem Führungsstil die Gefahr permanenter Eingriffe in die Arbeits- und Problemlösungsgruppen besteht und damit zwangsläufig Rückdelegationen verbunden sind, fördert ein kooperativer Führungsstil die Entwicklung von selbstorganisierenden Einheiten. Führungskräfte sind aufgefordert, sich als Promotoren des organisatorischen Wandels zu betrachten und die Gruppen auf ihrem Weg zu mehr Selbständigkeit und Eigenverantwortung zu unterstützen. Eine partizipative Zielplanung bewirkt eine hohe Identifikation der Gruppenmitglieder mit den Leistungszielen und eine gesteigerte Motivation zur Zielerreichung und Übernahme von größerer Verantwortung. Des weiteren ist eine Akzeptanz der Ziele durch eine gemeinsame Formulierung realistischer Zielvorgaben eher zu erreichen als durch reine Zielvorgaben von Vorgesetzten. Die Partizipation am Zielplanungsprozeß erhöht die Motivation der Gruppenmitglieder verstärkt Anstrengungen zu unternehmen, um die vereinbarten Ziele zu erreichen.

Das Controlling der Problemlösungs- und Leistungserstellungsprozesse der Gruppen erfolgt bei 27% der untersuchten Unternehmen durch Fremdkontrolle und bei 73% durch ein dezentrales, durch Visualisierung und Auditierung unterstütztes Selbstcontrolling. Zur Erfüllung der Planungs- und Kontrollprozesse benötigen die Mitarbeiter in ausreichendem Maße Informationen über die Ergebnisse und den Status der Problemlösungsaktivitäten. Wie die empirischen Ergebnisse zeigen, ermöglicht die Visualisierung von Leistungszielen, Zielerreichungsgraden und Informationen über den Leistungserstellungsprozeß der Gruppen eine unmittelbare Rückmeldung über das Leistungsver-

142 Vgl. oben, Kap. 3.3.

halten und die Zielerreichungsgrade. Dies wirkt sich positiv auf die Leistungsmotivation aus und erhöht die Zielerreichung in den Gruppen. Als Zielkenngrößen werden sowohl Kenngrößen, die sich auf den Leistungserstellungsprozeß beziehen, als auch Zielgrößen, die die Effizienz der Problemlösungsaktivitäten abbilden, herangezogen.[143]

Die Erweiterung der Aufgabeninhalte um indirekte, dispositive und problemlösende Tätigkeiten und die Übertragung von Kompetenzen und Verantwortung auf die Gruppen setzt eine entsprechende Qualifizierung der Gruppenmitglieder voraus.[144] Die Qualifizierung von Gruppen umfaßt bei 45% der Unternehmen die Ausbildung der fachlichen und methodischen Kompetenz und bei 55% die Schulung der Fach-, Methoden- und Sozialkompetenz der Gruppenmitglieder. Die Effizienz von Arbeits- und Problemlösungsgruppen ist abhängig von der fachlichen, methodischen und sozialen Kompetenz jedes einzelnen Gruppenmitgliedes und insbesondere von dessen Fähigkeit zur Kooperation und Kommunikation. Eine zielgruppenspezifische Qualifikation der Gruppensprecher, Meister und Gruppenmitglieder trägt zur Lösung gruppendynamischer und organisatorischer Probleme während des Leistungs- und Problemlösungsprozesses bei und wirkt sich somit ebenfalls positiv auf den Zielerreichungsgrad und die Prozeßqualität der Gruppen aus. Die empirische Analyse verdeutlicht, daß systematische Qualifizierungsmaßnahmen auf der Basis eines langfristig angelegten Personalentwicklungskonzepts die Grundlagen für einen erfolgreichen Gruppenentwicklungsprozeß darstellen.

Die Analyse der Fallstudien zeigt, daß 64% der Unternehmen eine Neugestaltung des Entlohnungsmodells vornahmen, um eine dauerhafte Leistungssteigerung und Zielerreichung in den Gruppen zu erreichen. Die Unternehmen erkannten, daß die rechtzeitige Reaktion auf Entlohnungsfragen für eine erfolgreiche Einführung von Gruppenarbeit von Bedeutung ist. Es wurden Entlohnungsmodelle nach Zielvereinbarungen oder qualifikationsorientierte Entlohnungskonzepte realisiert.[145] Es wurde deutlich, daß zur Erarbeitung einer gruppen- und anforderungsgerechten Entlohnungsform Betriebsrats- und Pilotgruppenmitglieder in die Ausgestaltung des Konzepts miteinzubeziehen sind. Die Erprobung des neuen Entgeltsystems in einem Pilotbereich erlaubt rechtzeitige Modifikationen.

143 Vgl. oben, Kap. 3.4.
144 Vgl. oben, Kap. 3.5.
145 Vgl. hierzu oben, Kap. 3.7.

Zusammengefaßt verdeutlicht die empirische Analyse, daß ein hoher Autonomiegrad, partizipative Führung, Selbstkontrolle und umfassende Qualifizierungsaktivitäten sowie gruppengerechte Entlohnungskonzepte die Prozeßqualität und den Grad der Zielerreichung in den Gruppen positiv beeinflussen und damit eine erfolgreiche Einführung von Gruppenarbeit unterstützen.

4. Prozeßelemente zur Einführung der Gruppenarbeit

Im Anschluß an die in Kapitel 3 erfolgte Analyse der Strukturelemente einer Gruppenorganisation steht nun die Analyse der Prozeßelemente zur Neuausrichtung der Unternehmensstrukturen nach Gruppenprinzipien im Vordergrund. Zu den Prozeßelementen organisatorischer Veränderungen gehören:

- Zielsysteme,
- Projektphasen,
- Projektorganisation,
- Unterstützung durch Macht- und Fachpromotoren,
- Unterstützung durch externe Berater und Trainer,
- Informations- und Beteiligungsstrategie,
- Gruppenentwicklungsprozeß und Qualifizierung,
- Lerntransfer durch gegenseitige Auditierung und
- GENESIS-Workshops.

Mit Hilfe einer Typologisierung der Prozeßelemente und der Analyse der empirischen Ergebnisse lassen sich Rückschlüsse auf einen gezielten Einsatz von Prozeßelementen zur erfolgreichen Einführung von Gruppenkonzepten ziehen.

4. 1 Zielsysteme

Die Einführung mitarbeiterorientierter Organisationskonzepte setzt wie jede andere Strukturveränderung die Vorgabe von Zielen voraus. Ziele bestimmen den durch die Einführung von Gruppenarbeit angestrebten Soll-Zustand und steuern den Planungs- und Gestaltungsprozeß.[1] Sie bilden Bewertungsgrundlagen für die Auswahl geeigneter Maßnahmen zur Beschleunigung des Lernprozesses. Die Messung von Zielerreichungsgraden während der Veränderung der Arbeitsorganisation ermöglicht eine Fortschrittskontrolle der Einführungsaktivitäten und erlaubt die rechtzeitige Einleitung von Korrekturmaßnahmen.[2] Grundsätzlich können die unternehmensbezogenen Ziele unterteilt werden in organisatorische, soziale und ökonomische Ziele (siehe Abb. 4-1).

---

1 Vgl. Hamel 1992, Sp. 2635f.

2 Zu den Funktionen von Zielen vgl. Krüger 1983, S. 35ff.; Wild 1982, S. 53.

Ziele der Gruppenarbeit

Unternehmensbezogene Ziele	Mitarbeiterbezogene Ziele
Organisatorische Ziele • Bildung von produktorientierten Verantwortungsbereichen mit einer Reintegration indirekter Tätigkeiten • Schaffung von transparenten, kommunikationsfördernden Strukturen **Soziale Ziele** • Verringerung der Abwesenheit und Fluktuation • Steigerung des Verantwortungsbewußtseins der Mitarbeiter • Nutzung des Problemlösungspotentials der Mitarbeiter **Ökonomische Ziele** • Reduzierung der Personalkosten • Reduzierung der Investitionskosten • Reduzierung der Instandhaltungskosten • Reduzierung der Qualitätskosten • Reduzierung der Logistikkosten	• Erhöhung der Mitarbeiterqualifikation - Verbesserung der Fachkompetenz - Verbesserung der Sozialkompetenz - Verbesserung der Methodenkompetenz • Steigerung der Identifikation der Mitarbeiter mit den Produkten und dem Arbeitsumfeld • Erhöhung der Motivation und Arbeitszufriedenheit der Mitarbeiter • Verbesserung der Informations- und Kooperationsbeziehungen

Abb. 4-1: Ziele der Gruppenarbeit

Als organisatorische Ziele zur Einführung von Gruppenarbeitskonzepten lassen sich nennen:

- Veränderung der Arbeitsorganisation hin zu transparenten und kommunikationsfördernden, mitarbeiterorientierten Strukturen.
- Bildung von produktorientierten, klar abgegrenzten Verantwortungsbereichen mit einer Reintegration indirekter Tätigkeiten zur Schaffung schlanker Unternehmensstrukturen.

Neben organisatorischen Zielen können soziale und ökonomische Ziele mit der Einführung von Gruppenarbeit verbunden werden. Sozialindividuelle Zielkenngrößen lassen erkennen, daß die Einführungsaktivitäten erfolgreich waren, wenn die von der Einführung von

Gruppenarbeit betroffenen Mitarbeiter Bereitschaft zeigen, ihre Verhaltensweisen zu ändern.

Als soziale Ziele sind relevant:

- Die Verringerung von Abwesenheit und Fluktuation durch die Erhöhung der Motivation der Gruppenmitglieder und ihrer stärkeren Identifikation mit dem Leistungserstellungsprozeß sowie
- die Steigerung der Verantwortungsbereitschaft und die Nutzung des Problemlösungspotentials der Mitarbeiter zur kontinuierlichen Verbesserung der Prozesse.

Die wesentlichen ökonomischen Ziele, die mit dem Gruppenarbeitskonzept zur Erhöhung der Wettbewerbsfähigkeit angestrebt werden, betreffen die Reduzierung der Kosten, und zwar im einzelnen:

- Reduzierung der Personalkosten durch
  - Vermeidung von Doppelarbeiten,
  - Verringerung von Abwesenheit und Fluktuation,
  - Verminderung des administrativen Aufwandes,
- Reduzierung der Investitionskosten durch
  - höhere Anlagennutzung und eine kontinuierliche Prozeßoptimierung,
- Reduzierung der Instandhaltungskosten durch
  - Reduzierung der Anzahl der Störungen und eine schnelle Störungsbehebung durch die Gruppenmitglieder,
- Reduzierung der Qualitätskosten durch
  - Senkung von Ausschuß und Nacharbeit durch die Selbstkontrolle der Mitarbeiter in den Gruppen, Vermeidung von Doppelprüfungen und Erhöhung des Qualitätsbewußtseins,
- Reduzierung der Logistikkosten durch
  - Bestandssenkung, Senkung des Steuerungsaufwandes und eine verbesserte Termintreue.

Mit der Einführung von Gruppenarbeitsmodellen werden auch mitarbeiterbezogene Ziele verfolgt:

- Erhöhung der Mitarbeiterqualifikation (Fach-, Methoden- und Sozialkompetenz),
- Verbesserung der Informations- und Kommunikationsbeziehungen,
- Steigerung der Identifikation der Mitarbeiter mit den Produkten und dem Arbeitsumfeld,
- Erhöhung der Motivation und Arbeitszufriedenheit der Mitarbeiter.

Von Bedeutung ist ebenfalls die Ermittlung von Zielkenngrößen, die den Einführungsprozeß abbilden. Zielvorgaben sind in diesem Zusammenhang die Einhaltung von Projektbudgets, die Erreichung von Terminvorgaben, die Nichtüberschreitung von Personalkapazitäten. Die Konkretisierung aller Zielvorgaben hinsichtlich Inhalt, zeitlicher Dimension und Anspruchsniveau ist notwendig, um Anpassungen und Erweiterungen während des Einführungsprozesses durchzuführen und ein sinnvolles Controlling aller Zielkenngrößen sicherzustellen. Die Offenlegung und Aktualisierung der Zielgrößen für alle an der Veränderung der Arbeitsorganisation beteiligten Mitarbeiter erlaubt nachvollziehbare Korrekturen der Zielgrößen und schafft Transparenz über den Erfolg der Einführung von Gruppenarbeit.

Im Rahmen der Einführung von Gruppenkonzepten geht es darum, aufgrund motivationstheoretischer Überlegungen die Zielvorgaben sowie deren Kontrolle so zu gestalten, daß Motivationssteigerungen zur Nutzung der Problemlösungskapazität der Mitarbeiter, zur Ausrichtung des Verhaltens auf die neuen mitarbeiterorientierten Organisationsstrukturen und zur Beschleunigung der Umsetzung der Gruppenarbeit erreicht werden.

Als theoretische Begründung für die Motivationswirkungen von Zielen ist auf die von Locke 1968 entwickelte Zielsetzungstheorie hinzuweisen[3]: In einer Reihe von Laborexperimenten wurde der Zusammenhang zwischen der Höhe der Zielvorgaben und der erzielten Leistung untersucht.[4] Die aus diesen Untersuchungen hervorgegangene Zielsetzungstheorie besagt, daß Zielvorgaben die Motivation der Mitarbeiter erhöhen und sie zu Leistungssteigerungen veranlassen. Eine empirische Untersuchung von mehr als 100 Unternehmen ergab, daß Personen die spezifische, schwierige Ziele anstreben, bessere Leistun-

3 Vgl. Locke 1968, S. 157-189.

4 Vgl. Locke/Latham 1984, S. 10ff.

gen erzielen, als Personen die mittlere, unpräzise oder gar keine Ziele verfolgen.[5] Dieses Ergebnis konnte in zahlreichen Untersuchungen für verschiedene Aufgabentypen bestätigt werden. Interessant ist die Beobachtung, daß ein bestehender Leistungsunterschied zwischen Gruppen mit Zielvorgaben und solchen ohne Vorgaben im Zeitverlauf größer wurde.[6]

Die Tatsache, daß Gruppen mit Zielvorgaben bessere Leistungsergebnisse erzielen, führt zu dem Schluß, daß konkrete Zielvorgaben, das Interesse der Mitarbeiter an der Aufrechterhaltung der Leistungsstandards fördern. Grundsätzlich ist hierbei jedoch zu berücksichtigen, daß das Setzen von Zielen ohne Rückmeldung über die Zielerreichungsgrade in der Regel nicht zu den gewünschten Leistungssteigerungen führt.[7] Erst die Kombination beider Motivierungstechniken - Zielsetzungen und Feedback - kann Leistungssteigerungen bewirken, indem Ziele die Handlungen aktivieren und Feedbackprozesse Leistungsfortschritte in Bezug auf die Zielerreichung nachvollziehbar machen.[8] In diesem Zusammenhang ist die Bedeutung von Visualisierungskonzepten zur Unterstützung der Einführung von Gruppenarbeit herauszustellen.[9] Der Einsatz von Visualisierungsinstrumenten ermöglicht durch die Darstellung von Zielvorgaben, Zielerreichungsgraden und Problemlösungsaktivitäten eine wirkungsvolle Rückkopplung über die Leistungsergebnisse der Gruppen und motiviert die Gruppenmitglieder zur Zielerreichung. Für die Einführung von Gruppenarbeit ergibt sich daraus die Notwendigkeit, anspruchsvolle Ziele zu vereinbaren, um eine motivierende Wirkung zur Leistungssteigerung zu realisieren.

Als Einführungsziele standen bei den untersuchten Unternehmen eindeutig die Erzielung von Produktivitätssteigerung (100%) und Qualitätsverbesserung (64%) im Vordergrund (vgl. Abb. 4-2). Als weitere wesentliche Ziele wurden von 55% der Unternehmen die Erweiterung der Handlungs- und Entscheidungsspielräume zur Steigerung der Selbstorganisation und Erhöhung der Eigenverantwortlichkeit und die Nutzung der Problemlösungskapazität der Mitarbeiter (45%) neben den Zielgrößen Motivationssteigerung (36%), Prozeßoptimierung (36%) und Verbesserung von Kommunikations- und Kooperationsbeziehungen (36%) sowie die Vermeidung von Verschwendung (36%) genannt.

---

5 Vgl. Locke/Bryan 1966, S. 290.

6 Vgl. Locke/Bryan 1967, S. 123f.

7 Vgl. Kleinbeck/Schmidt/Quast 1990.

8 Vgl. Locke/Latham/Erez 1988, Kakabadse/Fricker 1991, S. 73.

9 Vgl. oben, Kap. 3.4.

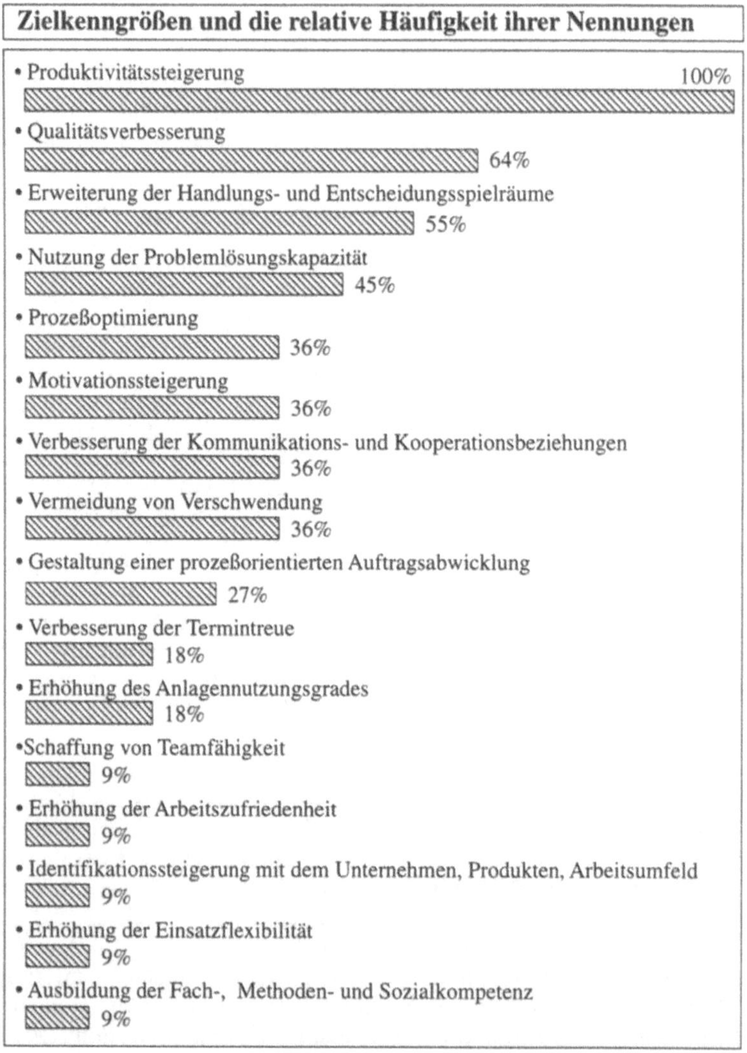

Abb. 4-2: Ziele der Gruppenarbeit in den betrachteten Fallstudien

Für die untersuchten Fallstudien in den indirekten Bereichen waren Ziele wie Vermeidung von Verschwendung in den administrativen Bereichen, Verbesserung der Termintreue und die Realisierung von prozeßorientierten Gestaltungsansätzen von Interesse. Es zeigt sich, daß bei den untersuchten Zielsystemen quantitative und qualitative Zielkenngrößen gleichermaßen von Bedeutung sind.

4. 2 Projektphasen

Die Einführung von Gruppenarbeit stellt infolge der Veränderungen der Zusammenarbeit und des Verhaltens unter den Mitarbeitern sowie zwischen den Mitarbeitern und Vorgesetzten einen komplexen Vorgang dar. Auf allen Ebenen werden Änderungen von Verhaltensweisen gefordert. Die Umsetzungsmaßnahmen führen nur dann zur Zielerreichung, wenn sie schrittweise auf die personellen und organisatorischen Gegebenheiten in den Gruppen abgestimmt werden. Dies ist durch die Realisierung einer Implementierung im Rahmen eines Phasenkonzeptes möglich. Die Unterteilung des Einführungsprozesses in die Phasen:

- Projektvorbereitung,
- Ist-Analyse,
- Konzepterstellung,
- Realisierung des Konzeptes sowie
- Institutionalisierung

soll gewährleisten, daß wichtige Inhalte und Vorgehensschritte berücksichtigt werden (vgl. Abb. 4-3).[10] Die Phasen laufen sukzessive, teilweise aber auch überlappend ab. Das Projektteam bearbeitet die einzelnen Maßnahmenpakete der einzelnen Phasen, diskutiert die Planungsergebnisse mit dem Lenkungsausschuß und den Mitarbeitern der Pilotgruppe und modifiziert gegebenenfalls die Gestaltungsinhalte. Durch die Abgrenzung in sich geschlossener Projektabschnitte werden Kontrollpunkte definiert, an denen der Entwicklungsfortschritt des Einführungsprozesses überprüft und über die weitere Vorgehensweise entschieden werden kann.[11]

(1) Projektvorbereitung

In der Projektvorbereitungsphase sind in einem ersten Schritt, ausgehend von der strategischen Zielsetzung des Unternehmens, die betrieblichen Ziele der Gruppenarbeit zu formulieren, der Umfang des Projektes zu bestimmen und die Mitarbeiterinteressen zu ermitteln. Zu den Projektvorbereitungsaktivitäten zählen die Eingrenzung des Untersuchungsbereiches, die Festlegung der Projektorganisation, die Konstituierung des Projektteams, die Budgetierung der finanziellen und personellen Ressourcen sowie die Verabschiedung eines Projektleitfadens.

---

10 Vgl. Wildemann 1995n, S. 225ff.

11 Vgl. Zülch/Augustin 1990, S. 156; Fey 1989, S. 211.

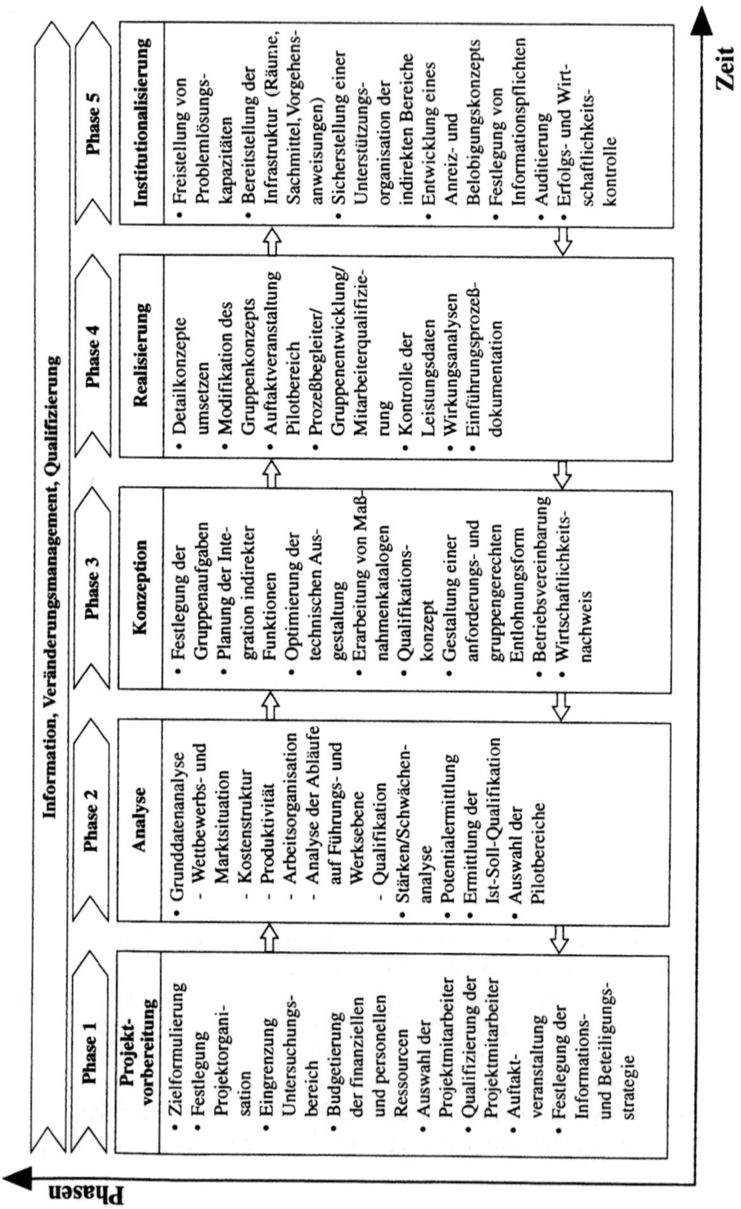

Abb. 4-3: Projektphasen der Einführung von Gruppenarbeit

Im zweiten Schritt der Projektvorbereitungsphase erfolgt die Durchführung eines Auftaktworkshops, um die Führungskräfte mit den Methoden und den Inhalten des Gruppenarbeitskonzepts vertraut zu machen und die Selbstverpflichtung der Führungskräfte für eine aktive Unterstützung einzuholen. Unter Berücksichtigung der unternehmensspezifischen Rahmenbedingungen und folgender Fragestellungen:

- Welche Ziele können mit der Einführung der Gruppenorganisation erreicht werden?
- Welche Erfahrungen haben andere Unternehmen mit der Einführung von Gruppenarbeit gemacht?
- Wie und in welchem Zeitraum gestaltet sich die Einführung der Gruppenarbeit?

werden die Anforderungen an das Gruppenarbeitsmodell festgelegt. Das Ergebnis der Auftaktveranstaltung besteht in einer ersten Zielfestlegung, einer Konkretisierung der angestrebten Veränderung unter Berücksichtigung der Unternehmensstrategie und einer Festlegung des Einführungszeitraumes. Die Einbeziehung von Macht- und Fachpromotoren in der Projektvorbereitungsphase sichert die für die Veränderung der Arbeitsorganisation erforderlichen Methoden- und Fachkompetenzen.[12] Um die Akzeptanz der Betroffenen und der mitbestimmungspflichtigen Organe für die Einführung der Gruppenorganisation zu gewinnen, sind diese über die Notwendigkeit, Ziele und Inhalte des Konzeptes zu informieren. Die Erarbeitung einer Informations- und Beteiligungsstrategie für alle Betroffenen ist für die Akzeptanz des Gruppenkonzepts, die Vermeidung von Widerständen und die Beseitigung von Informationsdefiziten von entscheidender Bedeutung.[13]

12 Vgl. unten, Kap. 4.5.

13 Die Bedeutung einer projektunterstützenden Informationspolitik für die Akzeptanz von Reorganisationskonzepten wird oft unterschätzt. Zum Stellenwert von Information und Promotion in Reorganisationsprozessen vgl. Kirsch/Esser/Gabele 1979, S. 267ff.; Knopf/Esser/Kirsch 1978, S. 432ff.; Fiedel 1991, S. 6. Neben regelmäßigen Zwischenberichten über den Verlauf und die Ergebnisse des Projektes bieten sich zur Unterstützung der Veränderungsprozesse Kommunikationsmedien wie Symbole (z.B. Projekt-Logo) oder Projektnamen an; vgl. Fiedel 1991, S. 27; vgl auch unten, Kap. 4.7.

(2) Ist-Analyse

In der zweiten Phase erfolgt unter weitgehender Mitarbeiterpartizipation die Analyse der Grunddaten und Prozesse sowie die Identifizierung der Schwachstellen in den betrachteten Bereichen. Im Vordergrund steht die Analyse der Wettbewerbs- und Marktsituation, der Kostenstruktur, der Arbeitsorganisation, der Prozeßabläufe und der Qualifikation. Ziel der Ist-Analyse ist die Erfassung wesentlicher Strukturmerkmale, Problemfelder und Gestaltungspotentiale. Die exakte und vollständige Datenerfassung ermöglicht die Analyse der identifizierten Schwachstellen auf ihre Ursachen-Wirkungs-Zusammenhänge. Sie bildet die Planungsgrundlage für das Soll-Konzept. Zur Fundierung der Analyseergebnisse können Auswertungen von Primär- und Sekundärdaten, Selbstaufschreibungen, Multimomentaufnahmen, standardisierte Fragebögen und Checklisten sowie Interviewtechniken herangezogen werden.[14]

Als Einstieg in die Gruppenarbeit empfiehlt sich die Einführung der Gruppenarbeit in einem Pilotbereich. Die Auswahl des Pilotbereiches orientiert sich an Kriterien wie Akzeptanz der Mitarbeiter, Akzeptanz der Vorgesetzten und hohe Wirkungspotentiale. Als Pilotbereiche sind Unternehmensbereiche prädestiniert, in denen Mitarbeiter und Führungskräfte Neuem gegenüber aufgeschlossen sind und kooperativ zusammenarbeiten.[15] Die Beteiligung von Mitarbeitern der Pilotgruppen am Planungsgeschehen fördert die Akzeptanz für die neue Arbeitsorganisation und erlaubt die Berücksichtigung von wertvollen Planungsanregungen. So wurde in der Mehrzahl der Fallbeispiele mit der Einführung von Gruppenarbeit in Pilotbereichen begonnen, um die in dem Pilotbereich gesammelten Erfahrungen auf weitere Bereiche zu transferieren und gegebenenfalls Modifikationen des Gruppenkonzepts vorzunehmen. Des weiteren wurde auf einen hohen Partizipationsgrad der Beteiligten bei der Ausgestaltung des Gruppenkonzepts Wert gelegt.

---

14 Zu den unterschiedlichen Techniken der Schwachstellenanalyse vgl. Grob/Haffner 1982; Henkel/Schwetz 1992.

15 Vgl. Wildemann 1995m, S. 221.

(3) Konzepterstellung

Im Vordergrund der Konzepterstellung stehen Entwurf, Bewertung und Auswahl von Gestaltungsoptionen der Gruppenarbeit. Ausgehend von den Ergebnissen der Ist-Analyse sind für die einzelnen Bausteine des Gruppenarbeitskonzepts Maßnahmenkataloge, die sämtliche Umsetzungsschritte in ihrer zeitlichen und sachlichen Struktur abbilden, zu formulieren. Die Konzepterstellung umfaßt die Definition der Bereiche, die Konkretisierung der Aufgaben und Funktionen, die Sicherstellung einer Ablaufstandardisierung, die Erarbeitung einer Betriebsvereinbarung und die Planung eines Einführungs- und Schulungskonzeptes zur Institutionalisierung der Gruppenarbeit. Der Aufgabenbereich der Gruppe ist so zu gestalten, daß gemeinsame Aufgabenstrukturen gebildet werden können. Die Arbeitsaufträge sind an die Gruppe zu vergeben, die die eigenständige Selbststeuerung und Verteilung der Aufgaben übernimmt. Gruppen sind dort sinnvoll einzurichten, wo acht bis zwölf Mitarbeiter (maximal 15 Mitarbeiter) zur Erfüllung einer gemeinsamen Aufgabe in einem überschaubaren Bereich zu einer Gruppe zusammengefaßt werden können.

Der Betriebsrat ist rechtzeitig in die Gesamtüberlegungen des Projekts miteinzubeziehen. Ziele, Inhalte, Vorgehensweise, Schulungsaktivitäten und der Projektablauf sind mit ihm abzustimmen. Hierdurch wird eine gemeinsame Überprüfung der bestehenden Personal- und Controllingsysteme im Hinblick auf die veränderten Anforderungen der Gruppenarbeit möglich. In einer Betriebsvereinbarung wird das Konzept der Gruppenarbeit, die Rolle des Gruppensprechers, die Rolle des Meisters und alle Fragen, die das betriebliche Umfeld der Einführung von Gruppenarbeit berühren, beschrieben.[16]

Im Mittelpunkt der vorbereitenden Qualifizierungsmaßnahmen für Meister, Gruppensprecher, Gruppenmitglieder und Führungskräfte steht die Vermittlung von Methoden- und Sozialkompetenzen. Ziel der Qualifizierung ist die Erhöhung der Mehrfachqualifikation und die Initiierung gegenseitiger Qualifizierungsaktivitäten. In diesem Zusammenhang sind die Ansätze der Teamentwicklung von Bedeutung.[17] Gruppenkonzepte verlangen nach neuen, an die Arbeitsorganisation angepaßte Entlohnungsformen. Nicht mehr individuelle Leistungen, sondern vielmehr die Gruppenleistung als Beitrag zur Zieler-

---

16 Vgl. hierzu ausführlicher unten, Kap. 4.5.

17 Vgl. Comelli 1985, S. 365ff.; vgl. auch oben, Kap. 3.5, und weiter unten, Kap. 4.8.

reichung werden als Beurteilungskriterien zur Lohneinstufung herangezogen.[18] Die Gestaltung eines Entgeltkonzepts ist parallel zu den Feinplanungsaktivitäten des Gruppenkonzepts in der Konzepterstellungsphase vorzunehmen.[19]

(4) Realisierung des Konzeptes

Die Realisierungsphase beinhaltet die Umsetzung der erarbeiteten Detailkonzepte und Maßnahmenkataloge. So hat das Projektteam in Fallstudie 8 in Abstimmung mit der Pilotgruppe Spielregeln für die Zusammenarbeit, Informations- und Kooperationsregeln mit den vor- und nachgelagerten Bereichen, gruppenspezifische Kennzahlen zur Selbststeuerung der Gruppenmitglieder, das Visualisierungskonzept, Arbeitszeitregelungen, organisatorische Regelungen bei Mehrschichtbetrieb, Ordnungs- und Sauberkeitsregeln, Qualifikationsmatrizen, Checklisten und Anweisungen zur Erhöhung der Prozeßsicherheit erarbeitet. Regeln, die während der Planungsphasen erarbeitet wurden, und arbeitsorganisatorische Layoutveränderungen können sofort umgesetzt werden. Eine langfristige Dimension besitzt hingegen der Gruppenentwicklungsprozeß.[20] Die stufenweise Ausdehnung des Autonomiegrades erfordert einen intensiven Betreuungsaufwand von seiten der internen und externen Prozeßbegleiter.[21]

Die Realisierung des Gruppenarbeitsmodells ist durch eine Wirkungsanalyse und eine Einführungsprozeßdokumentation zu begleiten. Die Dokumentation wird von den Projektgruppenmitgliedern vorgenommen. Es werden Arbeitsunterlagen, Regelungen und Vereinbarungen, die während der Planungsphasen erarbeitet wurden, zusammengestellt, um als Basis für Arbeitsanweisungen, Richtlinien und weiterführende Betriebsvereinbarungen zu dienen.[22] Eine verlaufsbezogene Darstellung der Einführungsaktivitäten in Form einer pilotgruppenspezifi-

---

18 Vgl. oben, Kap. 3.7.

19 Hierbei ist die Einbeziehung des Betriebsrates gemäß § 87 Abs. 1 Ziff. 10 BetrVG zu berücksichtigen, um inhaltliche Abstimmungsprozesse rechtzeitig einzuleiten.

20 Siehe hierzu insbesondere die Ausführungen in den Fallstudien 1, 2, 3, 5 und 8, Kap. 2.2.2.

21 Der Betreuungsaufwand ist in dieser Phase der Umstellung sehr hoch und äußert sich in der Teilnahme von Projektgruppenmitgliedern an Gruppengesprächen der Pilotgruppe, der Unterstützung im Umgang mit den Visualisierungstechniken und Standardformularen sowie der Gewährleistung von Hilfestellungen bei Vornahme der Arbeitseinteilung, Kapazitätsplanung sowie instandhaltungs- und qualitätssichernden Aufgaben.

22 Vgl. Stürzl 1993, S. 281.

schen Handlungsanleitung kann zur Planung und Einführung weiterer Gruppen genutzt werden.[23] Das Projektteam organisiert die Evaluation der Pilotprojektphase. Darunter ist die laufende Beobachtung und Beratung der einzelnen Gruppen, die Überprüfung der Zielerreichung und gegebenenfalls die Korrektur unrealistischer Zielvorgaben zu verstehen. Aufgrund von Umstellungseffekten und Leistungsminderungen während der Übergangsphase ist eine aussagefähige Beurteilung der Zielkenngrößen erst einige Monate nach Einführung der Gruppenarbeit möglich.[24] Die Kenngrößen sind in quantifizierbare und nicht quantifizierbare Kenngrößen zu operationalisieren.[25]

(5) Institutionalisierung

In der fünften Phase erfolgt die langfristige Absicherung und Weiterentwicklung des Gruppenarbeitskonzepts. Unter Berücksichtigung der im Pilotbereich gesammelten Erfahrungen erfolgt die Ausdehnung der Gruppenarbeit auf weitere Unternehmensbereiche. Zur Analyse der Effizienz des organisatorischen Lernprozesses empfiehlt sich ein Soll-Ist-Vergleich. So können auftretende Abweichungen und Probleme rechtzeitig erkannt und positive Lerneffekte bei der Ausdehnung des Gruppenkonzepts erzielt werden. Zu den Aufgaben des Managements gehören die Freistellung von personeller Problemlösungskapazität, die Bereitstellung einer Infrastruktur (Räume, Sachmittel, Vorgehensanweisungen) und die Entwicklung eines Anreiz- und Belobigungskonzepts. Ebenso relevant ist die Koordination der Problemlösungsaktivitäten, die Festlegung von Verantwortlichkeiten und Informationspflichten, die Gestaltung eines Rotationssystems und die Bildung von Patenmodellen. Die Übernahme von bestehenden Regelungen und die Berücksichtigung gewonnener Erfahrungen fördern einen effizienten Diffusionsprozeß der Gruppenarbeit.

Die zeitliche Dauer der Planungsphasen unterliegt einer großen Streuung, so daß Mittelwerte nur eine geringe Aussagekraft besitzen. In den untersuchten Unternehmen betrug die Realisierung von Pilotprojekten neun bis zwölf Monate. Für eine flächendeckende Einführung, die sowohl direkte als auch indirekte Bereiche umfaßt, wird ein Realisie-

---

23 Vgl. Becker, 1995, S. 85. Zusätzlich sind Gespräche mit den betroffenen Mitarbeitern und den Vorgesetzten zu führen, um Probleme, Änderungswünsche und Anregungen bezüglich des Einführungsprozesses und des Konzeptes zu ermitteln.

24 Vgl. Becker 1995, S. 85.

25 Vgl. Wildemann 1994d, S. 37f.

rungszeitraum von drei bis fünf Jahren angestrebt. Die Initiierung von parallelen Projekten verkürzt die Einführungszeit. In diesem Zusammenhang ist die Durchführung von GENESIS-Workshops[26], die über eine Bündelung von Aktivitäten, standardisierten Problemlösungen und Ergebnisorientierung zu einer Erhöhung der Lerngeschwindigkeit und damit zu flächendeckenden Veränderungsprozessen führen, von Bedeutung.[27]

26 GENESIS (Grundlegende Effektivitätsverbesserung nach einer Schulung in schlanker Produktion, Organisation und Beschaffung) basiert auf einem Workshop-Konzept, bei dem Lösungen, Methoden und standardisierte Vorgehensweisen zur Realisierung schlanker Unternehmenstrukturen geboten werden; vgl. Wildemann 1995a, S. 30.

27 Vgl. dazu unten, Kap. 4.9.

4. 3 Projektorganisation

Voraussetzung für eine zielgerichtete Mitwirkung aller Betroffenen an der Reorganisation ist eine Projektorganisation und -koordination. Projektorganisationen können als ergänzende, zeitlich befristete Organisationssysteme bezeichnet werden, die sich zur Lösung komplexer Aufgaben mit spezifischen Leistungs-, Termin- und Kostenzielen eignen.[28] Projektorganisationen ermöglichen eine schnittstellenübergreifende Zusammenarbeit. Sie fördern ein prozeßorientiertes Denken und Handeln. So stellten Katzenbach und Smith fest: "Tatsächlich ist der Einsatz von Teams die beste Methode, um über strukturelle Grenzen hinweg Integration zu erreichen und Kernprozesse zu gestalten und voranzutreiben"[29]. Zu den Hauptformen der Projektorganisation zählen die Einflußprojektorganisation, die reine Projektorganisation und die Matrixprojektorganisation.[30] Eine erfolgreiche Einführung der Gruppenarbeit setzt ein effizientes Projektmanagement und umfangreiches Expertenwissen voraus.[31] Die von 90% der Fallstudien angewandte Form der Projektorganisation - bestehend aus Lenkungsausschuß, Projektteam und Projektleiter - ist in Abb. 4-4 dargestellt. Im Lenkungsausschuß sitzen neben Mitgliedern der Unternehmensleitung, auch Vertreter der betroffenen Fachbereiche wie Produktion, Personal, Technik, Qualitätssicherung und Organisation sowie Vertreter des Betriebsrates.[32] Die Beteiligung der Unternehmensleitung ist für die Beibehaltung der strategischen Neuorientierung, die Beschaffung von Ressourcen und die Realisierung der Maßnahmen mit entsprechender Durchsetzungskraft von Bedeutung. Im Sinne des Unterrichtungs- und Beratungsrechts gemäß § 90 BetrVG wird die Mitgliedschaft eines Arbeitnehmervertreters im Lenkungsausschuß und

28 Vgl. Grün 1992, Sp. 2106; Bleicher 1991, S. 135.

29 Katzenbach/Smith 1993, S. 18.

30 Zu den Hauptformen der Projektorganisation vgl. Grün 1992, Sp. 2106-2111; Bleicher 1991, S. 142ff.; Schmidt 1991, S. 102ff.; Hadamitzky 1995, S. 184ff.

31 Vgl. Rohmert/Weg 1976, S. 101ff. Die Einführung von Gruppenkonzepten muß in eine eigenständige Führungsstruktur eingebunden werden, die den internen Aufbau der Projektorganisation, d.h. die Aufgaben, die Verantwortlichkeiten und die Gliederung des Instanzengefüges regelt; vgl. Kirsch/Esser/Gabele 1979, S. 278.

32 Vgl. Bühner 1994, S. 221.

die frühzeitige Einbeziehung des Betriebsrates ins Planungsgeschehen empfohlen.[33]

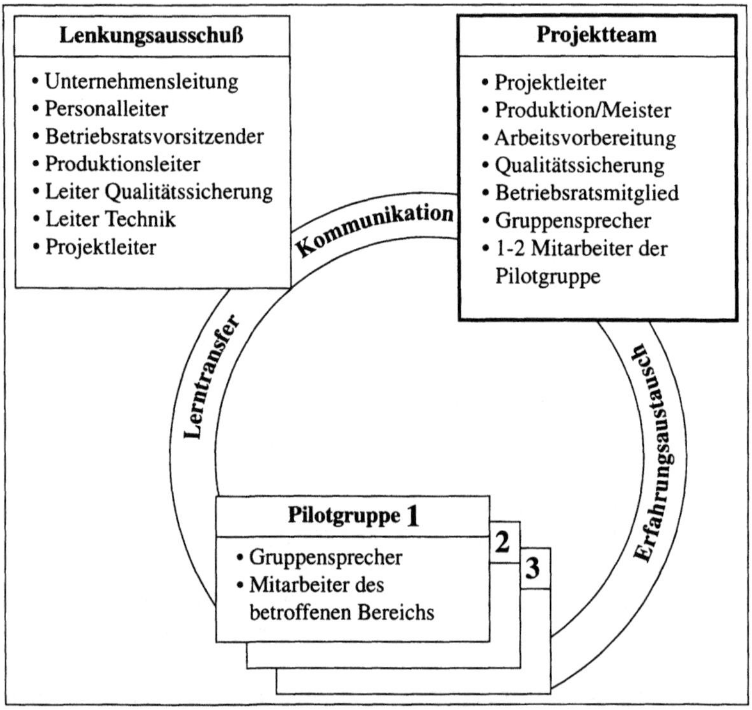

Abb. 4-4: Projektorganisation

Auf diese Weise werden Reibungsverluste und Widerstände in der Umsetzungsphase von seiten der Arbeitnehmervertretung begrenzt. Die Teilnahme der Fachvertreter aus Produktion, Qualitätssicherung und Technik sichert die technische Entscheidungskompetenz und die arbeitsorganisatorische Neugestaltung des Gruppenumfeldes. Der Lenkungsausschuß ist für die übergeordnete Koordination zuständig und für den Projektfortschritt verantwortlich.[34] Er setzt ein Projektteam ein, das für die konkrete Ausgestaltung des Gruppenkonzepts

---

33 Das Betriebsverfassungsgesetz § 90 : "Der Arbeitgeber hat den Betriebsrat über die Planung ... von Arbeitsverfahren und Arbeitsabläufen ... rechtzeitig zu unterrichten und die vorgesehenen Maßnahmen insbesondere im Hinblick auf ihre Auswirkungen auf die Art der Arbeit und die Anforderungen an die Arbeitnehmer mit ihm zu beraten", wird dadurch berücksichtigt; vgl. Fitting et al. 1987, S. 1077.

34 Vgl. Bühner 1994, S. 221.

verantwortlich ist. Im Projektteam sind Mitarbeiter der Personalabteilung, Mitarbeiter und Führungskräfte des betroffenen Bereiches sowie Angehörige des Betriebsrates vertreten. Die Vorteile einer interdisziplinären Projektteamzusammensetzung liegen in einer prozeßorientierten Denkweise der Mitarbeiter, der optimalen Nutzung des vorhandenen Know-hows, kurzen Informations- und Entscheidungswegen und der unbürokratischen Nutzung des Ideenpotentials der Mitarbeiter. Das Projektteam erarbeitet das Gruppenkonzept, begleitet die Einführung, die Erprobung und die Evaluation der Gruppenarbeit (vgl. Abb. 4-5).

Aufgaben des Projektteams

- Auswahl der Pilotbereiche
- Information der Beteiligten
- Erarbeitung der arbeitsorganisatorischenVoraussetzungen
- Ausgestaltung des Gruppenarbeitskonzepts
- Management von Problemen technischer, organisatorischer und menschlicher Art
- Unterstützung der Pilotgruppen
- Bildung von Zielkenngrößen für Arbeitsgruppen/ Zielvereinbarungen
- Ergebniskontrolle und Dokumentation des Einführungsprozesses
- Planung der Diffusion/Ausdehnung der Gruppenarbeit auf weitere Bereiche

Abb. 4-5: Aufgaben des Projektteams

Es trägt die Verantwortung für die Planung, Organisation und den Ablauf des Projektvorhabens und übernimmt Aufgaben des internen Projektmanagements. Hierzu gehören etwa die Durchführung von Informationsveranstaltungen, Treffen zum Austausch erster Erfahrungen und Dokumentation der Projektaktivitäten.[35] Die Projektgruppe organisiert regelmäßige Meetings mit der Werksleitung, den Fertigungsleitern und den Bereichsleitern, um Unterstützungsleistungen einzufordern und Umsetzungsaktivitäten zu kontrollieren. Die richtige Auswahl der Projektmitglieder ist entscheidend für den

35 Vgl. Haberfellner 1992, Sp. 2091.

Projekterfolg. Daher sind hier Kriterien wie Arbeitsbelastung, persönliches Engagement, Leistungsbereitschaft, Teamfähigkeit und Interesse an einer erfolgreichen Einführung der Gruppenorganisation zu berücksichtigen. Für die Projektmitglieder, die stark durch das Projekt beansprucht werden, sind die notwendigen Freiräume zu schaffen, um einen effizienten Projektfortschritt zu garantieren. Der Projektleiter sollte nicht nur technische, sondern auch wirtschaftliche Sachkenntnisse besitzen und sich durch einen kooperativen Führungsstil auszeichnen.[36] Seine Integrationsfähigkeit muß sicherstellen, daß Zielkonflikte im Sinne einer optimalen Projektlösung ausgeglichen werden können.[37] Der Projektleiter fungiert als kommunikatives Bindeglied zwischen dem Lenkungsausschuß, dem Projektteam und den Problemlösungs- und Arbeitsgruppen. Für diese Koordinations- und Kommunikationsaufgaben sind folgende Basisqualifikationen erforderlich:

- fachliche Kenntnisse der von der Einführung von Gruppenarbeit betroffenen Bereiche,
- Kenntnisse der relevanten Projektmanagementmethoden,
- Moderationsfähigkeit, um die Effektivität und Effizienz der Projektarbeit zu fördern,
- Kenntnisse über informelle Organisationsmomente, die die Umsetzung der Projektziele behindern können,
- Führungsfähigkeit, insbesondere zur Kommunikation und Durchführung von Zielvereinbarungsgesprächen.[38]

Nach der Auswahl des Pilotbereiches sind Mitarbeiter der Pilotgruppe in die Planungsarbeiten zu integrieren. Während des Einführungsprozesses kommt dem Koordinator, der die Funktion des Prozeßbegleiters übernimmt, eine zentrale Rolle zu. Er ist Ansprechpartner für Gruppenmitglieder und Führungskräfte in Bezug auf Fragestellungen zum Einführungsprozeß. Er vermittelt bei auftretenden Konflikten und sorgt als Organisationsentwickler für eine effiziente Übertragung der gewonnenen Erkenntnisse auf andere Unternehmensbereiche.[39]

---

36 Vgl. Haberfellner 1992, Sp. 2100-2101. Die Durchführung einer begleitenden Projektleiterschulung, die Aufgaben des Projektmanagements und Führungsverhalten vermittelt, ist vor Planungsbeginn empfehlenswert; vgl. Madauss 1994, S. 94.

37 Vgl. Madauss 1994, S. 87f.

38 Vgl. Vetter/Wiesenbauer 1993.

39 Vgl. Ambaum/Ruhnau 1993, S. 275.

4. 4 Unterstützung durch Macht- und Fachpromotoren

Für die Bewältigung auftretender Probleme und Konflikte während der Einführung von Gruppenkonzepten ist die Unterstützung durch Macht- und Fachpromotoren entscheidend für den Einführungserfolg.[40] Promotoren sind Personen, die aktiv für die Prozeßförderung eintreten und sich mit dem Prozeßerfolg identifizieren.[41] Machtpromotoren stützen sich auf ihre hierarchische Position. Ihr Einflußpotential wird zur Unterstützung der Implementierung von Gruppenkonzepten genutzt, um Zielkonflikte und bereichsübergreifende Probleme zu lösen. Außerdem wird ihre Überzeugungskraft eingesetzt, um Mitarbeiter mit Beharrungsvermögen und Widerständen gegenüber der neuen Organisationsform für die Veränderung der Arbeitsorganisation zu gewinnen. Die Reduzierung von Widerständen setzt Kenntnisse über deren Hauptursachen voraus. Diese können sein:

- Die Angst etwas zu verlieren, was für die Betroffenen einen Wert darstellt,
- falsche Vorstellungen von dem Reorganisationsvorhaben und seinen Folgen,
- Glaube, daß die Veränderung der Arbeitsorganisation keine Verbesserung bringt,
- niedrige Toleranzschwelle gegenüber Änderungen.[42]

Widerstände beziehen sich oftmals weniger auf technische Veränderungen als auf Änderungen im Sozialgefüge (als Folgeerscheinung des technischen Wandels).[43] Machtpromotoren unterstützen die Einführung der Gruppenarbeit durch Entscheidungshilfen, aktive Teilnahme an Projektsitzungen und Anerkennungen der Leistungen der Projektmitglieder.[44] Fachpromotoren sind hingegen Personen, die den organisatorischen Lernprozeß durch ihr Fachwissen fördern.[45] Sie bringen ihr Wissen zur prozeßorientierten Gestaltung des Gruppenkonzepts und zur Lösung von Konflikten ein. Gemeinsam bilden Fach- und Machtpromotoren ein ideales Gespann, um die Einführung von Gruppenkonzepten zu unterstützen.[46]

---

40 Zu den Ausführungen über Macht- und Fachpromotoren vgl. Witte 1973, S. 17ff.

41 Vgl. Witte 1973, S. 16.

42 Vgl. Kotter/Schlesinger 1983, S. 132.

43 Vgl. Lawrence 1980, S. 120.

44 Vgl. Lohwasser 1989, S. 530.

45 Vgl. Witte 1973, S. 18.

46 Vgl. Witte 1973, S. 20.

Da die Einführung von Gruppenarbeit die Mitbestimmung auf Betriebsebene berührt, müssen arbeitsrechtliche Voraussetzungen geschaffen werden. Die Informations- und Beratungsrechte des Betriebsrates in der Planungsphase vor Umsetzung der Gruppenarbeit betreffen technisch-organisatorische, personelle und wirtschaftliche Fragestellungen.[47] Die mitbestimmungspflichtigen Elemente einer Gruppenorganisation werden in einer Betriebsvereinbarung geregelt. Insbesondere bei Fragen der Neugestaltung der Entlohnungsformen oder der Arbeitszeitflexibilisierung ist der Betriebsrat über die Ziele, die Notwendigkeiten und die zu erwartenden wirtschaftlichen Vorteile der neuen Entlohnungsform oder des Arbeitszeitflexibilisierungsmodells zu informieren und in die Erarbeitung des Konzeptes miteinzubeziehen. Die Zustimmung des Betriebsrates zur Realisierung des Gruppenkonzeptes und die Nutzung des Beriebsrates in der Funktion des Machtpromotors wird erleichtert, wenn dem Betriebsrat verdeutlicht wird, daß das Gruppenkonzept zur Prozeßoptimierung beiträgt und nicht allein auf die Reduzierung von Personal abzielt.

---

47 Siehe hierzu § 90 (1) Nr. 3 BetrVG, § 111 BetrVG Nr. 1 und 2, § 92 BetrVG; vgl. Hunold 1993, S. 11-15, S. 18ff.; zu den nachfolgenden Ausführungen vgl. insbesondere Hunold 1993, S. 8-26. Zu den mit dem Betriebsrat zu beratenden personellen Fragestellungen gehören unter anderem:

- Auswirkungen der Einführung von Gruppenarbeit auf den Personalbedarf;
- Gruppengröße;
- Zusammensetzung der Gruppen;
- Anforderungsprofile für Mitarbeiter der Gruppe, Gruppensprecher und Meister;
- Inhalt und Umfang vorbereitender Schulungen;
- Regelung von Gruppengesprächen sowie
- Regelungen für die Institutionalisierung des Gruppensprechers.

Die mit der Autonomie der Gruppen einhergehende Selbstorganisation begründet hingegen kein Informations- und Beratungsrecht. Die Einführung von Gruppenarbeit und die Leistungserstellungsprozesse in den Gruppen werden durch die Visualisierung von Leistungsdaten unterstützt. Hierbei werden die Gruppenmitglieder aufgefordert, die Gruppenergebnisse darzustellen und laufend zu aktualisieren. Eine derartige Anweisung des Arbeitgebers ist nach der Rechtsprechung des BAG nicht mitbestimmungspflichtig. Mitbestimmungspflichtig hingegen sind die Einführung neuer Arbeitszeiten, § 87 I Nr. 2 BetrVG, und die Einführung neuer Entlohnungskonzepte, § 87 I Nr. 10 BetrVG. Die autonome Arbeitszeitregelung und die autonome Urlaubsplanung durch die Gruppenmitglieder sind mitbestimmungsfrei, da es sich nicht um eine Anweisung des Arbeitgebers handelt. Zu berücksichtigen ist ferner, daß die Einführung von Gruppenarbeit in Unternehmen mit mehr als 1000 Mitarbeitern mit dem Wirtschaftsausschuß zu beraten ist, § 106 III Nr. 5. In § 87 I BetrVG ist die Mitbestimmung des Betriebsrates in sozialen Fragen geregelt.

4. 5 Unterstützung durch externe Berater und Trainer

In der Planungs- und in der Umsetzungsphase von Gruppenkonzepten ist der Einsatz von externen Beratern als Planungsexperten und Prozeßbegleiter zu empfehlen. So haben alle untersuchten Unternehmen externe Berater in den Einführungsprozeß einbezogen. Berater werden zur Identifikation von Reorganisationsvorhaben, bei der Entwicklung von Einführungsstrategien und zur Unterstützung der Realisierung hinzugezogen.[48]

Rolle des Prozeßbegleiters

Funktionen	Aufgaben
• **Ansprechpartner** • **Berater** • **Kommunikation zwischen vor- und nachgelagerten Bereichen**	• Unterstützung der Gruppensprecher/Moderatoren bei der Vorbereitung der Gruppengespräche • Teilnahme an bereichsinternen und -externen Gruppengesprächen • Identifizierung von Qualifizierungsbedarf • Problemidentifikation durch Gespräche mit den Prozeßbeteiligten • Moderation des Erfahrungsaustausches der Gruppensprecher/ Meister • Hilfestellung bei der Problemlösungsarbeit • Rückmeldung der Erkenntnisse an die Prozeßverantwortlichen

Abb. 4-6: Rolle des Prozeßbegleiters

Sie verfügen über einen breiten Erfahrungsschatz[49] und fördern durch die methodische Vorgehensweise zur Problemlösung und den Einsatz von Projektmanagementmethoden eine effiziente Projektabwick-

48 Vgl. Mugler/Lampe 1987, S. 477f.
49 Vgl. Staehle 1991, S. 897; Petzold 1987, S. 532; Zuberbühler 1987, S. 98.

lung.[50] Bei der Einführung von Gruppenkonzepten nehmen sie nicht nur die traditionelle Beraterrolle als Problemlöser ein, sondern übernehmen als Trainer die Schulung und Vorbereitung der Mitarbeiter auf die neuen Aufgaben. Ihre Rolle als Prozeßbegleiter umfaßt die Unterstützung der Gruppenmitglieder bei der Problem- und Konfliktlösung und die Unterstützung der Gruppensprecher und Meister bei der Durchführung von Gruppengesprächen und der Problemlösungsarbeit (vgl. Abb. 4-6).

50 Zu den Vorteilen des Beratereinsatzes vgl. Mayer/Gabele 1978, S. 85ff; Schanz 1982, S. 343f. Gegen den Einsatz externer Berater spricht neben den Kosten die Gefahr der mangelnden Durchsetzbarkeit von entwickelten Lösungen und die Unterbreitung von Extremvorschlägen; zu den Nachteilen des Einsatzes externer Berater vgl. Schanz 1982, S. 340ff.; Mayer/Gabele 1978, S. 87f.

4. 6 Informations- und Beteiligungsstrategie

Eine rechtzeitige und ausführliche Information der Beteiligten über das Gruppenarbeitskonzept ist eine unabdingbare Voraussetzung für eine erfolgreiche Veränderung der Arbeitsorganisation. Durch Information und Diskussion werden Betroffene zu Beteiligten gemacht (vgl. Abb. 4-7).

Informations- und Beteiligungsstrategie

Management-information (Machtpromotoren)	**Information der Fachpromotoren**	**Information der Gruppenmitglieder**
Informationsinhalte	**Informationsinhalte**	**Informationsinhalte**
• Grundlagen und Methoden des Gruppenkonzeptes • Auswirkungen auf Personal, Organisation und Investition • Einbindung in die Unternehmensstrategie • ökonomische und soziale Wirkungsdimensionen • Fallstudien	• Grundlagen und Methoden • Fallstudien • Handlungsanweisungen bei Checklisten/Maßnahmenkataloge • Vorgehensweise bei der Einführung • Auswirkung auf indirekte Bereiche	• Ziele und Grundlagen • Vorgehensweise bei der Einführung • Konsequenzen für Aufgabenumfang und Leistungsverhalten
Art der Information/Beteiligung	**Art der Information/Beteiligung**	**Art der Information/Beteiligung**
• Informationsveranstaltungen • Steuerkreissitzungen • Präsentationen	• Informationsveranstaltungen • Erfahrungsaustauschzirkel • Präsentationen • Workshops/Werksbesichtigungen • Projektarbeit/Protokolle	• Informationsveranstaltungen • Regelmäßige Informationen der Pilotgruppen durch Projektteam/Präsentationen • Einbeziehung der Gruppensprecher/ Mitarbeiter in die Projektarbeit • Projektleiter und Prozeßbegleiter stehen als Ansprechpartner zur Verfügung • Informationstafeln, Mitarbeiterzeitung, Protokolle

Abb. 4-7: Informations- und Beteiligungsstrategie

Ängste, Unsicherheiten und Akzeptanzprobleme der Beteiligten können durch eine umfassende Information ebenso abgebaut werden wie Gerüchte und Fehlinformationen. So lassen sich auftretende Reibungsverluste in der Umsetzungsphase begrenzen. Auf Informationsveranstaltungen werden die Gruppenmitglieder über die Ziele des Projektes, die Gründe für die Einführung und die organisatorischen und personellen Veränderungen, die sie im Zusammenhang mit der Einführung von Gruppenarbeit erwarten, aufgeklärt. Des weiteren empfiehlt sich neben schriftlichen Benachrichtigungen (Handzettel, Mitarbeiterzeitung, Informationsbroschüren) eine mündliche Unterrichtung der Betroffenen durch Einzel- oder Gruppengespräche.[51] Insbesondere folgende Fragestellungen sollten diskutiert werden:

- Welche Probleme bestehen derzeit im Unternehmen, die durch die Einführung von Gruppenarbeit zu lösen sind?
- Welche Nachteile weist die bestehende Organisationsform auf und welche Vorteile bietet das Gruppenarbeitskonzept?
- Wie gestaltet sich das Einführungskonzept?
- Wie sieht die Rolle und das zukünftige Aufgabenspektrum der Meister, Gruppensprecher und Gruppenmitglieder aus?

Die Erarbeitung einer Beteiligungsstrategie zielt auf die aktive Einbeziehung der Gruppenmitglieder in die Planungs- und Umsetzungsaktivitäten ab. Als Akteure des organisatorischen Wandels sind die aktiv oder passiv an der Entwicklung und Umsetzung des Gruppenkonzeptes beteiligten Mitarbeiter zu nennen.[52] Aktive Akteure sind unmittelbar von der Einführung der Gruppenarbeit betroffene Mitarbeiter sowie Spezialisten aus den angrenzenden Fachbereichen, die gemeinsam, über sämtliche Analyse- und Planungsphasen hinweg, an der Ausgestaltung des Gruppenkonzepts arbeiten. Sie sind Ideengeber und Problemlöser. Passive Akteure wirken vor allem bei der Umsetzung des Gruppenkonzepts mit. Ihr Beitrag beschränkt sich in der Planungsphase auf die Teilnahme an der Schwachstellenanalyse und der punktuellen Beurteilung von Gestaltungsalternativen. Akteure müssen die Fähigkeit besitzen, bestehende Abläufe und Verhaltensweisen kritisch zu hinterfragen. Die Identifikation mit der neuen mitarbeiterorientierten Organisationsform setzt die Beteiligung der Akteure am Planungsgeschehen und die Nutzung ihrer Problemlösungs- und Innovationspotentiale voraus. Interdisziplinär zusammengesetzte

51 Zu dem Einsatz von Informationsinstrumenten vgl. Zander 1982, S. 88; Schwarz 1991, S. 139-160.

52 Zu den folgenden Ausführungen vgl. Hadamitzky 1995, S. 180.

Projektteams fördern einen ungehinderten Informationsfluß und einen Erfahrungsaustausch über alle Hierarchieebenen hinweg und ermöglichen auf diese Weise eine Weiterentwicklung des bestehenden Gruppenkonzeptes.

4. 7 Gruppenentwicklungsprozeß und Qualifizierung

Die Einführung der Gruppenarbeit kann erfolgen durch:

- eine kontinuierliche Veränderung,
- eine stufenweise Veränderung oder
- eine sprunghafte Veränderung

der Arbeitsorganisation.

Eine sprunghafte Veränderung bedeutet, daß Strukturen und Prozesse in einem einzigen Schritt und meist ohne Modifikationen geändert werden. Dies entspricht der "Strategie des Bombenwurfs"[53], die besagt, daß tiefgreifende Veränderungen nur durchsetzbar sind, wenn die betroffenen Mitarbeiter nicht an den Entscheidungen und Ausgestaltungen beteiligt sind und von den neuen Konzepten und Verhaltensregeln überrascht werden. Die Beteiligung der Mitarbeiter erfolgt erst bei der Umsetzung der Detailmaßnahmen. Sprunghafte Veränderungen stellen hohe Anforderungen an das Know-how der Planer und erfordern ein hohes Maß an organisatorischer Flexibilität.[54] Sie sind im Grunde nur dann sinnvoll, wenn die Veränderungen einen geringen Bezug zu bestehenden Organisationsstrukturen aufweisen oder ein zeitlicher Problemlösungsdruck gegeben ist. Bei einer sprunghaften Veränderung besteht die Gefahr, daß die Mitarbeiterinteressen bei der Ausgestaltung des Konzeptes nicht berücksichtigt werden und die Einführung der Gruppenarbeit aufgrund von Widerständen von seiten der Beteiligten scheitert.[55]

Im Gegensatz zu einer sprunghaften Veränderung basieren die stufenweise und die kontinuierliche Veränderung der Arbeitsorganisation auf einem partizipativem Organisationsentwicklungsprozeß (siehe Abb. 4-8).[56] Hier wird das Problemlösungs- und Kreativitätspotential der betroffenen Mitarbeiter zur Gestaltung des Gruppenkonzepts eingesetzt.

---

53 Vgl. Kirsch/Esser/Gabele 1979, S. 180ff. "Würde man zunächst fordern, daß das Grobkonzept unter Partizipation der Betroffenen entwickelt wird, um dann eine Serie von Detailplanungen und Einzelschritten zu steuern, so würde damit nur zusätzliche "Komplexität" produziert, die ein Versanden wahrscheinlich machte" (ebd., S. 180).

54 Vgl. Wildemann 1995n, S. 218.

55 Vgl. Wildemann 1995m, S. 213f.

56 Zum Konzept und den unterschiedlichen Formen der Organisationsentwicklung vgl. Becker/Langosch 1990.

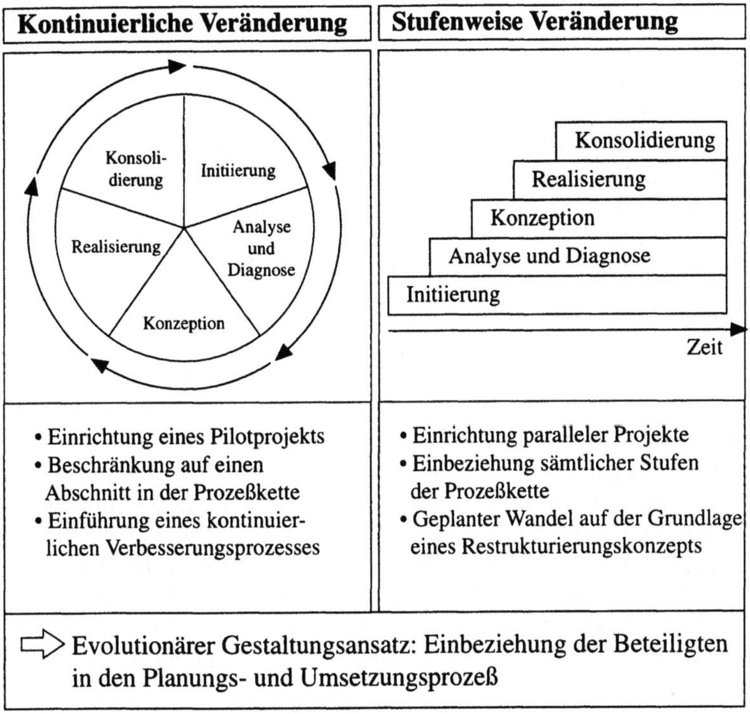

Abb. 4-8: Evolutionärer Gestaltungsansatz: Kontinuierliche und stufenweise Veränderung der Arbeitsorganisation

Eine kontinuierliche Veränderung kann als Prozeß der Annäherung an einen idealtypischen Zustand angesehen werden, ohne diesen im eigentlichen Sinn zu erreichen.[57] Zur Einführung der Gruppenarbeit würden im Fall der kontinuierlichen Systemveränderung Pilotprojekte initiiert, was eine risikoarme Erprobung des Gruppenkonzepts, die Sammlung von Erfahrungs- und Schulungseffekten und eine kontinuierliche Modifikation des Konzeptes und Ausdehnung auf weitere Bereiche ermöglicht.[58]

Die stufenweise Einführung basiert auf einem strukturierten Vorgehensplan, der die konzeptionelle Ausgestaltung und Umsetzung des Gruppenkonzepts umfaßt.[59] Hierzu gehören detaillierte Maßnahmen-

57 Vgl. Imai 1992, S. 26ff;
58 Vgl. Wildemann 1995n, S. 217.
59 Vgl. Wildemann 1995n, S. 217.

pläne, die die zeitlichen und inhaltlichen Komponenten der Veränderung der Arbeitsorganisation beinhalten. Die Realisierung des Gruppenkonzepts erfolgt durch die parallele Einführung der Gruppenarbeit in verschiedenen Unternehmensbereichen. Der parallele Start der Gruppenarbeit in direkten und indirekten Bereichen erlaubt die Sammlung von Erkenntnissen, die sich nicht nur auf den Produktionsbereich beziehen, sondern auch auf administrative Bereiche. Erfahrungen aus den ersten Ausbaustufen sind durch Modifikationen des Einführungsleitfadens zu berücksichtigen.[60]

Die kontinuierliche und die stufenweise Veränderung geht von einem evolutionärem Gestaltungsanspruch aus, bei dem der Lernprozeß schrittweise über die Lösung von Problemen unter aktiver Beteiligung der Mitarbeiter erfolgt.[61] Die Vorgehensweise birgt zwar den Negativaspekt, daß durch die partizipative Beteiligung der Mitarbeiter Zeitverzögerungen durch Abstimmungserfordernisse entstehen können und damit eine Verlängerung der Gesamtdauer für die Einführung des Gruppenkonzepts eintritt, jedoch überwiegt der Vorteil, das Einführungsrisiko auf ein Minimum zu reduzieren, da sich die Beteiligten stärker mit dem Gruppenkonzept und dem Prozeß der Veränderung identifizieren.[62] Akzeptanzprobleme und Probleme im Zusammenhang mit der Organisations- und Personalentwicklung werden minimiert.[63]

Der Prozeß der Gruppenentwicklung entspricht dem evolutionärem Gestaltungsanspruch und ist daher für die Veränderung der Arbeitsorganisation sinnvoll. Die in den untersuchten Unternehmen eingeleitete Gruppenentwicklung zielt auf eine stufenweise Ausdehnung des Autonomiegrades der Gruppen, die zu einer Verhaltens- und Erlebnisveränderung von Gruppen mit dem Ziel der Effektivitätsverbesserung führt.[64] Die Gruppenmitglieder werden immer stärker zur Selbststeuerung und Selbstorganisation hingeführt. Die Gruppenentwicklung findet in drei Phasen statt. In der ersten Phase erfolgt die Arbeit in Problemlösungsgruppen, wobei Gruppengespräche den Einstieg in die Gruppenarbeit darstellen. Hier geht es um die Erarbeitung von Gruppenverbesserungsvorschlägen, die Erarbeitung von Spielregeln und

60 Vgl. Wildemann 1995n, S. 217.

61 Vgl. Hadamitzky 1995, S. 176.

62 Zu weiteren Vorteilen der Organisationsentwicklungsstrategie, vgl. Wohlgemuth 1989, S. 41.

63 Vgl. Wildemann 1990, S. 195ff.

64 Vgl. Fallstudien 1, 2, 3, 5 und 8.

die selbständige Einteilung von Urlaub und Freischichten. In der zweiten Phase wird der Schwerpunkt der Projektarbeit auf die Erzielung einer größeren Selbständigkeit der Gruppen gelegt. Die verstärkte Kooperation der Gruppenmitglieder untereinander, die Ausdehnung von Dispositionsspielräumen, die Durchführung einer Mehrfachqualifikation und die Übernahme von instandhaltungs- und qualitätssichernden Aufgaben bilden den Kern der zweiten Phase. Die dritte Phase dient der Übergabe von Verantwortung und Kompetenzen an die Gruppen und beinhaltet die Ausdehnung von Dispositionsspielräumen und die Übertragung von Koordinationsaufgaben. In dieser Phase wird eine Selbststeuerung der Gruppen bezüglich KVP-Aktivitäten, Disposition, Qualität, Qualifizierung und Kontrolle der Zielerreichung angestrebt. Die Gruppen wählen ihre Gruppensprecher und werden während des Einführungsprozesses durch die Meister und die Betreuer der Fachabteilungen indirekter Bereiche unterstützt. Diese speziellen Paten sind bei Auftreten von Problemen jederzeit für die Meister, Gruppensprecher und Gruppenmitglieder ansprechbar und unterstützen mit ihrem Methoden-Know-how die Problemlösungsarbeit.

Die Aufgaben der Gruppenmitglieder bestehen in der ersten Phase aus der Weitergabe von Informationen innerhalb der Gruppe, der Teilnahme an Gruppengesprächen, der Mitwirkung in Problemlösungsgruppen und der Erarbeitung von Verbesserungsvorschlägen. Dieses Aufgabenspektrum erweitert sich in der zweiten und dritten Phase um Qualitätssicherungsaktivitäten, einfache Instandhaltungstätigkeiten und Planungs- und Steuerungsaufgaben. Die Gruppensprecher in der Rolle als Trainer, Ansprechpartner und Konfliktlöser in den Gruppen durchlaufen ebenfalls einen phasenbezogenen Lernprozeß. In der ersten Phase bestehen die Aufgaben des Gruppensprechers in der Entgegennahme und Weiterleitung von Informationen, der Visualisierung von Leistungsdaten sowie der Moderation der Problemlösungsarbeit. In der zweiten Phase kommen Aufgaben der Personalführung und -entwicklung, Konfliktlösung, Präsentation der Gruppenergebnisse, Nachhaltung der Zielerreichung, Abstimmung mit den betroffenen Abteilungen und die Übernahme von Reihenfolgeplanung und Arbeitsverteilung hinzu. In der dritten Phase steht die Ermittlung von Qualifizierungsbedarf und die Erarbeitung von Aus- und Weiterbildungsplänen im Mittelpunkt des Lernprozesses.

Der Meister besitzt eine Beraterfunktion und übernimmt Personalführungsaufgaben, die Zielvereinbarung und die -kontrolle; er fördert außerdem die Realisierung von Gruppenideen. Gegenstand des

Meistercoaching ist das persönliche Führungsverhalten der Meister angesichts seiner veränderten Aufgaben im Rahmen der Gruppenarbeit. Die Ziele des Meistercoaching bestehen darin, daß die Meister im Coaching-Prozeß lernen, ihre neue Rolle aktiv mitzugestalten, das eigene Führungsverhalten kritisch zu reflektieren und Koordinationsaufgaben mit vor- und nachgelagerten Abteilungen wahrzunehmen. Durch Coaching sollen Verhaltensänderungen, Reflexionen des Führungsverhaltens, das Erlernen einer konstruktiven, kritischen Kommunikation sowie eine persönliche Weiterentwicklung und die Beherrschung einer effizienten Arbeitsweise erreicht werden. Grundsätzlich unterscheidet man das Teamcoaching und das Einzel- oder Gruppencoaching. Beim Teamcoaching arbeiten die Meister mit dem Coach an gruppenspezifischen Fragestellungen. Beim Gruppen- und Einzelcoaching findet das Training in Kleingruppen, bestehend aus vier bis sechs Mitarbeitern, alle zwei Wochen für zwei Stunden statt. Der Aufbau von Vertrauensverhältnissen, die Berücksichtigung der freiwilligen Teilnahme und die Sicherstellung von Ressourcen sind wichtige Voraussetzungen zur Zielerreichung des Coaching.[65]

Der Gruppenentwicklungsprozeß ist durch Qualifizierungsmaßnahmen zu unterstützen. Gruppenorientierte Organisationskonzepte erfordern eine fachliche, methodische und soziale Ausbildung der Mitarbeiter.[66] Qualifizierungsmaßnahmen für Gruppenmitglieder, Gruppensprecher und Meister sind frühzeitig durchzuführen, um sie auf ihre neuen Aufgaben und erweiterten Handlungs- und Entscheidungsspielräume vorzubereiten (vgl. Abb. 4-9). Mit zunehmender Qualifizierung werden Unsicherheiten, Ungewißheit und mangelnde Akzeptanz bei den Mitarbeitern abgebaut. Aktives Lernen verspricht eher Erfolg als eine passive Wissensvermittlung in Form von Vorträgen durch die Entscheidungsträger. Die neuen Aufgaben im Rahmen der Gruppenarbeit sollten den Mitarbeitern interaktiv vermittelt werden.[67] Um die Mitarbeiter zu gruppenrelevanten Aus- und Weiterbildungsaktivitäten zu motivieren, kann ihnen ein Weiterbildungspaß ausgestellt werden, der nicht nur technische

65 Vgl. Grün/Dorando 1994, S. 70ff.

66 Vgl. oben, Kap. 3.5.

67 Das Training on the job wirkt bei den Teilnehmern nicht nur motivationsfördernd, weil sie praxisrelevante Probleme selbst gelöst haben, sondern ist auch mit einem hohen Lerneffekt in Form einer intensiven Gedächtnishaftung verbunden. Der Mensch behält von dem, was er sich selbst erarbeitet hat, 40% mehr als von dem, was ihm durch Wort und Bild vermittelt wird; vgl. Decker 1984, S. 358.

Weiterbildungsmaßnahmen, sondern auch die Teilnahme an sozialkompetenz- und methodenfördernden Workshops dokumentiert.[68]

Qualifizierungsstrategie

Zielgruppen	Inhalte	Methoden
• Führungskräfte • Gruppensprecher • Meister • Gruppenmitglieder • Paten (Mitarbeiter indirekter Bereiche)	**Fachkompetenz** • Aktualisierung der funktionsbezogenen Kenntnisse und Fertigkeiten sowie der Kenntnisse in angrenzenden Fachgebieten **Methodenkompetenz** • Entscheidungsfindungs-/Problemlösungstechniken • Zielfindung/Planung • Moderations-/Präsentationstechniken **Sozialkompetenz** • Konfliktlösungs-, Kommunikations- und Kooperationstechniken	• Moderatorenschulung • Fallstudien • Workshops • Planspiele zur Teamfähigkeit • Videos • Interaktive Methoden • Kurzreferate • Gruppenentwicklung in drei Stufen • Coaching (Team-, Meister-, Einzel-Coaching) • Erfahrungsaustauschzirkel

⇨ Erarbeitung von zielgruppenbezogenen Qualifizierungsprogrammen zur Vermittlung der Fach-, Methoden- und Sozialkompetenz

⇨ Durchführung von Schulungen durch die Personalabteilung und internen sowie externen Prozeßbegleitern

Abb. 4-9: Qualifizierungsstrategie

68 Vgl. Gollnick/Hohmann/Seidler 1993, S. 274.

Gruppenkonzepte erfordern eine stärkere Dezentralisierung der Personalentwicklung, d.h.:

- Bedarfsanalysen und Qualifizierungsmaßnahmen vor Ort;
- Anwendung von Train-the-trainer-Konzepten;
- Bildung einer Unterstützungsorganisation für die Betreuung der Teamentwicklung und der fachlichen Qualifizierungsprozesse;
- Erarbeitung von Arbeitsunterlagen zur Erleichterung der Selbststeuerung und des Leistungserstellungsprozesses der Gruppen (Leitfaden zu Gruppengesprächen, Protokollmuster, Standardformulare, Qualifizierungspläne etc.);
- Bearbeitung von Praxisthemen zur Förderung des Prozeßdenkens, Wissenstransfers, einer effizienten Problemlösung und Streßbewältigung.[69]

Die Entwicklung einer Problemlösungs- oder Arbeitsgruppe zu einem funktionierenden Team vollzieht sich nach den Erkenntnissen der Gruppenforschung und den empirischen Erfahrungen zur Einführung von Gruppenkonzepten in vier Phasen: der Formierungs-, Konflikt-, Normierungs- und Arbeitsphase.[70] Der Teambildungsprozeß kann durch ein Coaching der Gruppen durch erfahrene Trainer begleitet werden.[71] Die Trainer bereiten die Gruppen auf ihre neuen Aufgaben vor, beobachten gruppendynamische Prozesse und betreiben Ursachenforschung für Probleme und Konflikte. Sie sind dafür verantwortlich, daß sich in den Gruppen ein "Wir-Gefühl", Toleranz und ein positives Gruppenklima entwickelt.[72] Zur Unterstützung der Teamentwicklung müssen die Trainer eine gezielte "Feedback-Kultur" schaffen.[73] Feedback ist ein Instrument zur Regulierung und Orientierung des eigenen Verhaltens, zur Verbesserung des eigenen Kommunikationsverhaltens sowie zur Schulung der Fähigkeit, Teammitarbei-

---

69 vgl. Grün 1993, S. 103f.

70 Vgl. Stürzl 1993, S. 124 ff.

71 Es gibt verschiedene Teamentwicklungsmodelle, vgl. Francis/Young 1992; Jones/Bearley 1985/1986. Das Teamentwicklungsmodell von Comelli (vgl. Comelli 1985, S. 365ff.) wird zur Verbesserung der Kooperation und Kommunikation und zur Schaffung effizienter Abläufe eingesetzt. Die Vorgehensweise entspricht weitgehend jener, die von der Organisationsentwicklung her bekannt ist; vgl. Rosenstiel 1987b, S. 30ff. Das Teamentwicklungsmodell von Wildenmann setzt die Parameter Beziehungen der Teammitglieder und Leistungsentwicklung des Teams zueinander in Beziehung; vgl. Wildenmann 1994, S. 27ff. und vgl. auch oben, Kap. 1.

72 Vgl. Stürzl 1993, S. 132ff.

73 Vgl. Comelli 1985, S. 57f.

ter besser zu beobachten und zu verstehen.[74] Als Erfolgsbedingungen für ein Teamentwicklungstraining nennt etwa von Rosenstiel neben der Unterstützung durch Machtpromotoren die Fähigkeit und Bereitschaft zur Kommunikation der Teammitglieder, Vertrauen der Teammitglieder zum Moderator, Umsetzungskompetenzen der Teammitglieder und die Sichtbarmachung erster Erfolge der Teamentwicklung. [75]

74 Vgl. Stürzl 1993, S.156.
75 Vgl. Rosenstiel 1994, S. 82.

4. 8 Lerntransfer durch gegenseitige Auditierung

Unter Auditierung wird die systematische Bewertung einer Leistung und der Prozesse der Erstellung dieser Leistung nach einem definierten Kriterienkatalog verstanden. Die Auditierung zielt darauf ab, über den Vergleich mit Vorgaben und Spezifikationen Schwachstellen aufzudecken, Korrekturmaßnahmen auszulösen und deren Umsetzung zu überwachen.[76] Die Auditierung als Controllinginstrument für Arbeits- und Problemlösungsgruppen ist so zu gestalten, daß die Gruppen nicht von der Pflicht einer kontinuierlichen Verbesserung entbunden werden.[77] Die aus den Unternehmenszielen abgeleiteten, mit den Arbeits- und Problemlösungsgruppen vereinbarten Zielkenngrößen können mit der Methode der strukturierten Zielvorgabe, deren integraler Baustein die regelmäßige Durchführung von Audits zur Erfolgskontrolle ist, über alle Bereiche hinweg verankert und bezüglich ihrer Einhaltung überprüft werden.[78] Die Gruppen werden direkt für das Erreichen der Zielvorgaben verantwortlich gemacht. Als Auditierungskriterien zur Beurteilung der Leistungserstellungs- und Problemlösungsprozesse der Gruppen sollten sowohl zeit-, kosten- und qualitätsbezogene Kenngrößen als auch qualitative Kenngrößen, die sich auf die Sozial- und Methodenkompetenz, die Motivation, die Qualifikation und die Problemlösungsaktivitäten beziehen, herangezogen werden. Neben diesen Kriterien sollte das Leistungspotential der Gruppen anhand prozeßbezogener Kriterien beurteilt werden. Dies betrifft insbesondere die Auditierung der im Leistungserstellungs- und Problemlösungsprozeß eingesetzten Instrumente und Standards. Die Auditierungsergebnisse lassen sich in Form von Erfüllungsgraden in Bezug auf die vereinbarten Ziele darstellen.[79]

Zur Ausgestaltung von Auditierungssystemen sind zwei verschiedene Ansätze möglich: Ein erster Ansatz besteht in der Einrichtung eines zentralen Auditstabes, der sich aus Spezialisten zusammensetzt und

76 Vgl. Kirstein 1991. Es lassen sich grundsätzlich drei Auditierungsrichtlinien unterscheiden: Finanzaudits, Managementaudits sowie Audits zur Beurteilung der betrieblichen Leistungen; vgl. Bayer 1993; Thom/Cantin 1992, S. 194. Im Bereich der Qualitätssicherung dient die Auditierung ausschließlich als Methode zur Festlegung von Kompetenzen und Verantwortlichkeiten, um Techniken zur Qualitätssicherung zu veranlassen und die systematische Weiterentwicklung des Qualitätssicherungssystems zu gewährleisten; vgl. DIN ISO 9001, S. 18; DIN ISO 9002, S. 16.

77 Vgl. Imai 1992, S. 258f.

78 Vgl. GOAL/QPC 1989.

79 Vgl. Wildemann 1994d, S. 41.

Audits durchführt. Dies setzt allerdings eine hohe Objektivität der Auditoren voraus. Probleme bei zentralen Auditkomitees ergeben sich daraus, daß zusätzliche Personalressourcen zur Verfügung gestellt werden müssen und ein Informationsaustausch nur indirekt über den Auditstab stattfindet. Außerdem kann die Motivation in den Gruppen durch ein ausgeprägtes Fremdcontrolling beeinträchtigt werden. Als Alternative bietet sich ein System der gegenseitigen Auditierung an. Bei diesem beurteilen sich die einzelnen Arbeits- und Problemlösungsgruppen abwechselnd.[80] Die organisatorische Umsetzung erfolgt durch ein Auditkomitee, von dem in periodischen Sitzungen die Auditierungaktivitäten geplant, koordiniert und überwacht werden.[81] Das Auditkomitee wird von Mitarbeitern der einzelnen Gruppen gebildet. Der Auditbericht ist den Vorgesetzten, den Gruppen und der Unternehmensleitung vorzulegen. Für alle negativen Bewertungen sind durch die Gruppen Korrekturmaßnahmen zu erarbeiten und mit Unterstützung der Vorgesetzten umzusetzen. Verbesserungsvorschläge können nicht nur von der untersuchten Organisationseinheit, sondern auch vom Audit-Team stammen, um so Optimierungsansätze aus anderen Bereichen zu nutzen.[82] Die Durchführung von Korrekturmaßnahmen obliegt der betreffenden Organisationseinheit. Die Überwachung erfolgt je nach Tragweite der Maßnahmen durch die Unternehmensleitung oder durch das Audit-Team.[83] Der Ablauf und die Aufgabenverteilung der gegenseitigen Auditierung sind in Abb. 4-10 zusammengefaßt.[84]

Im Gegensatz zur zentralen Auditierung wird bei der gegenseitigen Auditierung grundsätzlich kein zusätzliches Personal benötigt. Die Kombination aus Fremd- und Selbstkontrolle entspricht den erweiterten Entscheidungs- und Handlungsspielräumen der Gruppen. Die operativen Controllingaufgaben werden von den Gruppenmitgliedern wahrgenommen.[85] Dies erhöht die Motivation der Mitarbeiter und fördert deren Eigenverantwortlichkeit für die Zielerreichung.

80 Vgl. Wildemann 1994a, S. 344.
81 Vgl. Wildemann 1995c, S. 262.
82 Vgl. Wildemann 1995c, S. 263.
83 Vgl. Wildemann 1994a, S. 345f.
84 Vgl. Wildemann 1995i, S. 132.
85 Vgl. Horváth et al. 1993.

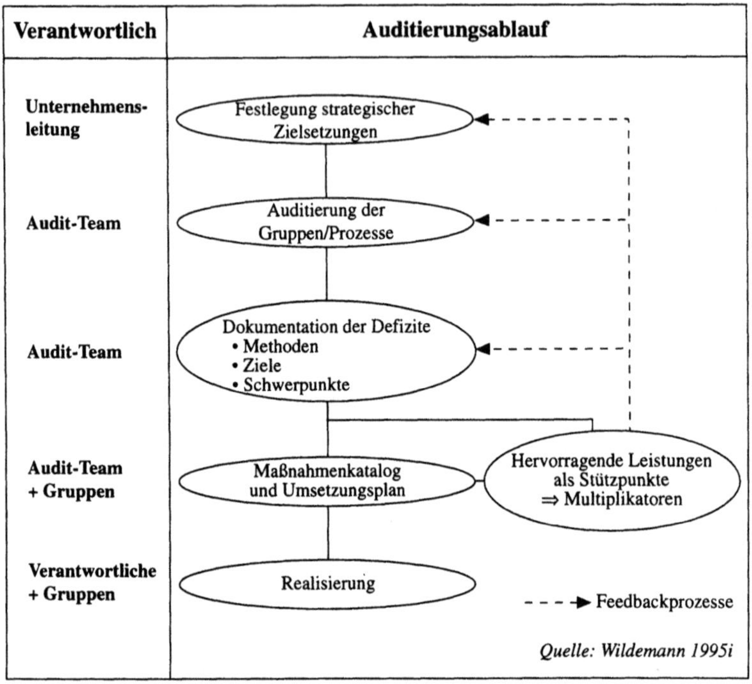

Abb. 4-10: Auditierungsablauf

Zur erfolgreichen Implementierung einer Auditierung sind folgende Schritte von Bedeutung:

- Bestimmung von betriebsspezifischen Kenngrößen;
- Datenerhebung zur Ermittlung des Ist-Zustandes als Ausgangspunkt;
- Definition einer oder mehrerer meßbarer Auditierungsgrößen, die in nachvollziehbarem Zusammenhang mit der Zielerreichung stehen, sofern die Zielgröße nicht unmittelbar selbst gemessen werden kann;
- Abgrenzung des Maßnahmenbereiches nach funktionalen Anforderungen;
- Datenerhebung in regelmäßigen Abständen zur Ermittlung des Realisierungsgrades;
- Soll-Ist-Vergleiche und Abweichungsanalysen;

- standardisierte, leicht verständliche Dokumentation in Tabellen und Grafiken.[86]

In drei der oben beschriebenen Fallstudien umfaßt die Auditierung der Gruppen- und kontinuierlichen Verbesserungsarbeit die Kriterien:

- Selbstorganisation der Gruppen (Durchführung von Gruppengesprächen, interne Aufgabenverteilung, Abwesenheitsplanung, u.a.)
- Beurteilung des sozialen Klimas (Teamgeist, interne Kommunikation, Zufriedenheit der Mitarbeiter)
- Engagement der Gruppen (Qualitätsdenken, Leistungsbereitschaft, Realisierung neuer Verbesserungsvorschläge, Qualifikationsbereitschaft)
- Prozeßoptimierung (Prozeßdenken, Beteiligung an indirekten Tätigkeiten)
- Problemlösungsverhalten (Anzahl Verbesserungsvorschläge, Anzahl realisierter Verbesserungsvorschläge, Darstellung von Problempunkten)
- Visualisierung (Aktualität der Daten, Gestaltung der Informationstafeln)
- Zusammenarbeit mit Vorgesetzten (Information/Kommunikation, Abstimmung und Zielvereinbarung)

Die gegenseitige Auditierung bewirkt als Mischform zwischen interner und externer Auditierung einen verbesserten Informationsaustausch zwischen den Gruppen, der die Angleichung und Weiterentwicklung der Leistungsniveaus fördert, und trägt so zur kontinuierlichen Verbesserung im Unternehmen bei. Die gruppenübergreifende Transparenz über Zielerreichungsgrade fördert darüber hinaus den internen Wettbewerb und schafft zusätzliche Anreize für einen Wissens- und Lerntransfer.

---

86 Das Auditierungskonzept enthält standardisierte Elemente, wie eine Qualifikationsmatrix, eine Kenngröße zur Qualität, drei weitere frei wählbare Kenngrößen, bei denen ein Soll-Ist-Vergleich möglich ist und Informationen zum Stand der Problemabarbeitung sowie Hinweise auf weitere Aktivitäten. Bei der Auditierung von organisatorischen Einheiten oder Arbeitsplätzen können die Auditierungsgrößen in Projekten festgelegt werden. Die Visualisierung erfolgt unmittelbar vor Ort und ist ausschließlich auf die organisatorische Einheit bezogen. Die Auditierung der Abteilungs- bzw. Bereichsebene wird mit Hilfe von verdichteten Einzelgrößen der Unterabteilungsebenen vorgenommen und bei der Bereichsleitung visualisiert. Die Auditierung von bereichsübergreifenden Zielen wird von Moderatoren oder den Projektleitern durchgeführt und an zentraler Stelle visualisiert.

Eine Auditierung der Einführungsaktivitäten dient der rechtzeitigen Einleitung von Korrekturmaßnahmen, falls sich der phasenbezogene Gruppenentwicklungsprozeß verzögert. Mögliche Auditierungskriterien können sein:

- Grundvoraussetzungen der Gruppenorganisation wie organisatorische Verankerung, Benennung der Verantwortlichen, räumliche Voraussetzungen;
- Organisation der Gruppen wie Regelmäßigkeit der Gruppensitzungen, Maßnahmenumsetzung, Visualisierungskonzept;
- Zielerreichungsgrade der Gruppen;
- Gruppenautonomie wie eigenständige Durchführung der Gruppengespräche, Beherrschung der systematischen Problemlösung, Übertragung indirekter und problemlösender Aufgaben.[87]

87 Vgl. Wildemann 1995d, S. 75.

4.9 GENESIS-Workshops

Die Wettbewerbsvorteile, die mit Gruppenkonzepten zu erzielen sind, werden nur die Unternehmen erreichen, denen die Umsetzung schneller gelingt als den Mitwettbewerbern. Es sind daher Einführungsstrategien gefragt, die über eine Konzentration der Aktivitäten, standardisierte Problemlösungen und Ergebnisorientierung zu einer Erhöhung der Lerngeschwindigkeit und zu flächendeckenden Veränderungsprozessen führen.[88] Ein zur Steigerung der Lerngeschwindigkeit geeignetes Programm stellt die GENESIS-Methode dar. GENESIS ist ein viertägiges Workshop-Programm, bei dem die Mitarbeiter einen abgegrenzten Prozeßabschnitt innerhalb der Wertschöpfungskette optimieren. Durch die Bildung interdisziplinärer Teams wird das vorhandene Problemlösungspotential zur Ablaufoptimierung und Produktivitätssteigerung genutzt. In kleinen Gruppen und damit in einer kommunikativen Lern- und Arbeitsatmosphäre identifizieren und eliminieren sie Verschwendung in den Prozessen.[89]

Das GENESIS-Konzept durchläuft mehrere Phasen und besitzt einen zweiteiligen Aufbau (siehe Abb. 4-11).[90] Ein Schulungsworkshop mit den Führungskräften und den zukünftigen Prozeß-Moderatoren vermittelt das Gedankengut anhand von Vorträgen, Fallstudien, Gruppendiskussionen und Übungsmoderationen. Die Bausteine des Konzepts wie Verschwendungsvermeidung, Arbeitsplatzorganisation, Standardisierung und Visualisierung werden mittels Kurzvorträgen vorgestellt und diskutiert. Die Problemlösungs- und Moderationstechniken werden den Moderatoren durch praxisnahe Übungsmoderationen vermittelt. Die Durchführung der Schulungsworkshops erfolgt mit der Zielsetzung, die Teilnehmer über die GENESIS-Methode zu informieren und Verhaltens- sowie Identifikationsbarrieren abzubauen. Der zweite Teil des Konzepts umfaßt ein Vier-Tages-Programm mit ganztägigen Arbeitspaketen. Im Mittelpunkt steht neben einer verhaltens- und methodenorientierten Schulung der Workshopteilnehmer vor allem die Umstellung eines ausgewählten Prozeßabschnittes.

---

88 Vgl. Wildemann 1995a, S. 30

89 Unter Verschwendung werden alle überflüssigen Tätigkeiten verstanden, die nicht zur Wertschöpfung am Produkt und damit nicht zum Kundennutzen beitragen. Arten von Verschwendung sind beispielsweise Überproduktion, Bestände, Wartezeiten, Materialtransporte, fehlerhafte Produkte und ungenutze Humanressourcen.

90 Vgl. Wildemann 1995a, S. 60. Zu den nachfolgenden Darstellungen der GENESIS-Methode vgl. Wildemann 1995a, S. 30ff.

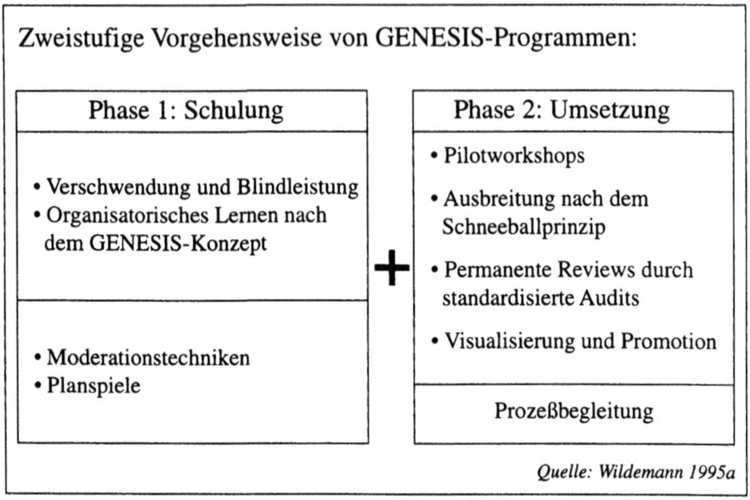

Abb. 4-11: Aufbau von GENESIS-Programmen

Die einzelnen Arbeitsschritte werden durch eine standardisierte Vorgehensweise beschleunigt. Die Grunddatenerhebung, die Problemanalyse, -gewichtung und Ursachenanalyse sowie die Erarbeitung von Lösungsansätzen werden durch die Anwendung spezifischer Methoden, Checklisten und Standardformularen unterstützt. Die Bildung einzelner Arbeitsgruppen zu Beginn des Workshops ermöglicht die parallele Abarbeitung unterschiedlicher Problemstellungen und die Analyse der betrachteten Prozeßkette in der erforderlichen Tiefe. Am ersten Tag werden die Teilnehmer mit der Vorgehensweise des Konzepts und den Problemlösungstechniken vertraut gemacht. Es erfolgt die Aufnahme von Basisdaten, Problemen und Verschwendungsarten. Die Durchführung einer Ursachenanalyse für die identifizierten Probleme und die Ausarbeitung von Maßnahmenplänen mit kurz-, mittel- und langfristigen Einzelmaßnahmen stehen im Mittelpunkt des zweiten Tages. Die Umsetzung kurzfristig realisierbarer Maßnahmen durch die Teilnehmer erfolgt am dritten Tag. Am vierten Tag stehen die Dokumentation der durchgeführten Analysen, die Verfeinerung der Maßnahmenkataloge, die Verifizierung der Potentiale, der Probebetrieb und die Präsentation vor den Führungskräften im Vordergrund. Die Anwendung der GENESIS-Methode bietet sich in modifizierter Form auch für indirekte Bereiche an. Geschäftsprozessse werden hier, analog zur Produktion, hinsichtlich Verschwendung analysiert. Lösungsansätze liegen in der Parallelisierung von Tätigkeiten, Einführung von

Standards, Schnittstellenabbau und Beschleunigung von Prozeßabschnitten.[91]

Mit Hilfe der GENESIS-Methode läßt sich die Umsetzungsgeschwindigkeit bei der Einführung von Gruppenarbeit erhöhen. Die Analyse der Fallstudien zeigt, daß 36% der Unternehmen die GENESIS-Methode anwenden. Die Teilnahme an GENESIS-Workshops kann als Einstieg in die Gruppenarbeit betrachtet werden. Dadurch werden die Gruppenmitglieder methodisch und kommunikativ geschult. Sie sammeln erste Erfahrungen mit der Teamarbeit, indem sie konsensfähige Maßnahmen im Team erarbeiten und die Verantwortung für die Umsetzung tragen. Die Teilnehmer lernen an konkreten Beispielen die Anwendung von Problemlösungstechniken, die systematische Vorgehensweise zur Erarbeitung von Lösungsansätzen, die Potentialermittlung und die Präsentations- und Moderationsregeln. Sie werden in die Lage versetzt, ihre gewonnenen Erkenntnisse nach dem Schneeballprinzip selbständig auf andere Bereiche zu transferieren. Die Einbeziehung der Mitarbeiter zur Prozeßoptimierung führt zur Motivationssteigerung und Erhöhung der Arbeitszufriedenheit der Mitarbeiter.

91 Vgl. Wildemann 1995a, S. 32.

4.10 Merkmale erfolgreicher Einführungskonzepte

Nach der Analyse der Prozeßelemente einer Einführungsstrategie lassen sich auf Basis der empirischen Auswertungen unterschiedliche Einführungspfade herausarbeiten. Für die untersuchten Fallbeispiele kann eine Typologie der Merkmalsausprägungen erstellt werden, die als Erfolgsfaktoren für die Einführung mitarbeiterorientierter Organisationskonzepte bezeichnet werden können. Eine systematisierte Darstellung der Merkmale der untersuchten Einführungsstrategien findet sich in Abb. 4-12. Folgende Prozeßelemente sind entscheidend:

(1) Zielsysteme

Leistungsorientierte Zielprofile, die mit Hilfe der partizipativen Zielplanung formuliert und operationalisiert werden, tragen zur höheren Leistungsmotivation der Beteiligten und damit zur schnelleren Zielerreichung bei. Sie bilden die Basis für einen effizienten Einführungsprozeß und die Realisierung anspruchsvoller Ziele. Wie die Ergebnisse der Fallstudienbetrachtung zeigen, vereinbaren alle Unternehmen Ziele für den Einführungsprozeß und operationalisieren Zielkenngrößen für die Gruppen (vgl. Fallstudie 8).

(2) Projektorganisation/-ablauf:

Bei den in die Untersuchung einbezogenen Unternehmen gingen die Impulse für die Veränderung der Arbeitsorganisation mehrheitlich vom oberen Management aus. In 25 % der Untersuchungsfälle hat das Management gemeinsam mit der Produktion die Einführung der Gruppenarbeit initiiert. Im Rahmen der Projektvorbereitungsphase sollte frühzeitig entschieden werden, ob eine Unterstützungsorganisation während des Einführungsprozesses die Betreuung der Gruppen übernimmt. 90% der Unternehmen entschieden sich für eine Projektorganisation, die eine umfassende Unterstützung der Gruppen durch die Bildung von Koordinatoren- oder Patenmodellen sicherstellt. Projektorganisationen fördern einen planmäßigen Einführungsprozeß von Gruppenstrukturen (vgl. insbesondere Fallstudien 5 und 8). Sie tragen dazu bei, Macht- und Denkwiderstände zu überwinden. Außerdem garantieren sie die rechtzeitige Einleitung von Kommunikations- und Kooperationsprozessen und eine schnittstellenübergreifende, interdisziplinäre Problemlösungsarbeit, die sich positiv auf die Umsetzungsgeschwindigkeit und die Qualität des Veränderungsprozesses auswirkt. Die Auswahl der Pilotbereiche ist für den Einführungserfolg ebenfalls von Bedeutung. Die Mehrzahl der Unternehmen (55%) startete mit einem Pilotprojekt in einem direkten Bereich. 27% der

Unternehmen entschieden sich für eine flächendeckende Einführung, 18% für den parallelen Start in direkten und indirekten Bereichen.

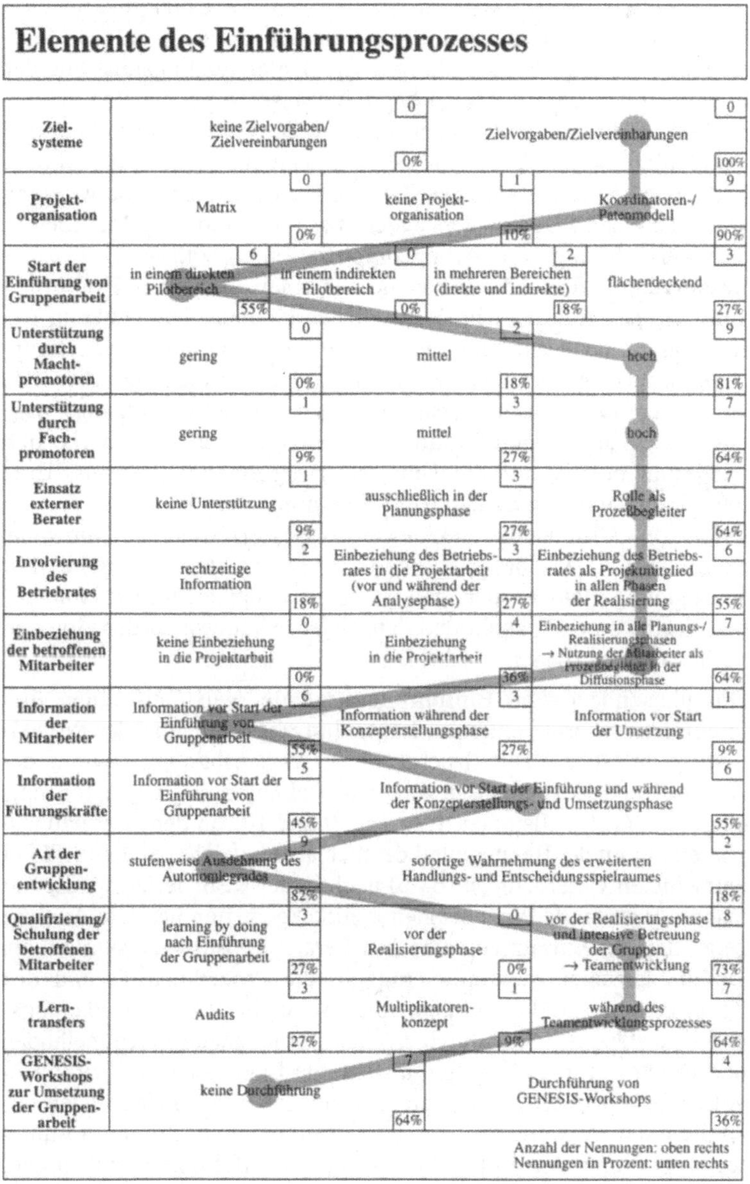

Abb. 4-12: Elemente des Einführungsprozesses

(3) Unterstützung durch Fach- und Machtpromotoren oder externe Berater:

Als ebenfalls erfolgsfördernd erweist sich die Unterstützung von Macht- und Fachpromotoren sowie externen Beratern. In der Mehrzahl der Untersuchungsfälle war die Unterstützungsleistung der Macht- und Fachpromotoren hoch. Voraussetzung für eine erfolgreiche Einführung von Gruppenarbeit ist die positive Einstellung und Unterstützung durch das obere Management (vgl. insbesondere Fallstudien 1, 2, 8, 11). Diese ist von Bedeutung zur Überwindung von Macht- und Denkwiderständen, zur Motivation der Mitarbeiter, die Veränderung der Arbeitsorganisation mitzutragen, und zur Beseitigung auftretender Probleme, die einer effizienten Einführung von Gruppenstrukturen im Wege stehen könnten. Die Nutzung des Know-hows der Fachpromotoren ist für die Ausgestaltung des Gruppenkonzepts relevant. Die bereichsübergreifende Planungsarbeit läßt ein ausgereiftes Konzept entstehen, welches in der Umsetzungsphase nur mit geringen Modifikationen zu rechnen hat. Dies wirkt sich wiederum positiv auf die Umsetzungsgeschwindigkeit aus. Eine intensive Unterstützung durch die Fachpromotoren ist ebenso für den Erfolg des Gruppenentwicklungsprozesses erforderlich. Nur wenn ausreichend Personalressourcen der indirekten Bereiche zur Verfügung gestellt werden, gelingt es, die Gruppen zu funktionierenden Teams zu entwickeln und den Zielerreichungsgrad der Gruppen positiv zu beeinflussen.

Die phasenbezogene Einführungsstrategie weist auf einen differenzierten Einsatz externer Berater hin. Sie werden in der Projektvorbereitungsphase zur Absicherung der Willensbildung sowie in der Analyse- und Konzeptphase zur Ausgestaltung des Gruppenkonzepts eingesetzt (vgl. Fallstudien 1, 6, 7, 8, 9 und 10). In den Umsetzungsphasen nimmt der Berateranteil deutlich ab, obgleich die Mehrzahl der betrachteten Unternehmen (64%) noch in der Realisierungsphase auf externe Berater als Prozeßbegleiter zurückgegriffen hat. Die Analyse zeigt, daß der Einsatz von externen Beratern positive Auswirkungen auf die Umsetzungsgeschwindigkeit, die Prozeßqualität und den Zielerreichungsgrad der Gruppen hat. Sie unterstützen den Planungs- und Umsetzungsprozeß durch erprobte Projektmanagementmethoden und fördern in ihrer Funktion als externe Begleiter einen wirkungsvollen Gruppenentwicklungsprozeß, indem sie ihre Erfahrungen bezüglich der Anwendung von Moderations- und Problemlösungstechniken und der Entwicklung von Teamfähigkeit einbringen. Externe Berater besitzen außerdem eine Promotorenfunktion, da sie aktiv an der Erarbeitung und Weiterentwicklung des Gruppenkonzepts und der Betreuung der Gruppen beteiligt sind.

(4) Einbeziehung der Mitarbeiter:

Die Einbeziehung der Mitarbeiter in die Projektarbeit zur Vermeidung von Widerständen und Reibungsverlusten während des Einführungsprozesses und die Nutzung der Problemlösungskapazitäten der Beteiligten zur Ausgestaltung des Gruppenkonzepts sind für den Erfolg der Veränderung der Arbeitsorganisation entscheidend. In den Fallstudien beschränkt sich der Anteil der direkt an den Planungsphasen beteiligten Akteure auf die in die Projektteams eingebundenen Mitarbeiter. Die Mehrzahl der Unternehmen (64%) zieht die Mitarbeiter der betroffenen Bereiche als aktive Projektmitglieder in die Planungs- und Realisierungsphasen mit ein. Es zeigte sich, daß mit einer hohen Involvierung der Beteiligten an Planungsgeschehen und Umsetzungsaktivitäten die Umsetzungsgeschwindigkeit stieg, da Widerstände und Ängste der Mitarbeiter durch Partizipation abgebaut werden konnten. Des weiteren sind die positiven Auswirkungen einer hohen Mitarbeiterpartizipation an einer schnell erreichten ziel- und ergebnisorientierten Gruppen- und Problemlösungsarbeit, dem Eintreten von gegenseitigen Qualifizierungs- und Lernprozesssen und dem Vorhandensein eines ausgereiften Gruppenarbeitskonzepts erkennbar. Eine positive Beeinflussung der Umsetzungsgeschwindigkeit, der Prozeßqualität und des Zielerreichungsgrades ist daher auch auf einen hohen Partizipationsgrad der Beteiligten zurückzuführen (vgl. insbesondere Fallstudien 1, 2, 8, 10, 11).

(5) Information der Beteiligten:

Die Hauptziele eines Informations- und Kommunikationskonzepts zur Unterstützung der Einführung von Gruppenarbeit bestehen in der Schaffung von Transparenz über das Gruppenkonzept, seine Einführungsschritte und Erfolgskriterien. Grundsätzlich sind bei der Gestaltung von Informations- und Kommunikationskonzepten die Art der Information, die Festlegung der Zielgruppen, die Informationszeitpunkte und die Informationsinhalte zu klären (vgl. Fallstudien 2, 4, 8) Die empirischen Befunde zeigen, daß die Mehrheit der Unternehmen (55%) die Führungskräfte vor Start der Einführung und fortlaufend während der Konzept- und Umsetzungsphase informierte. Die Mitarbeiter wurden in 55% der Untersuchungsfälle über die geplanten organisatorischen Änderungen vor Projektstart informiert, 27% der

Unternehmen unterrichteten die Beteiligten erst während der Konzepterstellungsphase. Für eine erfolgreiche Einführung von Gruppenarbeit ist eine umfassende, projektbegleitende Information der Beteiligten von hoher Relevanz. Durch die Durchführung zielgruppenbezogener Informationsveranstaltungen kann das Auftreten von Informationsasymmetrien vermieden werden, welche zu Ängsten, Unsicherheiten und Widerständen der Mitarbeiter führen können und dadurch negative Auswirkungen auf die Umsetzungsgeschwindigkeit haben. In den Fallstudien zeigte sich deutlich, daß eine umfassende Information über Ziele, Vorgehensweise und Anforderungsprofile des geplanten Gruppenkonzepts zu Beginn der Planung und regelmäßige Informationen über Zwischenergebnisse während des Einführungsprozesses sowohl die Umsetzungsgeschwindigkeit als auch die Prozeßqualität positiv beeinflußten. Die Schaffung einer gemeinsammen Informationsbasis motiviert die Mitarbeiter, sich an dem Planungsgeschehen und den Problemlösungsaktivitäten zu beteiligen. Das Einbringen konstruktiver Ideen von seiten der Gruppenmitglieder verbessert die Planungsqualität. Dies wiederum beeinflußt positiv die Umsetzungsgeschwindigkeit, da mit geringen Modifikationen während der Umsetzungsphase zu rechnen ist.

(6) Gruppenentwicklung:

Eine stufenweise Ausdehnung der Entscheidungs- und Handlungsspielräume wurde von der Mehrzahl der Unternehmen (82%) realisiert (vgl. insbesondere Fallstudien 2, 5, 8 und 11). Der Gruppenentwicklungsprozeß vollzieht sich entsprechend den Fähigkeitspotentialen der Gruppenmitglieder in vielen kleinen Schritten. Die Bildung einer Unterstützungsorganisation zur langsamen Heranführung der Gruppenmitglieder an ihre neuen Aufgaben und erweiterten Handlungs- und Entscheidungsspielräume ist eine zentrale Aufgabe der Machtpromotoren, da so schnellstmöglich ein hoher Reifegrad und ein hohes Leistungsniveau der Gruppen realisiert werden kann. Der Erfolg der Gruppenentwicklung spiegelt sich im Zielerreichungsgrad und in der Umsetzungsgeschwindigkeit wider. Ein intensiver Betreuungsprozeß setzt Veränderungen im Führungsverhalten in Bezug auf eine verstärkte Delegation von Aufgaben, Motivation zur Selbstorganisation und kooperatives Führungsverhalten voraus.

(7) Art und Umfang der Qualifizierung:

Umfang und Inhalte der gruppenspezifischen Qualifizierung sind zusammen mit Spezialisten aus dem Personalbereich festzulegen. Die Mitarbeiter wurden in 73% der Untersuchungsfälle vor der Einführung der Gruppenarbeit geschult und darüber hinaus durch eine gegenseitige Qualifizierung sowie durch intensive Betreuungsmaßnahmen von Koordinatoren oder Paten im Verlauf des organisatorischen Lernprozesses unterstützt (vgl. insbesondere Fallstudien 2, 3, 8). Die Durchführung von zielgruppenspezifischen Trainingsmodulen zu Beginn der Gruppenarbeit und die Begleitung des Veränderungsprozesses durch intensives Coaching der Gruppen können als zentrale Erfolgsfaktoren einer effizienten Einführung von Gruppenarbeit genannt werden, da sie sich positiv auf die Prozeßqualität und den Zielerreichungsgrad auswirken.

(8) Durchführung von Lerntransfers:

Gruppendynamische Lernprozesse dürfen nicht mit den vorbereitenden Qualifizierungsmaßnahmen zur Einführung von Gruppenarbeit beendet sein. Es sind vielmehr Rahmenbedingungen für ein kooperatives Lernen zu schaffen und Maßnahmen einzuleiten, die permanente Lernprozesse im Unternehmen ermöglichen. Hier ist die Art des Lerntransfers, welcher entweder durch die Durchführung von Audits, die Anwendung eines Multiplikatorenkonzepts oder während der Teamentwicklung sichergestellt werden kann, von Interesse. 64% der Unternehmen fördern gegenseitige Qualifizierungsmaßnahmen während der Teamentwicklung (vgl. Fallstudien 1, 2, 3, 8, 11), 27% setzen das Instrument der Auditierung ein, um Lerntransfers zu realisieren und eine kontinuierliche Verbesserung sicherzustellen. Neben der Durchführung von zielgruppenspezifischen Schulungen der Beteiligten zur Ausbildung der Methoden- und Sozialkompetenz führt auch die aktive Teilnahme an GENESIS-Workshops (36%) und Erfahrungsaustauschzirkeln zu kooperativen Lern- und Qualifizierungsprozessen (vgl. Fallstudien 9, 10, 11).

5. Wirkungen von Komponenten der Gruppenorganisation

Bei der Wirkungsanalyse steht der Nachweis einer nachhaltigen Verbesserung der Leistungserstellungsprozesse durch die Einführung von Gruppenarbeit im Vordergrund. Als Ergebnisdimensionen sollen ökonomische und mitarbeiterbezogene Wirkungen untersucht werden. Die Analyse dieser Wirkungsdimensionen zielt darauf ab, sowohl die positiven als auch die negativen Effekte der Einführung von Gruppenarbeitsformen herauszuarbeiten.

Ökonomische Wirkungen

Die Expertenbefragung zeigt, daß die Einführung einer Gruppenorganisation Zeit-, Qualitäts-, Kosten- und Produktivitätswirkungen zeitigt (vgl. Abb. 5-1).[1] Als weitere ökonomische Ergebnisdimensionen wurde auf die Verringerung von Fehlzeiten und die Erhöhung der Personaleinsatzflexibilität hingewiesen.

Als Zeitwirkungen können die Reduzierung von Auftragsdurchlaufzeiten, Entwicklungszeiten und Zeiten für die Umsetzung von Problemlösungen und Entscheidungen konstatiert werden. Die Auftragsdurchlaufzeiten konnten durch die gruppenorientierte Bearbeitung von Auftragstypen um durchschnittlich 30% reduziert werden. Zudem konnte eine Erhöhung der Termintreue festgestellt werden. Die erreichten Durchlaufzeitreduzierungen sind im wesentlichen auf die Bildung von teamorientierten Auftragsabwicklungszentren, die Erhöhung der Mitarbeitereinsatzflexibilität, die prozeßorientierte Gestaltung der indirekten Organisationseinheiten und die Vermeidung von nicht-wertschöpfenden Zeitanteilen zurückzuführen. Eine Effizienzsteigerung wird durch die verstärkte Selbststeuerung und die Durchführung von kontinuierlichen Verbesserungsaktivitäten in den indirekten Bereichen erzielt. Der Zeitbedarf für die Umsetzung von Problemlösungen konnte um bis zu 70% gesenkt werden. Hierdurch reduziert sich die Zeitdauer für die Beseitigung von Störungen, Qualitätsmängeln oder anderen Beeinträchtigungen der Leistungserstellungsprozesse.

Die durch Gruppenarbeit zu verzeichnenden Qualitätswirkungen sind geringere Ausschuß-, Nacharbeits- und Reklamationsquoten, eine reduzierte Anzahl dispositiver und technischer Änderungen und ein verbesserter Lieferservice. Die in den Unternehmen erzielte Reduzie-

1 Vgl. Wildemann 1994d, S. 62ff.

rung des Nacharbeitsanteils um im Mittel 30% und des Ausschußanteils um durchschnittlich 60% wurde durch die Einbeziehung der Mitarbeiter in den Qualitätssicherungsprozeß, die offene Information über Qualitätsmängel und die Selbstverpflichtung der Gruppen, Qualitätsfehler nachzuarbeiten, erreicht. Die Verbesserungen der Produktqualität und die Kostenreduzierungen basieren auf den verbesserten Fähigkeiten der Mitarbeiter zur Problemerkennung, der durch die organisatorische Integration von Aufgaben erzielten besseren Zusammenarbeit und einer erhöhten Umsetzungsgeschwindigkeit der Verbesserungsvorschläge.

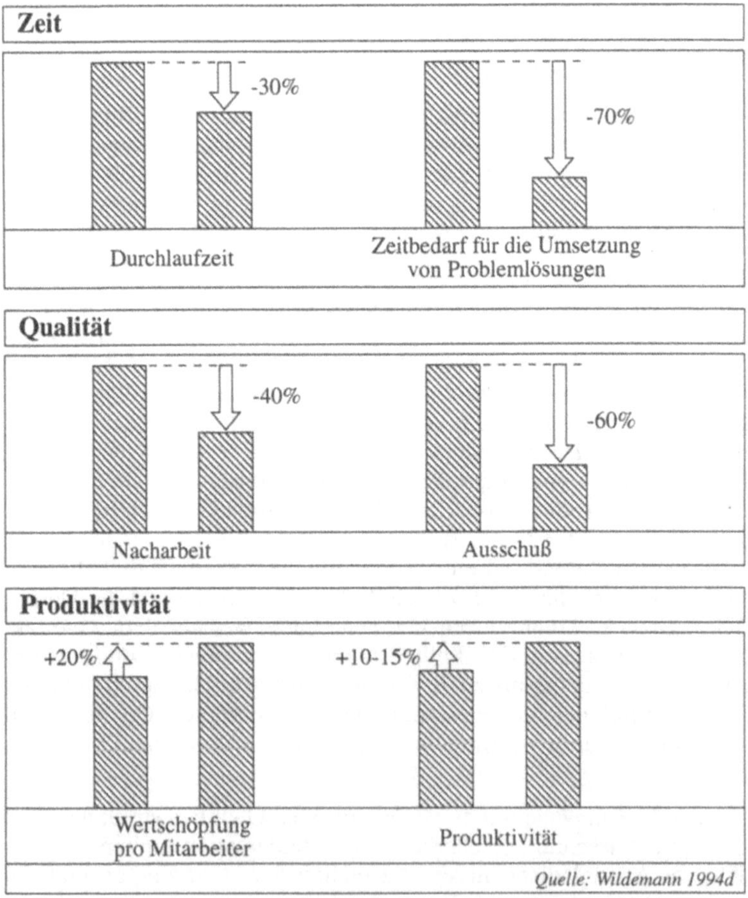

Abb. 5-1: Zeit-, Qualitäts- und Produktivitätswirkungen einer Gruppenorganisation

Die erzielten Produktivitätswirkungen sind auf Zeit- und Qualitätsverbesserungen der Abläufe und einen effizienteren Sachmitteleinsatz zurückzuführen. Die Wertschöpfung pro Mitarbeiter konnte um durchschnittlich 20% gesteigert werden. Die Gruppenorganisation führte zu Produktivitätszuwächsen um insgesamt 10-15%.

Die Erhöhung der Einsatzflexibilität der Mitarbeiter ist auf die Durchführung umfangreicher Schulungen zur Ausbildung der Fach-, Methoden- und Sozialkompetenz der Mitarbeiter zurückzuführen. Des weiteren fördern Teamstrukturen gegenseitige Qualifizierungs- und Lernprozesse, die sich positiv auf die Lerngeschwindigkeit und Flexibilität der Mitarbeiter auswirken. Die Verbesserung der Anwesenheitsquoten lassen sich auf die motivationsfördernden Wirkungen von Gruppenarbeitsformen zurückführen. Erweiterte Handlungs- und Entscheidungsspielräume der Mitarbeiter und die Teilnahme an Gruppen- und Problemlösungsgesprächen steigern die Leistungsmotivation und die Identifikation der Gruppenmitglieder mit dem Arbeitsumfeld und den eigentlichen Leistungserstellungsprozessen.

Mitarbeiterbezogene Wirkungen

Als mitarbeiterbezogene Wirkungen der Gruppenarbeit stellten die Experten der befragten Unternehmen die Erhöhung von Motivation und Zufriedenheit der Mitarbeiter, die Erhöhung der Qualifikation, die Verbesserung der Qualität der Aufgabenerfüllung, die Verbesserung von Informations- und Kooperationsbeziehungen, die Steigerung der Identifikation und die Nutzung der Problemlösungskapazität der Mitarbeiter als positiv heraus. Nach Auskunft der Befragten sind die zusätzlichen Motivationswirkungen auf eine verstärkte gegenseitige Zusammenarbeit (74%), erweiterte Handlungs- und Dispositionsspielräume (68%) und eine verbesserte Information über Ziele und Ergebnisse der Arbeitsleistung (58%) zurückzuführen (siehe Abb. 5-2).[2]

In der Mehrzahl der Untersuchungsfälle konnte eine Verbesserung der Kommunikations- und Kooperationsbeziehungen im Verlauf der Gruppenentwicklung festgestellt werden. Während des Teamentwicklungsprozesses wächst das Verständnis füreinander. Teamfähigkeit und soziale Kompetenzen eines jeden werden weiterentwickelt. Es hat sich gezeigt, daß funktionierende Kooperationsbeziehungen für gegenseitige Qualifizierungs- und Lernprozesse von immenser Bedeutung sind. In diesem Zusammenhang spricht man von kooperativen

2 Vgl. Wildemann 1995d, S. 60f.

Lern- oder Qualifizierungsprozessen.[3] Dies wirkt sich wiederum positiv auf die Qualität der Aufgabenerfüllung und die Lerngeschwindigkeit der Gruppen aus.

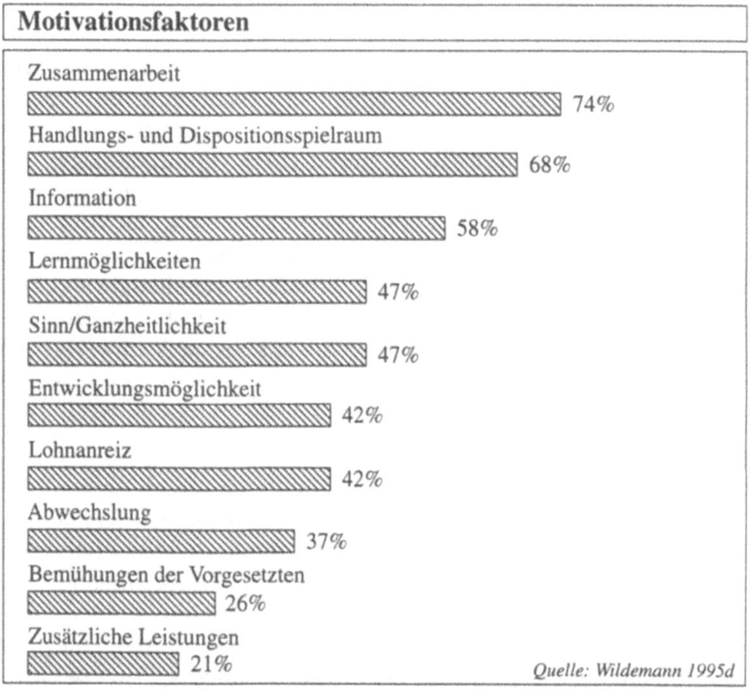

Abb. 5-2: Bedeutung der Motivationsfaktoren in der Gruppenarbeit

Die Dezentralisierung dispositiver Aufgaben und die Integration von Kompetenzen und Entscheidungsvollmachten bewirken eine Verbesserung der Entscheidungsqualität und eine Erhöhung der Problemlösungsqualität. Die Anzahl positiv beurteilter und realisierter Verbesserungsvorschläge nahm um bis zu 200% zu. Die Partizipationsquote wurde um über 120% erhöht. Diese Ergebnisse können als Indiz für die eingetretenen Verhaltensänderungen betrachtet werden. Die Gruppenmitglieder erkennen, daß sie durch eigene Problemlösungen Ineffizienzen, die in Zeit-, Produktivitäts- und Qualitäsverlusten zum Ausdruck kommen, beseitigen können. Sie werden in die Lage versetzt, wesentliche Beiträge zur Optimierung der Arbeitsabläufe und

---

3 Vgl. oben, Kap. 2.1.

-prozesse zu leisten. Die Nutzung der Problemlösungskapazitäten der Gruppenmitglieder führt zur Realisierung von Produktivitätsvorteilen.

Bezogen auf die einzelnen Fallstudien stellen sich die ökonomischen und mitarbeiterbezogenen Wirkungen wie folgt dar:

Fallstudie 1-3: Die ökonomischen Wirkungen der Einführung von Gruppenarbeit in den Automobilunternehmen bestanden in einer Produktivitätssteigerung von im Mittel 10-15%, einer Qualitätsverbesserung von durchschnittlich 15% und einer Reduzierung des Krankenstands von 10%; in einer Fallstudie konnte eine Reduzierung der Personalkosten um 6% erzielt werden.

Fallstudie 4 und 5: Bei einem der Automobilzulieferer erhöhte sich die Anzahl der Verbesserungsvorschläge von 0,2 auf 5 Vorschläge pro Mitarbeiter und Jahr. In dem anderen Unternehmen konnte nach einem Jahr in einem Montagebereich die Anzahl der Verbesserungsvorschläge pro Mitarbeiter und Jahr von 0,5 auf 1,5, die Qualität um 40% und die Produktivität um 20% verbessert werden.

Fallstudie 6: Der Elektronikhersteller realisierte nach sechs Monaten kontinuierlichen Verbesserungsaktivitäten eine einmalige Einsparung von 500.000 DM. Die Problemlösungsarbeit in direkten und indirekten Bereichen bewirkte Qualitätsverbesserungen, Schnittstellenoptimierungen, den Aufbau von Teamstrukturen und verbesserte Kooperationsbeziehungen.

Fallstudie 7: Die Realisierung der Gestaltungsansätze Segmentierung und Gruppenarbeit führte bei dem Unternehmen aus der Möbelindustrie in einem direkten Pilotbereich zu einer Produktivitätssteigerung von 40%. Das Qualitätsniveau erhöhte sich um 20%, die Einsatzflexibilität um 50%, und die Termintreue stieg um 60%.

Fallstudie 8: Das Unternehmen aus der Maschinenbaubranche erzielte nach einer Piloteinführung in einem direkten Bereich nach neun Monaten eine 15%ige Produktivitätssteigerung und eine Reduzierung der Nacharbeitsquote von 4% auf 2%.

Die Analysen der ökonomischen Wirkungen der Einführung von Gruppenstrukturen in indirekten Bereichen verdeutlichen, daß die Zeitwirkungen auf Vermeidung von Verschwendung und Reduzierung von nicht-wertschöpfenden Zeitanteilen in den Geschäftsprozeßabschnitten zurückzuführen sind.

Fallstudie 9: Durch die Einführung von gruppen- und prozeßorientierten Strukturen sind auch in den indirekten Bereichen Produktivitätssteigerungen zu realisieren. Das Maschinenbauunternehmen reduzierte durch die Bildung eines Auftragsabwicklungszentrums und die teamorientierte Bearbeitung der Auftragstypen die Durchlaufzeit für die Auftragsbearbeitung von Neuaufträgen um 67% und von Wiederholaufträgen um 90%. Die Durchlaufzeit für die Angebotserstellung wurde um 80% reduziert. Insgesamt realisierte das Unternehmen eine 40%ige Produktivitätssteigerung in der Auftragsbearbeitung.

Fallstudie 10: Ein zweites Unternehmen der gleichen Branche erzielte Ergebniswirkungen in demselben Ausmaß durch die prozeßorientierte Neugestaltung der Auftragsabwicklung und die Einführung von Teamstrukturen. Die Bearbeitungszeiten für die unterschiedlichen Auftragstypen konnten um durchschnittlich 60% gesenkt werden, die Produktivitätssteigerung von 12,6% resultierte aus einer deutlichen Steigerung der Arbeitseffizienz.

Fallstudie 11: Die Bildung einer Projektierungsinsel mit Gruppenstrukturen und die gleichzeitige Anwendung von Simultaneous-Engineering-Prinzipien führte in dem dritten Maschinenbauunternehmen zu einer Reduzierung der Auftragsabwicklungszeiten um 60%, der Anzahl der Änderungen um 50% und des Aufwands je Projekt um 50%. Des weiteren konnten die CAD-Nutzungszeit von 50% auf 90% erhöht und die Qualität der Auftragsbearbeitung um 50% verbessert werden.

Es zeigten sich analoge mitarbeiterbezogene Wirkungen wie in der Expertenbefragung. Hierzu zählen die Steigerung der Mitarbeitermotivation und Identifikation, die Erhöhung der Anzahl der Verbesserungsvorschläge und verbesserte Informations- und Kooperationsbeziehungen.

Auf der Basis der Führungskräftebefragung konnten Barrieren und zentrale Erfolgsfaktoren für die Einführung von Gruppenarbeitskonzepten ermittelt werden (siehe Abb. 5-3). Die Aussagen der Führungskräfte korrelieren positiv mit den in Abb. 5-4 dargestellten Wirkungsinterdependenzen. Es werden Interdependenzen zwischen den Erfolgskriterien einer effizienten Einführung von Gruppenarbeit und den Prozeßelementen hergestellt. Als Meßgrößen für die Effizienz des Veränderungsprozesses wurden die Umsetzungsgeschwindigkeit, die Prozeßqualität und die Zielerreichung herangezogen.

Barrieren
• Zu hohe Erwartungen des Managements • Überlastung der Gruppensprecher • Fehlende Verlagerung von Kompetenzen und Verantwortung an die Gruppen • Mangelnde Unterstützungsleistung der indirekten Bereiche • Fehlende Prozeßbegleitung • Fehlende zielgruppenspezifische Qualifizierungsprogramme • Fehlende konsequente Umsetzung der Verbesserungsvorschläge • Unzureichende Vorbereitung der Führungskräfte

Erfolgsfaktoren
• Information über die Ziele der Gruppenarbeit an alle Mitarbeiter • Top-Management unterstützt in hohem Maße den Einführungsprozeß • Einsatz von externen Beratern als Know-how-Träger und Prozeßbegleiter • Betroffene zu aktiven Beteiligten zu machen durch Information, Training und Projektarbeit • Umfassende Information/Visualisierung der Maßnahmen und Erfolge • Internes Trainer-/Coachingkonzept • Vorbereitung der Führungskräfte auf ihre neuen Aufgaben (Ausbildung der Methoden- und Sozialkompetenz) • Einbeziehung des Betriebsrates • Intensive Betreuung des Gruppenentwicklungsprozesses durch interne und externe Prozeßbegleiter • Gestaltung gruppengerechter Entlohnungssysteme • Flächendeckende Einführung erst nach erfolgreicher Pilotinstallation

Abb. 5-3: Barrieren und Erfolgsfaktoren der Einführung von Gruppenarbeit aus Sicht der Führungskräfte

In den analysierten Unternehmen betrug die Umsetzungsgeschwindigkeit für die Einführung von Gruppenarbeitskonzepten in Pilotbereichen neun bis zwölf Monate. Die Angaben für eine flächendeckende Einführung von Gruppenstrukturen bewegten sich zwischen vier und sechs Jahren. Die Umsetzungsgeschwindigkeit wird positiv durch die Beteiligung der Führungskräfte an der Veränderung der Arbeitsorganisation beeinflußt. Bei 80% der Fallstudien wirkte sich eine hohe Unterstützung der Macht- und Fachpromotoren erfolgsfördernd auf die Einführung von Gruppenstrukturen aus.

Dies ist darauf zurückzuführen, daß die Promotoren als Förderer der Um- und Durchsetzung von Gruppenstrukturen für die Bewältigung von auftretenden Konflikten und Willensbarrieren verantwortlich sind.[4]

Umsetzungsgeschwindigkeit

- Unterstützung durch Macht- und Fachpromotoren
- Information der Beteiligten
- Durchführung von GENESIS-Workshops
- Visualisierung / dezentrales Controlling
- Auditierung von Methoden
- Qualifizierung

Prozeßqualität

- Gruppenentwicklung/Coaching
- Einbeziehung der Beteiligten
- Internes Trainerkonzept/Einsatz externer Prozeßbegleiter
- Umfassende Information der Beteiligten

Zielerreichung

- Führung nach Zielvereinbarung
- Vereinbarung von anspruchsvollen, aber realistischen Zielen
- Feedback/Visualisierung der Zielerreichungsgrade
- Controlling der Zielerreichung

Abb. 5-4: Einflußfaktoren auf die Erfolgskriterien Umsetzungsgeschwindigkeit, Prozeßqualität, Zielerreichung

Die Fallstudien 1-6, 8 und 10 belegen deutlich, daß das Engagement der Führungskräfte, ihre Bereitschaft zur Information und Kommunikation des Gruppenkonzeptes, ihre Durchsetzungskraft, die Bewältigung von Konflikten und ihr kooperatives Führungsverhalten die Lerngeschwindigkeit und die Zeiteffizienz des organisatorischen Wandels positiv beeinflussen.

In den Fallstudien konnte darüber hinaus in direkten Leistungseinheiten eine schnellere Einführungszeit als in indirekten beobachtet werden. Die Einführung von Gruppenarbeit in den indirekten Bereichen erfordert andere Rahmenbedingungen hinsichtlich der Tätigkeitsge-

4 Vgl. oben, Kap. 4.4.

staltung, der technischen und organisatorischen Voraussetzungen und der Vorbereitung der Mitarbeiter. Des weiteren werden für die Realisierung von Teamstrukturen in indirekten Bereichen geeignete Informations- und Kommunikationstechnologien benötigt, um die Bearbeitung komplexer Zusammenhänge zu ermöglichen. Die in den Fallstudien 9, 10 und 11 beschriebenen Konzepte zur Bildung von Auftragsabwicklungszentren und Projektierungsinseln zeigen den Planungs- und Umstellungsaufwand. Neben detaillierten Funktions- und Leistungsanalysen zur Ermittlung der Tätigkeitsumfänge sowie der Realisierung räumlicher und EDV-technischer Voraussetzungen wirken sich auch die Durchführung von Qualifizierungsmaßnahmen zur Erhöhung der Einsatzflexibilität negativ auf die Zeiteffizienz aus. Zur Verbesserung des Zeitfaktors wurden GENESIS-Workshops durchgeführt.

Die Fallstudien 9, 10 und 11 zeigen, daß mit Hilfe der GENESIS-Methode eine Verkürzung der Einführungszeit zu erreichen ist. Die Beschleunigung kann auf die Anwendung einer standardisierten Vorgehensweise zur Problemlösung, die eine Parallelisierung von Tätigkeiten und die Einführung von Standards erlaubt, zurückgeführt werden. Ferner lernen die Beteiligten die Anwendung von Problemlösungstechniken anhand eines konkreten Prozeßabschnittes. GENESIS-Teilnehmer erhalten einen Nachweis für die Wirksamkeit der eingesetzten Methoden und sammeln Erfahrungen bezüglich einer teamorientierten Arbeitsweise. Insbesondere kann eine Motivations- und Leistungssteigerung auf die aktive Einbeziehung der Gruppenmitglieder in die Problemlösungsarbeit und die Vermittlung von Informationen über erfolgreich umgesetzte Maßnahmen zurückgeführt werden. Die Implementierung einer GENESIS-Organisation fördert eine flächendeckende Veränderung und trägt zur Erhöhung der Lerngeschwindigkeit bei.

Für die Erhöhung der Umsetzungsgeschwindigkeit ist ferner die Visualisierung von Leistungsdaten und Zielerreichungsgraden in Verbindung mit einem dezentralem Controlling verantwortlich. Dies ist darauf zurückzuführen, daß das Zielcontrolling ein rechtzeitiges Reagieren der Gruppenmitglieder auf Soll-Ist-Abweichungen ermöglicht. Visualisierung und Auditierung sind geeignete Instrumente zur Steuerung von Ergebnissen und zum Controlling von Leistungs- und Lernprozessen.[5] Die Transparenz über Zielerreichungsgrade, Leistungsbeiträge und umgesetzte Verbesserungsvorschläge motiviert die

5 Vgl. Wildemann 1995a, S. 32ff.

Mitarbeiter zur Zielerreichung und Übernahme von Verantwortung. Die Visualisierung von Leistungsdaten und Zielvorgaben trägt dazu bei, daß die Mitarbeiter ihr Verhalten stärker an den Zielvorgaben orientieren. Eine Motivationssteigerung läßt sich durch ausreichende Informationen über die Leistungserstellungsprozesse der Gruppen erreichen. Mit Hilfe der Visualisierung können die Mitarbeiter über Ziele, Vorgehensweise und Stand der Einführungsaktivitäten informiert werden. Ängste und Widerstände werden durch rechtzeitige Information beseitigt, was sich positiv auf den Zeitfaktor auswirkt. Die Lerngeschwindigkeit kann durch die Institutionalisierung einer gegenseitigen Auditierung der Gruppen- und Problemlösungsergebnisse erhöht werden. Die solchermaßen verbesserten Informations- und Kooperationsbeziehungen sind für die Steigerung der Leistungsniveaus der Gruppen verantwortlich. Die Fallstudien 5 und 6 verdeutlichen die Bedeutung der Auditierung für einen Lerntransfer der Gruppen in Bezug auf die eingesetzten Methoden und erarbeiteten Lösungsansätze zur Erzielung von Produktivitätsvorteilen.

Um eine Verhaltensänderung und eine effiziente Umsetzung von Gruppenstrukturen zu realisieren, ist die Durchführung umfassender Qualifizierungsaktivitäten erforderlich. Zielgruppenspezifische Qualifizierungsaktivitäten fördern zum einen die Methoden- und Sozialkompetenz der Gruppenmitglieder und zum anderen das Verständnis und Verstehen der neuen Arbeitsorganisation (vgl. Fallstudie 8). Durch intensive Schulungen der Beteiligten werden Akzeptanzprobleme leichter bewältigt und der zeitliche Umstellungsaufwand verringert.

Für die Erhöhung der Prozeßqualität ist die Partizipation der Führungskräfte und Gruppenmitglieder von besonderer Bedeutung. Die Einbeziehung der Beteiligten ist für die Verbesserung der Qualität der Planungsergebnisse verantwortlich, denn eine frühzeitige Beteiligung der Mitarbeiter am Planungsgeschehen stellt sicher, daß die Ausgestaltung des Gruppenarbeitskonzepts unter Berücksichtigung der Anregungen von Seiten der Betroffenen erfolgt. Die Gefahr von Planungsfehlern wird reduziert. Die Berücksichtigung von arbeitsorganisatorischen Bedürfnissen führt zu einer höheren Identifikation mit dem Gruppenarbeitskonzept und wirkt Akzeptanzproblemen entgegen. Die Einbeziehung der Betroffenen ermöglicht eine sorgfältige Abstimmung der personellen und organisatorischen Gestaltungsmaßnahmen, die die Zeiteffizienz der Einführung positiv beeinflussen.

Eine hohe Prozeßqualität, die sich in Form einer guten Zusammenarbeit, verbesserten Kommunikations- und Kooperationsbeziehungen innerhalb der Gruppe und zu vor- und nachgelagerten Bereichen, einer hohen Selbststeuerung und Selbstorganisation der Gruppe und einer erfolgreichen Lösung von gruppendynamischen Problemen widerspiegelt, ist auf einen intensiven Coaching- und Gruppenentwicklungsprozeß zurückzuführen. Die Ergebnisse der Fallstudien zeigen, daß mit der Durchführung einer phasenbezogenen Gruppenentwicklung die Gruppen ihre Leistungen erheblich verbessern (vgl. Fallstudien 1, 2, 3, 5, 8). Mit Hilfe der Gruppenentwicklung wird die Teamfähigkeit einzelner verbessert. Die Gruppenmitglieder lernen, Konflikte und gruppendynamische Prozesse positiv zu bewältigen. Die Gruppenentwicklung zielt auf die Initiierung von gegenseitigen Qualifizierungs- und Lernprozessen ab, die für die Ausbildung der Methoden- und Sozialkompetenzen der Gruppenmitglieder von Bedeutung sind. Um die Leistungsfähigkeit der Gruppen zu verbessern, wird vor allem die Transparenz über Gruppenziele und Prozesse angestrebt. Der entsprechend den Fähigkeitspotentialen der Gruppenmitglieder gestaltete Gruppenentwicklungsprozeß, erzielt eine ergebnisorientierte Gruppen- und Problemlösungsarbeit.

Zur Messung des Einführungserfolges kann der Zielerreichungsgrad herangezogen werden. In den Fallstudien konnte im Durchschnitt ein Zielerreichungsgrad von über 90% erzielt werden. Die Zielerreichung wurde positiv unterstützt durch das in 64% der Untersuchungsfälle angewandte Konzept der partizipativen Zielplanung. Die gemeinsame Vereinbarung von anspruchsvollen, aber realistischen Zielen steigert die Leistungsmotivation der Gruppenmitglieder zur Zielerreichung.[6] Zudem besitzen Informationen über Gruppenergebnisse und Problemlösungsaktivitäten mit Hilfe von Visualisierungsinstrumenten, Präsentationen und Erfahrungsaustauschrunden eine motivationsfördernde Wirkung zur Zielerreichung.

---

6 Vgl. oben, Kap. 4.1.

6. Zusammenfassung: Handlungsempfehlungen zur Einführung von Gruppenarbeit

Die Notwendigkeit einer veränderten Arbeitsorganisation resultiert aus einem markt- und wettbewerbsinduzierten Wertewandel. Steigende Komplexität der Leistungserstellungsprozesse und die Erkenntnis, daß innovative Unternehmen durch mitarbeiterorientierte Konzepte auf Basis einer kontinuierlichen Verbesserung Wettbewerbsvorteile erzielen, haben zur Diffusion von Gruppenkonzepten beigetragen. Durch die Einführung von Gruppenkonzepten wird eine Verhaltensänderung auf allen Ebenen angestrebt, um das vorhandene Problemlösungspotential der Mitarbeiter zu nutzen. Die Einbeziehung der Erfahrungen und Kenntnisse der Mitarbeiter zur Prozeßoptimierung, die Verbesserung der Kommunikations- und Kooperationsbeziehungen, die Erweiterung der Handlungs- und Entscheidungsspielräume, die Schaffung neuer, selbstorganisierender Formen der Zusammenarbeit und die Förderung von Qualifizierungs- und Lernprozessen sind unternehmens- und mitarbeiterbezogene Ziele, die mit der Realisierung von Gruppenstrukturen erreicht werden.

Trotz der starken Verbreitung der Gruppenkonzepte kristallisieren sich eindeutig Defizite während des Einführungsprozesses heraus, die einer erfolgreichen Implementierung von Gruppenstrukturen entgegenstehen. Zu diesen zählen die Nichtberücksichtigung von organisatorischen und personellen Aspekten wie Sicherstellung einer Informations- und Beteiligungsstrategie, zielgruppenspezifische Qualifizierungs- und Personalentwicklungsmaßnahmen und der Aufbau einer Kommunikations- und Kooperationskultur. Des weiteren fehlen empirische Wirkungsanalysen, die eine Beurteilung der Wirtschaftlichkeit von Gruppenarbeit ermöglichen und praktische, ganzheitliche Umsetzungshilfen, die einen effizienten Einführungsprozeß sicherstellen. In der vorliegenden Untersuchung wurde die Zielsetzung verfolgt, auf der Basis von Fallstudien und Expertenbefragungen einen Beitrag zur Einführung von Gruppenkonzepten in Form von Handlungsempfehlungen zu leisten.

Zu diesem Zweck wurden zunächst die unterschiedlichen Gruppenkonzepte - ausgehend von der historischen Entwicklung sowie ihren Zielen und Merkmalen - dargestellt und die Problematik der begrifflichen Abgrenzung erörtert. Dieser Untersuchung liegt die Betrachtungsweise zugrunde, daß zu den Gruppenaufgaben neben direkten und indirekten Aufgaben auch Problemlösungsaktivitäten zählen. Somit werden Problemlösungsaufgaben nicht nur in der Sekundärorganisation in Form von reinen Problemlösungsgruppen wahrgenommen, sondern die Problemlösung wird als eigenständige Aufgabe permanenter Arbeits- und Problemlösungsgruppen in die Primärorganisation integriert, um eine verstärkte Nutzung der Innovations- und Problemlösungspotentiale der Mitarbeiter zu erzielen.

In einem weiteren Schritt erfolgte die Darstellung des konzeptionellen Bezugsrahmens, der das Ordnungsraster für die Analyse der Einführungsstrategien abbildet und die Definition von Kriterien für eine erfolgreiche Einführung von Gruppenstrukturen sowie die Erläuterung der empirischen Basis. Als Erfolgskriterien für einen effizienten Einführungsprozeß von Gruppenarbeit wurden die Umsetzungsgeschwindigkeit, die Prozeßqualität und der Zielerreichungsgrad herangezogen. Die empirische Fundierung der Analyse basiert auf Expertenbefragungen und 11 Fallstudien. Die Einarbeitung der Erkenntnisse aus den Expertenbefragungen und Fallstudien diente der Präzisierung des theoretischen Bezugsrahmens und der Ableitung von Handlungsempfehlungen. Aufbauend auf den Analysen der Fallstudien in Kapitel 2 erfolgte daraufhin die Erläuterung der Strukturelemente der Gruppenarbeit in Kapitel 3 und die Erläuterung der Prozeßelemente in Kapitel 4. Eine abschließende Typologisierung der Elemente diente der Identifizierung von Erfolgsfaktoren für eine effiziente Einführung von Gruppenarbeit. Die Untersuchung der Strukturelemente zeigte, daß sich die Mehrzahl der Unternehmen durch einen hohen Autonomiegrad der Gruppen, einen partizipativen Führungsstil, ein dezentrales Controllingsystem und die Durchführung umfassender Schulungsaktivitäten auszeichnet. Folgende zentrale Erkenntnisse ergaben sich aus der Analyse der Prozeßelemente: Die Impulse für die Einführung von Gruppenarbeit gingen mehrheitlich vom Top-Management aus. Die Projektorganisation berücksichtigte in den meisten Fällen die Bildung einer Unterstützungsorganisation zur Sicherstellung einer intensiven Betreuung der Gruppen. Als weitere Erfolgsfaktoren sind die hohe Unterstützung durch Macht- und Fachpromotoren, der gezielte Einsatz externer Berater und die aktive Einbeziehung der Beteiligten und des Betriebsrates zu nennen. Erfolgreiche Einführungsspfade zeichnen sich weiterhin durch frühzeitige und umfassende Informationen über Inhalte des Konzepts, Vorgehensweise und Planungsverlauf aus. Als erfolgsfördernd kann außerdem die rechtzeitige zielgruppenspezifische Qualifizierung und Betreuung der Gruppen durch die internen und externen Prozeßbegleiter und Paten betrachtet werden. In der Mehrzahl der Untersuchungsfälle wurde eine stufenweise Ausdehnung des Autonomiegrades gewählt, um einen Gruppenentwicklungsprozeß entsprechend den Fähigkeiten der Mitarbeiter zu gestalten und um eine hohe Prozeßqualität zu realisieren. Die empirischen Untersuchungen belegen, daß Lernprozesse durch gegenseitige Qualifizierungsmaßnahmen und die Durchführung von Audits gefördert werden.

Die Wirkungsanalyse zeigte, daß durch Gruppenarbeit sowohl Produktivitäts- als auch Motivationssteigerungen und eine erhöhte Identifikation der Mitarbeiter mit dem Unternehmen zu erzielen sind. Die Vorteile von Gruppenkonzepten sind in erster Linie auf die Partizipation der Beteiligten bei der Zielformulierung, Problemlösung und Kontrolle der Leistungserstellungsprozesse, die sofortige Rückkopplung über die Erfolgswirksamkeit der eingeleiteten Maßnahmen und Umsetzung der Verbesserungsvorschläge sowie die Form der Zusammenarbeit zurückzuführen. Als Ergebnisse der Gruppenarbeit können Kostenwirkungen und Flexibilitätsvorteile, eine Steigerung der Anzahl umgesetzter Verbesserungsvorschläge, eine Erhöhung der Mitarbeiterqualifikation, verbesserte Kommunikations- und Kooperationsbeziehungen und beachtliche Durchlaufzeitreduzierungen von Auftragsabwicklungs- und Entwicklungszeiten sowie Zeiten für die Umsetzung von Problemlösungen konstatiert werden.

Auf der Basis der Analyse der Struktur- und Prozeßelemente hinsichtlich ihrer Wirkung auf Umsetzungsgeschwindigkeit, Prozeßqualität und Zielerreichung bei der Einführung von Gruppenarbeit und den Erkenntnissen der Wirkungsanalyse, konnten unter Berücksichtigung der empirischen Ergebnisse aus 11 Fallstudien und den Expertenbefragungen, Erfolgsfaktoren für die Neuausrichtung von Unternehmen nach Gruppenprinzipien herausgearbeitet werden. Diese sind als Orientierungsrichtlinien für zukünftige Einführungsstrategien zu betrachten. Sie bilden eine Basis für die Erklärung der Wirkungszusammenhänge und Erfolge mitarbeiterorientierter Organisationsstrukturen.

Die zentralen Erkentnisse der Untersuchung lassen sich in folgenden Handlungsempfehlungen zusammenfassen:

(1) Ziele sind für eine tiefgreifende Strukturveränderung eine notwendige Voraussetzung, um die Umsetzung aufbau- und ablauforganisatorischer Maßnahmen sicherzustellen.

Zu unterscheiden ist zwischen Ergebniszielen und Vorgehenszielen, die eine Fortschrittskontrolle der Einführungsschritte erlauben. Transparenz über das Zielsystem ermöglicht eine projektbegleitende Überwachung und Anpassung der Einzelziele und eine abschließende Beurteilung der Zielerreichung, die gegebenenfalls zu Modifikation des bestehenden Gruppenkonzepts führen kann. Die Einbindung der Mitarbeiter in den Zielformulierungsprozeß ist durch die Anwendung einer Führung durch Zielvereinbarung zu erreichen. Indes spielen nicht nur ergebnis- und prozeßorientierte Zielkenngrößen eine Rolle: Es sind insbesondere verhaltensbezogene Zielgrößen heranzuziehen, um die Wirkungen der Gruppenorganisation zu beurteilen und zu steuern. Die zielorientierte Planung des Einführungspfades auf der Grundlage eines Phasenkonzepts gewährleistet die Berücksichtigung von ergebniswirksamen Einflußgrößen, die Erarbeitung einer begleitenden Personalentwicklungsstrategie und eine effiziente Realisierung von Gruppenstrukturen.

(2) Durch einen partizipativen Führungsstil und die Förderung der Selbstorganisation und Selbststeuerung der Gruppen tragen die Führungskräfte entscheidend zum Erfolg der Gruppenentwicklung und der Einführung von Gruppenkonzepten bei.

Gruppenkonzepte erfordern einen partizipativen Führungsstil, der durch eine offene Informations- und Kommunikationskultur, das Aufzeigen von Handlungsspielräumen sowie die Förderung der Selbstorganisation und Selbststeuerung der Gruppen gekennzeichnet ist. Hierbei bewirkt eine Führung durch Zielvereinbarung und die Selbststeuerung und -kontrolle der Gruppen eine Motivationssteigerung und eine erhöhte Umsetzungsgeschwindigkeit, da die Mitarbeiter an den Entscheidungsprozessen und Zielformulierungen sowie der Neugestaltung der Arbeitsorganisation aktiv beteiligt werden. Die Führung von Gruppen beinhaltet das Coaching der Gruppenmitglieder, um die Qualität der Zusammenarbeit zu erhöhen und die Teamfähigkeit einzelner zu verbessern. Hiermit verbunden ist die Mobilisierung der Problemlösungs- und Kreativitätspotentiale der

Gruppenmitglieder und die Sicherstellung einer umfassenden Information über die gruppenspezifischen Leistungserstellungsprozesse. Ein kooperatives Verhalten, eine vertrauensvolle und offene Zusammenarbeit und eine motivierende Unterstützung sind von den Führungskräften vorzuleben und als tragende Elemente der Unternehmenskultur anzustreben. Die Vorbereitung auf die Wahrnehmung der neuen Führungsaufgaben setzt die frühzeitige Einleitung von Qualifizierungsmaßnahmen voraus. In den betrachteten Unternehmen zeigte sich deutlich ein Trainingsbedarf bei den Führungskräften hinsichtlich ihrer methodischen und sozialen Kompetenzen. Zielgruppenspezifische Führungskräftetrainings und -workshops sind zu erarbeiten, um vorhandene Methodendefizite auszugleichen und den Aufbau von Sozialkompetenz zu ermöglichen.

(3) Für die erfolgreiche Einführung von Gruppenarbeit ist eine positive Einstellung der Unternehmensleitung zur Neuausrichtung der Arbeitsorganisation nach Gruppenprinzipien und die Gewinnung von Promotoren als Förderer der Umsetzung von Bedeutung.

Die Einbeziehung der Unternehmensleitung und der Führungskräfte als Machtpromotoren und die Nutzung der Fachkompetenz der Fachpromotoren zur Ausgestaltung der Gruppenkonzepte können als Erfolgsfaktoren auf dem Weg zu mitarbeiterorientierten Organisationsstrukturen bezeichnet werden. Die Promotoren sind aufgefordert, sich in den organisatorischen Lernprozeß aktiv einzubringen, Beteiligte zu Problemlösungen zu motivieren und durch Information und Diskussion die Akzeptanz des Konzepts sicherzustellen. Es empfiehlt sich, bei der Einführung von Gruppenkonzepten den Betriebsrat als Promotor einzubinden, um Informationsasymmetrien und Widerstände von seiten der Arbeitnehmervertretung zu vermeiden. Die aktive Einbeziehung der Betriebsratsmitglieder erlaubt die rechtzeitige Berücksichtigung von mitarbeiterbezogenen Interessen während der Konzepterstellungsphase. Notwendigkeit und Bedeutung der einzelnen Planungs- und Umsetzungsmaßnahmen können mit allen Beteiligten diskutiert werden. Zeit- und organisationsbedingte Reibungsverluste lassen sich hierdurch vermeiden, da Einwände nicht erst in der Realisierungsphase auftreten.

(4) *Bei der Veränderung der Arbeitsorganisation ist die Bildung einer Projektorganisation und Unterstützungsorganisation sowie der Einsatz externer Berater für die Ausgestaltung des Gruppenkonzepts, die Einführung neuer Problemlösungs- und Kreativitätstechniken und die Ausbildung interner Prozeßbegleiter hilfreich.*

Die Analyse zeigte außerdem, daß eine flache Projektorganisation und die Bildung einer Unterstützungsorganisation auf der Basis von Koordinatoren- oder Patenmodellen geeignet sind, hierarchieübergreifende Organisationsbarrieren zu überwinden. Hierdurch wird die für die Arbeit in Gruppen und die Betreuung der Gruppen erforderliche Unterstützungsleistung aus den indirekten Bereichen sichergestellt. Externe Berater und Trainer unterstützen zusätzlich aufgrund ihrer Erfahrungen mit Veränderungsprozessen die Einführung von Gruppenarbeit durch den Einsatz bewährter Projektmethoden und die Gestaltung einer Informations- und Beteiligungsstrategie. Somit läßt sich die Planungsqualität und die Umsetzungs- und Durchsetzungsgeschwindigkeit erhöhen. Des weiteren erarbeiten externe Prozeßbegleiter zusammen mit dem Personalbereich zielgruppenspezifische Qualifizierungsprogramme, bilden interne Moderatoren aus und führen Informations- und Schulungsveranstaltungen durch. Sie begleiten den Gruppenentwicklungsprozeß und betreuen die Gruppenmitglieder, die internen Prozeßbegleiter und die Führungskräfte bei der Wahrnehmung ihrer neuen Aufgaben. Die Funktion der Berater als Coach und Planungsexperte ist vor allem in den Pilotphasen der Einführung zu empfehlen, um die Umsetzungsgeschwindigkeit zu erhöhen, die Qualität der Planung sowie eine ausreichend fundierte Betreuung der Gruppen sicherzustellen.

(5) *Die rechtzeitige und umfassende Information der Beteiligten fördert die Akzeptanz für die Veränderung der Arbeitsorganisation und trägt wesentlich zur Selbststeuerung und Zielerreichung der Gruppen bei.*

Unzureichende Information ist die Ursache für Widerstände und auftretende Akzeptanzprobleme gegenüber strukturellen Neuerungen. Information und Kommunikation schaffen eine gemeinsame Informationsbasis, lassen neue wertvolle Anregungen entstehen und ermöglichen das rechtzeitige Erkennen von Problemen, die in Zusammenhang mit dem Einführungsprozeß stehen. Informationsveranstaltungen fördern einen hierarchieübergreifenden Erfahrungsaustausch, die Diskussion kritischer, ungeklärter Punkte und die Schaffung eines gemeinsamen Verständnisses über das neue Gruppenarbeitskonzept. Nicht nur die Einführungsstrategie ist allen Beteiligten transparent zu machen. Auch während der Leistungserstellungsprozesse der Gruppen ist eine offene Informations- und Kooperationskultur anzustreben. Zur Erfüllung der Planungs- und Kontrollprozesse benötigen die Gruppenmitglieder ausreichende qualitative und quantitative Informationen. Die Visualisierung von Leistungsdaten und Zielerreichungsgraden ist für die Selbststeuerung und -organisation der Gruppen unabdingbar. Die Ergebnisse und Erfolge einzelner Gruppen motivieren zur kontinuierlichen Verbesserung bestehender Standards und fördern kooperative Lernprozesse. Medien wie Informationsbroschüren oder Informationstafeln sind Elemente einer erfolgsfördernden Informationsstrategie. Die Fallstudien zeigen außerdem die Bedeutung von Präsentationen, regelmäßigen Gruppen- und Problemlösungsgeprächen und Erfahrungsaustauschzirkeln zur Förderung des Informationsaustausches und Unterstützung der Leistungserstellungs- und Problemlösungsprozesse der Gruppen.

(6) Für eine Erhöhung der Umsetzungsgeschwindigkeit und eine Verbesserung der Planungsqualität ist die aktive Einbeziehung der Beteiligten in die Planungs- und Umsetzungsphasen des Gruppenkonzepts von Bedeutung.

In den Fallstudien zeigte sich, daß mit dem Umfang der Mitarbeiterbeteiligung die Umsetzungsgeschwindigkeit steigt. Durch die Einbindung der Mitarbeiter lassen sich Widerstände und Willensbarrieren reduzieren. Gleichzeitig kann durch die Nutzung des Mitarbeiter-Know-hows eine Verbesserung der Planungsqualität erreicht werden. Dafür verantwortlich sind die positiven Effekte einer hohen Mitarbeiterpartizipation.[1] Es wird deutlich, je mehr Mitarbeiter von Betroffenen zu Beteiligten werden, desto erfolgreicher ist die neue Arbeitsorganisation. Die Involvierung der Beteiligten bringt wertvolle, konstruktive Ideen und arbeitsplatzbezogene Feinplanungen bei der Ausgestaltung des Konzepts. Durch den interaktiven Gestaltungsprozeß können zusätzliche Problemlösungskapazitäten genutzt werden, um die Planungs- und Prozeßqualität zu verbessern. Gleichzeitig können Um- und Durchsetzungsaufgaben parallel zu den Planungs-

1 Zu den Wirkungsbeziehungen zwischen Erfolg und Partizipation, vgl. auch Rosenstiel 1987a, S. 4ff.

aktivitäten erfolgen. Es empfiehlt sich deshalb, personelle und organisatorische Aspekte bereits in der Vorbereitungsphase zu berücksichtigen, um Akzeptanz und Identifikation der Mitarbeiter mit dem organisatorischen Wandel zu erreichen und die Prozeßqualität unter Berücksichtigung eines effizienten Zeit- und Ressourceneinsatzes zu realisieren. Die Einbeziehung der Gruppenmitglieder in den Planungsprozeß hat sich in der Praxis als vorteilhaft erwiesen und entspricht den Grundprinzipien der Gruppenarbeit wie Selbständigkeit, erweiterte Entscheidungsspielräume oder Nutzung des Problemlösungspotentials der Mitarbeiter. Um Erfahrungswissen, Ideen und Informationen aus der Gruppe mit in die Planungs- und Konzeptphase zu integrieren, genügt in vielen Fällen die Beteiligung einzelner Mitarbeiter aus der Arbeitsgruppe an der Projektarbeit. Die Mitarbeiter stellen einen effizienten Informationsaustausch zwischen der Projektgruppe und der Arbeitsgruppe sicher und bringen als kommunikatives Bindeglied konzeptionelle Vorschläge in den Gestaltungsprozeß ein. Die Einbeziehung in den Planungsprozeß und die rechtzeitige Information über Projektinhalte und Projektfortschritte bewirken eine stärkere Identifikation mit den Planungsergebnissen sowie eine höhere Akzeptanz gegenüber dem Gruppenarbeitsmodell und den erweiterten Aufgabeninhalten. Mögliche Widerstände, Planungsunzulänglichkeiten und damit Zeitverzögerungen sind in der Umsetzungsphase durch die aktive Einbeziehung der Gruppe nicht zu erwarten.

(7) Die Übertragung von erweiterten Aufgabeninhalten an die Gruppenmitglieder setzt neue Qualifikationskonzepte und umfassende Schulungen der Mitarbeiter voraus.

Durch eine gezielte Personal- und Organisationsentwicklung werden die Voraussetzungen zur Einführung von Gruppenstrukturen geschaffen. Die Ermittlung der Ist-Qualifikationen und der Anforderungsprofile dient als Basis zur Schließung von Qualifikationslücken, zur Ableitung der Ausbildungsmaßnahmen und zum Aufbau von Flexibilitätsvorteilen. Hierbei ist die frühzeitige Einleitung von Personalentwicklungsmaßnahmen erforderlich, um zu Verhaltensänderungen der Gruppenmitglieder und Leistungssteigerungen der Gruppen zu gelangen. Eine Qualifizierung, die zusätzlich zur fachlichen und methodischen Kompetenz der Gruppenmitglieder die Sozialkompetenz fördert, entspricht den erhöhten Kommunikations-, Konfliktlösungs- und Kooperationsanforderungen der Gruppenkonzepte. Zur Erlangung einer höheren Methodenkompetenz bedarf es intensiver Schulungen der Gruppenmitglieder hinsichtlich der Problemlösungs-, Kreativitäts-, Visualisierungs- und Präsentationstechniken. Die Analyse der Fallstudien hat gezeigt, daß Qualifizierungsmethoden, die durch kooperative Lernprozesse gekennzeichnet sind, am wirkungsvollsten sind. Die Durchführung von Workshops, Erfahrungsaustauschzirkeln und Rollenspielen fördert die Sozialkompetenz der Gruppenmitglieder. Die kontinuierliche Erweiterung der Methoden- und Sozialkompetenz in den Gruppen ist durch den Aufbau von Erfahrungswissen, die Förderung von Kommunikations- und Kooperationsbeziehungen sowie durch interaktive Lernprozesse zu unterstützen. Qualifizierung und Lernen werden zum integralen Bestandteil des Organisationsentwicklungsprozesses. Umfang und Inhalte einer gruppenspezifischen Qualifizierung sind zusammen mit den Beteiligten und der Personalabteilung festzulegen. Das Personalentwicklungskonzept ist zielgruppenspezifisch auszurichten und so flexibel wie möglich anzulegen, um eine aktive Bewältigung der sich verändernden Anforderungen im Sinne von Selbstorganisation und Selbststeuerung zu ermöglichen.

Grundsätzlich ist den Arbeits- und Problemlösungsgruppen ein möglichst hoher Autonomiegrad zu gewähren, um eine schnelle Umsetzung von Verbesserungen und eine hohe Prozeßqualität zu realisieren. In der Einführungsphase ist dagegen eine stärkere Steuerung durch die Vorgesetzten und eine standardisierte Vorgehensweise empfehlenswert, da die Gruppen noch nicht über den notwendigen Reifegrad zur Selbstorganisation verfügen. Die Gestaltung der Gruppenentwicklung und Prozeßbegleitung ist für die Qualität der Zusammenarbeit, die Entwicklung von Teamfähigkeit und die Förderung von Qualifizierungs- und Lernprozessen verantworlich. Die in den Fallstudien beschriebene phasenbezogene Gruppenentwicklung ist besonders für die Heranführung der Gruppen an die neue Arbeitsorganisation und deren -inhalte geeignet. Qualifizierungs- und Lernprozesse dürfen nicht mit den vorbereitenden Qualifizierungsmaßnahmen zur Einführung von Gruppenarbeit beendet sein. Es sind vielmehr Rahmenbedingungen für ein kooperatives Lernen zu schaffen. Lerntransfers sind insbesondere durch Auditierung, Multiplikatorenkonzepte oder gegenseitige Qualifizierungsaktivitäten während der Teamentwicklung zu erzielen.

(8) *Eine Erfolgskontrolle der Leistungserstellungs- und Problemlösungsprozesse der Gruppen ist durch den Aufbau eines gruppenspezifischen Kennzahlensystems zur Visualisierung und Auditierung der Leistungsdaten sicherzustellen.*

Ein Controlling von Gruppen stellt neue methodische Anforderungen an das Controllingsystem. Dies verlangt die Ausrichtung weg von einem zentralen, durch Fremdkontrolle bestimmten Controlling hin zu einem dezentralen, durch die Gruppenmitglieder am Ort der Leistungserstellung vorgenommenen Controlling von vereinbarten Zielkenngrößen. Die individuelle Ablaufkontrolle im Sinne einer Beaufsichtigung durch Vorgesetzte entfällt und muß durch eine ergebnis-, prozeß- und verhaltensorientierte Systemkontrolle ersetzt werden. Ein dezentrales Controlling entspricht den erweiterten Handlungs- und Entscheidungsspielräumen der Mitarbeiter und fördert die Selbststeuerung der Gruppen. Die Selbstorganisation und Selbststeuerung der Gruppen gelingt nur, wenn die Mitarbeiter umfassende Informationen über Zielvorgaben und Zielerreichungsgrade erhalten. Mit Methoden der Visualisierung und Auditierung wird ein wirkungsvoller Informations- und Rückmeldeprozeß über die Leistungsergebnisse und Problemlösungsaktivitäten der Gruppen ermöglicht. Solche Methoden versetzen die Gruppen in die Lage, ihre Arbeit zielorientiert zu organisieren und zu steuern. Visualisierung und Auditierung dienen der laufenden Prozeßkontrolle und fördern die Identifikation mit den eingeleiteten Maßnahmen. Sie ermöglichen die Institutionalisierung von Marktmechanismen für ständige Verbesserungen im Unternehmen.

(9) *Institutionalisierung einer kontinuierlichen Verbesserung durch Einrichtung eines dezentralen Verbesserungsvorschlagswesens, Förderung von Gruppenvorschlägen und Einsatz von Instrumenten zur Unterstützung von Lernprozessen.*

Kontinuierliche Verbesserungsaktivitäten sind als wesentliches Element der Gruppenorganisation in die Primärorganisation zu integrieren, um neue Impulse und eine permanente Nutzung der Problemlösungskapazität zu erzielen. Die Weiterentwicklung des traditionellen Vorschlagswesens und die Integration in die Problemlösungs- und Gruppenarbeit heben die Konkurrenzbeziehungen zwischen den Konzepten auf. Ein innovatives Vorschlagswesen ist durch eine dezentrale Vorschlagsbearbeitung, eine Differenzierung der eingereichten Verbesserungsvorschläge, ein verändertes Anreizsystem, die Förderung von Gruppenvorschlägen und die Integration formeller Problemlösungsgruppen gekennzeichnet. Nur diejenigen Unternehmen werden eine ergebniswirksame Veränderung der Arbeitsorganisation erzielen, die im Konkurrenzvergleich die Fähigkeit besitzen, die Einführung von Gruppenarbeit und Kaizen mit höherer Geschwindigkeit und besserer Prozeßqualität umzusetzen. Als Instrument zur Beschleunigung der Umsetzung und zur Nutzung der Problemlösungskapazität der Mitarbeiter bietet sich die GENESIS-Methode an. Die standardisierte Vorgehensweise trägt zur kurzfristigen Produktivitätssteigerung in den Prozeßabschnitten bei, beinhaltet umfassende Partizipationsmöglichkeiten der Beteiligten und vermittelt den Teilnehmern Methoden- und Sozialkompetenzen. Kooperative Lernprozesse sind durch Auditierung und Multiplikatorenkonzepte zu erzielen. Gruppenkonzepte unterstützen durch gegenseitige Qualifizierungsprozesse die kooperative Zusammenarbeit mit vor- und nachgelagerten Bereichen. Sie führen zu verbesserten Informations- und Kommunikationsbeziehungen und stellen partizipative Lernprozesse sicher.

(10) Die Gestaltung einer Entlohnung nach Zielvereinbarung als Instrument zur Erhöhung der Lernbereitschaft und Steigerung der Leistungsmotivation trägt entscheidend zur Realisierung von zielorientierten Leistungs- und Problemlösungsprozessen bei.

Die Gestaltung von mitarbeiterorientierten Entlohnungsformen und Anreizsystemen ist eine entscheidende Voraussetzung zur erfolgreichen Implementierung von Gruppenkonzepten. Traditionelle Leistungslohnkonzepte wie Akkordlohn oder akkordnahe Lohnformen, die ausschließlich die Mengenleistung honorieren, bieten keine Ansatzpunkte, das Verhalten der Mitarbeiter auf eine Erhöhung der Lernbereitschaft und einen kontinuierlichen Verbesserungsprozeß auszurichten. Um den neuen Anforderungen, etwa Förderung der Lernbereitschaft, Steigerung der Leistungsmotivation oder Unterstützung eines gruppenorientierten Verhaltens, gerecht zu werden, ist eine Flexibilisierung der Entgeltsysteme durch Kopplung von Entgeltanteilen an strategische Zielgrößen erforderlich. Eine Entgeltstruktur, die zur Zielerreichung motiviert und zur Förderung des Qualifikationsaufbaus beiträgt, erfordert die Erhöhung variabler Entgeltanteile, die Möglichkeit zur Veränderung der Bezugsgrößen im Zeitablauf und die Berücksichtigung bereichsspezifischer Zielgrößen. Einen hohen Beteiligungsgrad weist die Entlohnung nach

Zielvereinbarung auf, bei der eine gemeinsame Operationalisierung der entgeltrelevanten Zielkenngrößen zwischen Mitarbeitern und Vorgesetzten erfolgt. Die Formulierung von gruppenbezogenen Leistungszielen und die Beteiligung der Mitarbeiter bei der Zielfindung sind wesentliche Voraussetzungen für eine Ergebnisverbesserung und eine höhere Mitarbeitermotivation. Die aktive Einbindung der Mitarbeiter in den Zielvereinbarungsprozeß fördert die Identifikation mit den Zielinhalten, erlaubt ein Selbstcontrolling der Zielkenngrößen und ermöglicht die gruppenspezifische Anpassung der Zielvorgaben nach Leistungs- und Lernfortschritten.

Diese Ergebnisse und Handlungsempfehlungen können als Orientierungsrahmen für die Einführung von Gruppenkonzepten verwendet werden.

Als weiteres Forschungsfeld wäre darüber hinaus eine nähere Analyse von teamorientierten Arbeitsformen in den indirekten Bereichen wie in der Auftragsabwicklung, Konstruktion oder den Entwicklungsbereichen interessant. Die Vorteile prozeßorientierter Teamarbeit liegen in der funktionsübergreifenden Aufgabenerfüllung, der Delegation von Entscheidungskompetenzen, verbesserten Kooperationsbeziehungen, einer stärkeren Integrations- und Innovationskraft durch gemeinsame Ziele und der Erzielung von Kosten- und Zeitwirkungen. Eine ganzheitliche Betrachtungsweise führt zu der Erarbeitung von anforderungsgerechten Problemlösungen. Zur Einführung von Gruppenarbeitskonzepten in den administrativen Bereichen wären Fragen der Tätigkeitsgestaltung, der Kompetenzverlagerung, der technischen und organisatorischen Voraussetzungen oder der Vorbereitung der Mitarbeiter von Interesse. In Analogie zu den direkten Bereichen ist in indirekten Organisationseinheiten die Erarbeitung von Personalentwicklungskonzepten, die informationstechnische Unterstützung und die Informations- und Beteiligungsstrategie für die Einführung von Gruppenarbeit von Bedeutung.

Die Entwicklungstendenzen neuer Organisationsstrukturen weisen auf die institutionalisierte Nutzung von Gruppenstrukturen in direkten und indirekten Bereichen zur Förderung von Kommunikations-, Kooperations- und Lernprozessen hin. Dabei ist die Ergebniswirksamkeit mitarbeiterorientierter Gruppenarbeitskonzepte für lernende Organisationen evident. Unternehmen, die schneller lernen und umsetzen, nutzen mitarbeiterorientierte Organisationsstrukturen, um Wettbewerbsvorteile zu erzielen und sich zu lernenden, virtuellen Unternehmen zu entwickeln. Virtuelle Unternehmen erfordern hochqualifizierte Mitarbeiter, die sich auf Veränderungen gut einstellen können und Teamfähigkeit besitzen. Die Realisierung von Teamstrukturen erfordert eine intensivere Zusammenarbeit zwischen Führungskräften und Mitarbeitern. Führungskräfte als Trainer unterstützen den Aufbau von Teamstrukturen und interaktiven Lernprozessen. Sie fördern Eigenständigkeit, Verantwortungsbewußtsein und individuelle Leistungsfähigkeit der Mitarbeiter. Die Mitwirkung am kontinuierlichen Verbesserungsprozeß verlangt eine prozeßorientierte Qualifikation der Mitarbeiter und die Entwicklung von Weiterbildungsmöglichkeiten, die umsetzungsorientierte Lerneinheiten und gegenseitige Qualifizierungsmöglichkeiten als Kernelemente herausstellt. Arbeits- und Problemlösungsgruppen sind dann gleichzeitig Lerngruppen, die den Veränderungsprozeß ergebnisorientiert bewältigen. Teamentwicklungstrainings sind für das zielorientierte Lernen aller Beteiligten und die Entwicklung eines Gruppenverständnisses von Bedeutung. Eine prozeß- und verhaltensorientierte Organisationsentwicklung nutzt Gruppenstrukturen, um eine stärkere Leistungsorientierung, verbesserte Kommunikations- und Kooperationsbeziehungen und die Dezentralisierung von Verantwortung und Kompetenzen zu realisieren. Gruppenarbeit ist in Zusammenwirken mit dem Aufbau von Netzwerken und der Gestaltung einer offenen Kommunikationskultur für die Entwicklung einer virtuellen, lernenden Organisation von Bedeutung.

Literaturverzeichnis

Al-Radhi, M. (1995): Total Productive Maintenance: Konzept, Umsetzung, Erfahrung, München-Wien 1995

Albach, H. (1993): Leistungserhaltung und Humankapitalerhaltung, in: ZfB, 63 (1993) 3, S. 749-752

Aleman, H.v./Ortlieb, P. (1975): Die Einzelfallstudie, in: Van Koolwijk, J./Wieken, A., in: Mayser, M. (Hrsg.): Techniken der empirischen Sozialforschung - Untersuchungsformen, Bd. 2, München 1975, S. 157-177

Alioth, A. (1980): Entwicklung und Einführung alternativer Arbeitsformen, Bern 1980

Alioth, A./Ulich, E. (1983): Gruppenarbeit und Mitbestimmung am Arbeitsplatz, in: Stoll, F. (Hrsg.): Arbeit und Beruf, Weinheim 1983, S. 314-336

Altmann, H.Ch. (1989): Motivation der Mitarbeiter: Methoden, Konzepte, Erfolgsbeispiele, Frankfurt/Main 1989

Ambaum, E./Ruhnau, J. (1993): Gruppenarbeit in der Fertigung, in: FB/IE, 42 (1993) 5, S. 273-276

Anders, W. (1986): Die Gestaltung der organisatorischen Kommunikation, Dissertation, München 1986

Angermeier, W.F./Bednorz, P./Schuster, M. (1991): Lernpsychologie, 2. Aufl., München-Basel 1991

Antoni, C.H. (1990): Qualitätszirkel als Modell partizipativer Gruppenarbeit: Analyse der Möglichkeiten aus Sicht der betroffenen Mitarbeiter, Dissertation, Mannheim 1990

Antoni, C.H. (1993): Gruppenarbeit - Ein Königsweg zu menschengerechter Arbeit und höherer Produktivität?, in: Gebert, A./Winterfeld, U. (Hrsg.): Arbeits-, Betriebs- und Organisationspsychologie vor Ort, Bonn 1993, S. 169-183

Antoni, C.H. (1994a): Gruppenarbeit - mehr als ein Konzept; Darstellung und Vergleich unterschiedlicher Formen der Gruppenarbeit, in: Antoni, C.H. (Hrsg.): Gruppenarbeit in Unternehmen: Konzepte/Erfahrungen/Perspektiven, Weinheim 1994, S. 19-48

Antoni, C.H. (1994b): Gruppenarbeit in Unternehmen: Konzepte/Erfahrungen/Perspektiven, Weinheim 1994

Antoni, C.H. (1994c): Betriebliche Führungsstruktur im Wandel - Zur Rolle und Funktion von Meistern und Gruppensprechern im Rahmen von Gruppenarbeit, in: Antoni C.H. (Hrsg.): Gruppenarbeit in Unternehmen: Konzepte/Erfahrungen/ Perspektiven, Weinheim 1994, S. 115-135

Antoni, C.H. (1995): Gruppenarbeit in Deutschland - eine Bestandsaufnahme, in: Zink, J. (Hrsg.): Erfolgreiche Konzepte zur Gruppenarbeit - aus Erfahrungen lernen, Neuwied-Kriftel-Berlin 1995, S. 23-37

Antoni, C.H./Lehnert, E./Bungard, W. (1994): Auswirkungen von Einzel- und Gruppenarbeit aus der Sicht beteiligter Mitarbeiterinnen, in: Antoni, C.H. (Hrsg.): Gruppenarbeit in Unternehmen: Konzepte/Erfahrungen/Perspektiven, Weinheim 1994, S. 308-329

Argyris, C. (1964): Integrating the Individual and the Organization, New York 1964

Argyris, C./Schön, D.A. (1978): Organizational Learning. A Theory of Action Perspective, Reading, Massachusetts 1978

Armbrecht, W. (1992): Innerbetriebliche Public Relations: Grundlagen eines situativen Gestaltungskonzepts, Obladen 1992

Bamberger, I./Riot, Ph. (1987): Führungsforschung/Führung in Frankreich, in: Kieser, A. (Hrsg.): HWF, Stuttgart 1987, Sp. 446-461

Bartölke, K. (1992): Teilautonome Arbeitsgruppen, in: Frese, E. (Hrsg.): HWO, 3. Aufl., Stuttgart 1992, Sp. 2384-2399

Bauer, B./Kemm, R./Voigt B. (1989): Experimente mit einer alternativen Lernorganisation, in: Sattelberger, Th. (Hrsg.): Innovative Personalentwicklung, Grundlagen, Konzepte, Erfahrungen, Wiesbaden 1989, S. 115-132

Bayer, T.O. (1993): Manager auf dem Prüfstand, in: io Management Zeitschrift, 62 (1993) 6, S. 71-74

Becker, H./Langosch, I. (1990): Produktivität und Menschlichkeit: Organisationsentwicklung und ihre Anwendung in der Praxis, 3. Aufl., Stuttgart 1990

Becker, K. (1995): Einführung von Gruppenarbeit: ein Leitfaden für Führungskräfte (hrsg. vom Institut für angewandte Arbeitswissenschaft e.V.), Köln 1995

Beger, R./Gärtner, H.D./Mathes, R. (1989): Unternehmenskommunikation, Frankfurt 1989

Bendixen, P. (1980): Teamorientierte Organisationsformen, in: Grochla, E. (Hrsg.): HWO, 2. Aufl., Stuttgart 1980, Sp. 2227-2236

Bessoth, R. (1975): Leistungsfähigkeit des Betrieblichen Vorschlagswesens, Göttingen 1975

Beutel-Wedewardt, K. (1991): Multiplikatorenkonzepte - ein Einstieg in die lernende Organisation, in: Sattelberger, Th. (Hrsg.): Die lernende Organisation: Konzepte für eine neue Qualität der Unternehmensentwicklung, Wiesbaden 1991, S. 245-259

Birkenbihl, V.F. (1987): Kommunikationstraining, 8. Aufl., Landsberg 1987

Bland, M. (1980): Employee Communications in the 1980`s, London 1980

Bleicher, K. (1976): Unternehmensentwicklung und Organisationsplanung, in: ZfO, 45 (1976) , S. 286-294

Bleicher, K. (1991): Organisation: Strategien - Strukturen - Kulturen, 2. Aufl., Wiesbaden 1991

BMW AG (Hrsg.) (1987): BMW-Lernstatt. Organisationsentwicklung im Unternehmen, 3 Aufl., München 1987

Brandstätter, H. (1989): Problemlösen und Entscheiden in Gruppen, in: Roth, E. (Hrsg.): Organisationspsychologie, Göttingen 1989, S. 505-528

Brankamp, K./Berger, W./Papen, F.J. (1990): Strategische Produktionseinheiten, in: VDI-Z, 132 (1990) 7, S. 24-26

Breisig, T. (1990): It´s Team Time, Kleingruppenkonzepte in Unternehmen, Köln 1990

Brink, H.-J. (1992): Organisation der Kontrolle, in: Frese, E. (Hrsg.): HWO, 3. Aufl., Stuttgart 1992, Sp. 1143-1151

Brinkmann, E. (1977): Erfahrungen mit Gruppenvorschlägen im betrieblichen Vorschlagswesen, in: FB/IE, 26 (1977) 2, S. 104-110

Brinkmann, E.P. (1989): Gruppenvorschläge als typisches Beispiel für kooperative Selbstqualifikation im Ideenmanagement, in: Heidack, C. (Hrsg.): Lernen der Zukunft, München 1989, S. 232-248

Brinkmann, E.P. (1992): Wettbewerbsreserve Ideenmanagement: Qualitätsverbesserung und Mitarbeitermotivation durch neue Impulse für das betriebliche Vorschlagswesen, Köln 1992

Bromann, P./Piwinger, M. (1992): Gestaltung der Unternehmenskultur, Stuttgart 1992

Brown, R. (1988): Group Processes. Dynamics Within and Between Groups, Oxford 1988

Bruhn, M./Dahlhoff, D. (1993): Effizientes Kommunikationsmanagement, Stuttgart 1993

Brumberg, C. (1994): Entlohnung nach Zielvereinbarung - ein Konzept zur Erhöhung der Lernbereitschaft im Unternehmen, in: Wildemann, H. (Hrsg.): Flexible Arbeitszeiten, Gruppen- und Teamorganisation, neue Entgeltsysteme, Tagungsbericht, München 1994, S. 169-190

Brumberg, C. (1995): Neue Anreizsysteme als Instrument zur Nutzung der Problemlösungskapazität der Mitarbeiter, in: Wildemann, H. (Hrsg.): Gruppenarbeit, kontinuierliche Verbesserung, neue Entlohnungsformen, Tagungsbericht, München 1995, S. 297-325

Buchner, D. (1995): Team - Coaching: Gemeinsam zum Erfolg, Wiesbaden 1995

Bühner, R. (1994): Personalmanagement, Landsberg/Lech 1994

Bühner, R. (1995): Qualifikationsorientierte Entlohnung - Chancen und Risiken dargestellt an Praxisbeispielen, in: Wildemann, H. (Hrsg.): Gruppenarbeit, kontinuierliche Verbesserung, neue Entlohnungsformen, Tagungsbericht, München 1995, S. 187-228

Bühner, R./Dieter, W./Fels, G. (1994): Restrukturierung von Unternehmen, in: Betriebswirtschaftliche Forschung und Praxis, 46 (1994) 3, S. 236-245

Bullinger, H.-J. (1992a): Personalentwicklung und Qualifikation, Berlin 1992

Bullinger, H.-J. (1992b): Teamfähige Personalstrukturen, Berlin 1992

Bullinger, H.-J./Schlund M. (1994): Gruppenarbeit als Ausgangspunkt für die Entwicklung moderner dezentraler Unternehmen, in: Antoni, C.H. (Hrsg.): Gruppenarbeit in Unternehmen: Konzepte/Erfahrungen/Perspektiven, Weinheim 1994, S. 344-364

Bumann, A. (1993): Vorschlagszirkel - die systematische und teamorientierte Weiterentwicklung des Vorschlagswesens, in: io Management Zeitschrift, 62 (1993) 3, S. 87-92

Bundesministerium für Forschung und Technologie (1980): Gruppenarbeit in der Motorenmontage. Schriftenreihe Humanisierung des Arbeitslebens, Bd. 3, Frankfurt 1980

Bungard, W. (1992): Qualitätszirkel, in: Gaugler, E./Weber, W. (Hrsg.): HWP, 2. Aufl., Stuttgart 1992, Sp. 1963-1976

Bungard, W. (1994): Gruppenarbeit: Konsequenzen für die Personalentwicklung, in: Antoni, C.H. (Hrsg.): Gruppenarbeit in Unternehmen: Konzepte/Erfahrungen/Perspektiven, Weinheim 1994, S. 333-343

Bungard, W./Antoni, C.H. (1993a): Einsatzmöglichkeiten von Qualitätszirkeln im Verwaltungsbereich, in: Geißler, K.A. et al. (Hrsg.): Handbuch Personalentwicklung und Training, Köln 1993, Abschnitt 8.1.8.1, S. 1-20

Bungard, W./Antoni, C.H. (1993b): Gruppenorientierte Interventionstechniken, in: Schuler, H. (Hrsg.): Lehrbuch der Organisationspsychologie, Bern 1993, S. 377-402

Bungard, W./Wiendieck, G. (1986): Zusammenfassende Diskussion, Definition und Abgrenzung des QZ-Konzepts, in: Bungard, W./Wiendieck, G. (Hrsg.): Qualitätszirkel als Instrument zeitgemäßer Betriebsführung, Landsberg/Lech 1986, S. 53-57

Buntenbeck, D.F. (1989): Kooperative Selbstqualifikation in Erfahrungsaustausch - Gruppen, in: Heidack, C. (Hrsg.): Lernen der Zukunft, München 1989, S. 397-407

Burchardt, L. (1977): Technischer Fortschritt und sozialer Wandel. Das Beispiel der Taylorismus-Rezeption, in: Treue, W. (Hrsg.): Deutsche Technikgeschichte. Vorträge vom 31. Historikertag am 24. September 1976 in Mannheim, Göttingen 1977, S. 52-98

Büth, P. (1994): Erfahrungen mit der Einführung von Produktinseln in der Boge GmbH, in: Antoni, C.H. (Hrsg.): Gruppenarbeit in Unternehmen: Konzepte/Erfahrungen/Perspektiven, Weinheim 1994, S. 191-208

Campbell, J.P./Dunnette, M.D./Lawler, E.E./Weick, K.E. (1970): Managerial Behavior, Performance and Effectiveness, New York 1970

Chmielewicz, K. (1979): Forschungskonzeptionen der Wirtschaftswissenschaft, 2. Aufl., Stuttgart 1979

Coch, L./French, J.R.P.jr. (1960): Overcoming Resistance to Change, in: Cartwright, D./Zander, A. (Hrsg.): Group Dynamics. Research and Theory, 2. Aufl., Evanston, III und Elmsford, New York 1960, S. 319-341

Cole, S. (1969): An Examination of the Power-Inversion Affect in Three-Person Mixed-Motive Games, in: Journal of Personality and Social Psychology, 11 (1969), S. 50-58

Comelli, G. (1985): Training als Beitrag zur Organisationsentwicklung - Handbuch der Weiterbildung für die Praxis in Wirtschaft und Verwaltung, München 1985

Cooper, R./Kaplan, R.S. (1988): How Cost Accounting distorts Product Costs, in: MA, 69 (1988) 4, S. 20-27

Crott, H. (1979): Soziale Interaktion und Gruppenprozesse, Stuttgart u.a. 1979

Cummings, T.G. (1981): Designing Effective Work Group, in: Nystrom P.C./Starbuck, W.H. (Hrsg.): Handbook of Organizational Design, Vol. 2, New York 1981, S. 250-271

Cutlip, S. et al. (1985): Effective Public Relations, 6. Aufl., Englewood Cliffs: Prentice Hall, 1985

Daly, J./Korinek, J. (1982): Organizational Communication: A Review via Operationalizations, in: Greenbaum, H. et al. (Hrsg.): Organizational Commmunication: Abstracts, Analysis and Overview, Beverly Hills 1982

Danowski, J. (1988): Organizational Infografics and Automated Auditing: Using Computers to Unobtrusively Gather as well as Analyse Communication, in: Goldhaber, G.M./Barnett, G.A. (Hrsg.): Handbook of Organizational Communication, Norwood: Ablex Publishing 1988, S. 385-433

Decker, F. (1984): Grundlagen und neue Ansätze in der Weiterbildung, München 1984

Deppe, J. (1989): Quality Circle und Lernstatt: ein integrativer Ansatz, Wiesbaden 1989

Deutsch, M. (1976): Konfliktregelung, München 1976

Dienstbach, H. (1972): Dynamik der Unternehmensorganisation, Anpassung auf der Grundlage des "Planned Organizational Change", Wiesbaden 1972

DIN (Hrsg.): DIN ISO 9001: Qualitätssicherungssysteme - Modell zur Darlegung der Qualitätssicherung in Design/Entwicklung, Produktion, Montage und Kundendienst, Berlin 1990

DIN (Hrsg.): DIN ISO 9002: Qualitätssicherungssysteme- Modell zur Darlegung der Qualitätssicherung in Produktion und Montage, Berlin 1990

Domsch, M. (1985): Qualitätszirkel - Baustein einer mitarbeiterorientierten Führung und Zusammenarbeit, in: ZfbF 37 (1985) 5, S. 428-441

Domsch, M./Regnet, E./Rosenstiel, L.v. (1992) (Hrsg): Führung von Mitarbeitern - Fallstudien zum Personalmanagement, Stuttgart 1992

Doppler, K. (1994): Change Management: den Unternehmenswandel gestalten, 2. Aufl., Frankfurt/Main u.a. 1994

Dörler, K. (1988): Reorganisationen in mittleren Unternehmungen, Bern-Stuttgart 1988

Droege, W.P. (1995): Reengineering: Vorwärtsstrategien zur fundamentalen Neuorientierung, in: Der Betriebswirt - Gernsbach, 36 (1995) 1, S. 33-37

Duncan, R./Weiss, A. (1979): Organizational Learning: Implications for Organizational Design, in: Staw, B.M. (Hrsg.): Research in Organizational Behavior, Vol. 1, Greenwich, Conn. 1979, S. 75-123

Ebbinghaus, A. (1984): Arbeiter und Arbeitswissenschaft, Opladen 1984

Ebers, M. (1992): Situative Organisationstheorie, in: Frese, E. (Hrsg.): Handwörterbuch der Organisation, 3. Aufl., Stuttgart 1992, Sp. 1817-1838

Eckardstein, D.v./ Schnellinger, F. (1978): Betriebliche Personalpolitik, 3. Aufl., München 1978

Einsiedler, H.E./Knura, B. (1984): Die "Lernstatt". Eine Alternative zum Quality Circle?, in: ZfbF, 36 (1984) 8/9, S. 748-755

Elsässer, H. (1996): Einführung und Umsetzung von Gruppenarbeit in der Montage von Audi AG, Neckarsulm, in: Wildemann H./Bühner R. (Hrsg.): Gruppenarbeit, kontinuierliche Verbesserung, neue Entlohnungsformen, Tagungsbericht, München 1996, S. 121-170

Endres, E./Wehner, Th. (1993): Vom plötzlichen Boom der Gruppenarbeit in deutschen Automobilfabriken, Hamburg 1993

Eversheim, W./Krumm, St./Häuser, Th. (1993): Prozeßorientierte Auftragsabwicklung. Stärkung der Wettbewerbsfähigkeit erfordert Umdenken, in: VDI-Z, 135 (1993) 10, S. 48-51

Fauth, G. (1994): Selbstcontrolling durch Visualisierung. Ein Erfahrungsbericht über die Einführung neuer Arbeitsorganisationen, in: Wildemann, H. (Hrsg.): Controlling schlanker Unternehmen, Tagungsbericht 27/28. September 1994, München 1994, S. 269-289

Fey, P. (1989): Logistik-Management und Integrierte Unternehmensplanung, München 1989

Fiedel, M. (1991): Beitrag des Change Managements zur systematischen Einführung der Logistik in eine Unternehmensorganisation, in: Baumgarten et al. (Hrsg.): RKW-Handbuch Logistik, 16. Lfg. V/91,(1130)

Filley, A.C. (1975): Interpersonal Conflict Resolution, Glenview 1975

Fiol, C.M./Lyles M.A. (1985): Organizational Learning, in: Academy of Management Review (1985) 10, S. 803-813

Fitting, K. et al. (1987): Betriebsverfassungsgesetz, München 1987

Ford, H. (1923): Mein Leben und Werk, Leipzig 1923

Forster, J. (1978): Teams und Teamarbeit in der Unternehmung, Bern 1978

Forster, J. (1981): Teamarbeit - Sachliche, personelle und strukturelle Aspekte einer Kooperationsform, in: Grunwald, W./Lilge, G. (Hrsg.): Kooperation und Konkurrenz in Organisationen, Stuttgart 1981, S. 143-168

Fotilas, P. (1980): Arbeitshumanisierung und teilautonome Arbeitsgruppen, Berlin 1980

Francis, D./Young, D. (1992): Mehr Erfolg im Team, Essen-Werden 1992

Freimuth, J. (1986): Neuere Tendenzen der Gestaltung des betrieblichen Vorschlagswesens, in: WiSt, (1986) 10, S. 523-527

Frenz, G. (1920): Kritik des Taylor Systems, Berlin 1920

Frese, E. (1987): Grundlagen der Organisation, 3. Aufl., Wiesbaden 1993

Frese, E. (1990): Organisationstheorie: Stand und Aussagen aus betriebswirtschaftlicher Sicht, Wiesbaden 1990

Frese, E. (1992a): Organisationstheorie, 2. Aufl., Wiesbaden 1992

Frese, E. (1992b): Organisation der Kontrolle, in: Grochla, E. (Hrsg.): Handwörterbuch der Organisation, Stuttgart 1992, Sp. 873-881

Fried, Y./Ferries G.G. (1987): The Validity of the Job Characteristics Model: A Review and Meta-Analysis, in: Personnel Psychology (A Journal of Applied Research), 40 (1987) 2, S. 287-322

Gabele, E. (1992a): Reorganisation, in: Frese, E. (Hrsg.): HWO, 3. Aufl., Stuttgart 1992, Sp. 2196- 2211

Gabele, E. (1992b): Führungsmodelle, in: Gaugler E./Weber, W. (Hrsg.): HWP, 2. Aufl., Stuttgart 1992, Sp. 948-965

Gaugler, E. (1987): Information als Führungsaufgabe, in: Kieser, A./Reber, G./Wunderer, R. (Hrsg.): HWF, Stuttgart 1987, Sp. 1127-1137

Gaugler, E./Martin A. (1979): Fluktuation und krankheitsbedingte Fehlzeiten als Indikatoren für Arbeitszufriedenheit, in: Wunderer, R. (Hrsg.): Humane Personal- und Organisationsentwicklung, Berlin 1979, S. 93-112

Gebert, D. (1987): Gruppengröße und Führung, in: Kieser, A. (Hrsg.): HWF, Stuttgart 1987, Sp. 1048-1056

Gebert, D. (1992): Kommunikation, in: Frese, E. (Hrsg.): HWO, 3. Aufl., Stuttgart 1992, Sp. 1110-1121

Gebert, D./Rosenstiel, L.v. (1989): Organisationspsychologie, Stuttgart u.a. 1989

Geiger, P. (1992): Eine neue Form der Zusammenarbeit - Pilotprojekt zur Realisierung von Gruppenarbeit mit Zielvereinbarung bei der Carl Schenk AG, in: Wildemann, H. (Hrsg.): Lean Management: Der Weg zur schlanken Fabrik, München 1992, S. 285-292

Geißler, H. (1991): Vom Lernen in der Organisation zum Lernen der Organisation, in: Sattelberger, Th. (Hrsg.): Die lernende Organisation: Konzepte für eine neue Qualität der Unternehmensentwicklung, Wiesbaden 1991, S. 79-96

Gesellschaft für Organisationsentwicklung (GOE) e.V. (1980): Leitbild und Grundsätze, Gründungsversammlung vom 4. Juni, 1980

Giedion, S. (1987): Die Herrschaft der Mechanisierung, Frankfurt/Main 1987

Ginzberg, E./Reilley, E. (1964): The Process of Change, in: Leavitt, H.J./Pondy, L.R. (Hrsg.): Readings in Managerial Psychology, Chicago-London 1964, S. 208-214

Glaser, S. (1994): Teamwork and Communication: A 3-Year Case Study of Change, in: Management Communication Quarterly - Newbury Park, Cal. u.a., 7 (1993/1994) 3, S. 282-296

GOAL/QPC (Hrsg.) (1989): Hoshin Planning: A Planning System for Implementing Total Quality Management (TQM), Methuen 1989

Golembiewski, R.T. (1972): Renewing Organizations. The Laboratory Approach to Planned Change, Ithaca 1972

Gollnick, R. (1993): Gestaltungsprinzipien ganzheitlicher Gruppenarbeit, in: Personalführung, (1993) 2, S. 92-115

Gollnick, R./Hohmann, R./ Seidler J. (1993): in: Personal, (1993) 6, S. 272-275

Golüke, U. (1991): Lernt Ihr Unternehmen eigentlich effektiv genug?, in: ZfB, 61 (1991) 10, S. 1119-1130

Goodman, P.S. et al. (Hrsg.): Designing Effective Work Groups, San Francisco 1986

Gottschall, D. (1994): Von 152 auf 110 Sekunden, Teamfertigung im Opel-Werk Eisenach, in: Manager Magazin (1994) 12, S. 239-247

Grap, R./Mühlbradt, Th. (1995): Gruppenarbeit - und dann? Der nächste Schritt zur lernenden Organisation, in: Personalführung, (1995) 4, S. 320-327

Gray, J.G. (1986): Managing the Corporate Image, Westport 1986

Greenbaum, H. et al. (1988): Organizational Communication Evaluation: An Overview 1950-1970, in : Goldhaber, G.M./ Barnett, G.A. (Hrsg): Handbook of Organizational Communication, Norwood 1988, S. 275-318

Greif, M. (1991): The Visual Factory: Building Participation through Shared Information, Cambridge 1991

Greif, S. (1983): Konzepte der Organisationspsychologie, Bern 1983

Grinder, J./Bandler, R. (1987): Kommunikation und Veränderung. Die Struktur der Magie II, 4. Aufl., Paderborn 1987

Grob, R. (1994): Erfahrungen mit teilautonomen Arbeitsgruppen in der Siemens AG - eine empirische Studie, in: Antoni, C.H. (Hrsg.): Gruppenarbeit in Unternehmen: Konzepte/Erfahrungen/Perspektiven, Weinheim 1994, S. 249-267

Grob, R./Haffner, H. (1982): Planungsleitlinien Arbeitsstrukturierung, Berlin 1982

Grochla, E. (1975): Entwicklung und gegenwärtiger Stand der Organisationstheorie, in: Grochla, E. (Hrsg.): Organisationstheorie: 1 Teilband, Stuttgart 1975, S. 2-32

Grochla, E. (1987): Führung bei Reorganisation, in : Kieser, A. et al. (Hrsg.): HWF, Stuttgart 1987, Sp. 1759-1770

Grochla, E./Thom, N. (1980): Das Betriebliche Vorschlagswesen als Führungs- und Personalentwicklungsinstrument, in: ZfbF, 32 (1980), S. 769-781

Grün, J. (1993): Lean Production und Gruppenarbeit: Qualifizierung vor Ort ist gefordert, in: Personalführung, (1993) 2, S. 92-104

Grün, J./Dorando, M. (1994): In der Werkstatt: Meistercoaching, in: io Management Zeitschrift, 63 (1994) 2, S. 69-72

Grün, O. (1992): Projektorganisation, in: Frese, E. (Hrsg.): HWO, 3. Aufl., Stuttgart 1992, Sp. 2102-2116

Gutbrod-Speidel, A. (1993): Ist ein Betriebliches Vorschlagswesen noch zeitgemäß?, in: Personalführung, 21 (1993) 4, S. 304-309

Haberfellner, R. (1992): Projektmanagement, in: Frese, E. (Hrsg.): HWO, 3. Aufl., Stuttgart 1992, Sp. 2090-2102

Hackmann, J.R. (1969): Nature of the Task as a Determiner of Job Behaviour, in: Personnell Psychology 1969, S. 435-444

Hackman, J.R. (1977): Work Design, in: Hackman, J.R./Sattle, J.L. (Hrsg.): Improving Life at Work, Santa Monica 1977, S. 96-162

Hackman, J.R./Lawler E.E. (1971): Employee Reactions to Job Characteristics, in: Journal of Applied Psychology Monograph, (1971) 55, S. 259-286

Hackman, J.R./Oldham, G.R. (1975): Development of the Job Diagnostic Survey, in: Journal of Applied Psychology, (1975) 60, S. 159-170

Hackman, J.R./Oldham, G.R. (1976): Motivation through the Design of Work: Test of a theory, in: Organizational Behaviour and Human Performance, (1976) 16, S. 250-279

Hackman, J.R./Oldham, G.R. (1980): Work Redesign, Reading 1980

Hackstein R./Heeg F.-J. (1992): Arbeitswissenschaft, in: Gaugler E./Weber W. (Hrsg.): HWP, 2. Aufl., Stuttgart 1992, Sp. 429-441

Hackstein, R./Hornung, V. (1991): Produktinseln für Automobilzulieferbetriebe, in: VDI-Z, 133 (1991) 3, S. 111-115

Hadamitzky, M. (1995): Analyse und Erfolgsbeurteilung logistischer Reorganisationen, Dissertation, Wiesbaden 1995

Hahn, D. (1986): Planungs- und Kontrollrechnung, Wiesbaden 1986

Haman, M. (1993): Erste Erfahrungen aus der Einführung der Gruppenarbeit im Werk Mannheim der Mercedes-Benz AG, in: Binkelmann, P./Braczyk, H.-J./Seltz, R. (Hrsg.): Entwicklung der Gruppenarbeit in Deutschland: Stand und Perspektiven; Beiträge und Ergebnisse zur gleichlautenden Arbeitskonferenz am 25. und 26. März 1993 in Mannheim (hrsg. für die Deutsche Forschungsanstalt für Luft- und Raumfahrt, Projektträger "Arbeit und Technik"), Frankfurt/Main-New York 1993, S. 239-251

Hamel, W. (1992): Zielsysteme, in: Frese, E. (Hrsg.): HWO, 3. Aufl., Stuttgart 1992, Sp. 2634-2652

Hartz, P. (1994): Jeder Arbeitsplatz hat ein Gesicht - Die Volkswagen-Lösung, Frankfurt/Main 1994

Hax, A.C./Majluf, N.S. (1988): Strategisches Management, Frankfurt/Main-New York 1988

Heckhausen, H. (1989): Motivation und Handeln, 2. Aufl., Berlin 1989

Hedberg, B. (1981): How Organizations learn and unlearn, in: Nystrom, P.C./Starbuck, W.H. (Hrsg.): Handbook of Organizational Design, Bd. 1, Oxford 1981, S. 3-27

Heeg, F.-J. (1987): Qualifizierung und Arbeitsorganisation - Gemeinsame Gestaltung zur Steigerung von Ökonomie und Humanität, in: Hackstein, R. (Hrsg.): Einsatz neuer Technologien aus arbeits- und betriebsorganisatorischer Sicht, Köln 1987, S. 316-383

Heidack, C. (1989a): Lernen der Zukunft: Kooperative Selbstqualifikation, München 1989

Heidack, C. (1989b): Zum Verständnis von kooperativer Selbstqualifikation, in: Heidack, C. (Hrsg.): Lernen der Zukunft: kooperative Selbstqualifikation - die effektivste Form der Aus- und Weiterbildung im Betrieb, München 1989, S. 16-30

Heidack, C. (1992): Betriebliches Vorschlagswesen, in: Gaugler E./Weber W. (Hrsg.): HWP, 2. Aufl., Stuttgart 1992, Sp. 2299-2316

Heidack, C./Brinkmann, E.P. (1987): Unternehmenssicherung durch Ideenmanagement, Bd. 2: Mehr Erfolg durch Motivation, Teamarbeit und Qualität, 2. Aufl., Freiburg 1987

Heinen, E. (1987): Unternehmenskultur - Perspektiven für Wissenschaft und Praxis, München 1987

Henkel, K./Schwetz, R. (1992): Techniken der Schwachstellenanalyse, in: Frese, E. (Hrsg.): HWO, 3. Aufl., Stuttgart 1992, Sp. 2245-2255

Herbst, P. (1962): Autonomous Group Functioning, London 1962

Herzberg F./Mausner, B./Snyderman B. (1967): The Motivation to Work, 2. Aufl., New York 1967

Hinrichs, P. (1981): Um die Seele des Arbeiters. Arbeitspsychologie, Industrie- und Betriebssoziologie in Deutschland, Köln 1981

Hofstätter, P.R. (1987): Entscheidungen in Organisationen, in: Hoyos, C./Graf et al. (Hrsg.): Wirtschaftspsychologie in Grundbegriffen, 2. Aufl., München 1987, S. 228- 236

Höhler, G. (1993): Interne Kommunikation als Führungsinstrument, in: Höhler, G. (Hrsg.): Die Ressource Mensch, Wiesbaden 1993, S. 245-256

Hohmann, R. (1989): Optionen für die Fabrik der Zukunft: Kooperative Selbstqualifikation in Innovationssituationen, in: Heidack, C. (Hrsg.): Lernen der Zukunft: kooperative Selbstqualifikation - die effektivste Form der Aus- und Weiterbildung im Betrieb, München 1989, S. 325-349

Horváth, P. (1991): Controlling, 4. überarbeitete Aufl., München 1991

Horváth, P. et al. (1993): Kostenmanagement - warum die Schildkröte gewinnt, in: Harvard Business Manager (1993) 3, S. 73-81

Huber, G. (1991): Organizational Learning: the Contributing Processes and the Literatures, in: Organizational Science, (1991) 2, S. 88-115

Hummel, R. (1995): Lernstatt - die Grundlage des Continuous Improvement, in: Zink, K.J. (Hrsg.): Erfolgreiche Konzepte zur Gruppenarbeit - aus Erfahrungen lernen, Neuwied-Kriftel-Berlin 1995, S. 99-114

Hunold, W. (1993): Lean Production, Rechtsfragen bei der Einführung neuer Arbeitsformen und Techniken, München 1993

Hunt, J.W. (1986): Managing People at Work - A Manager´s Guide to Behaviour, in: Organizations, Mainhead/Berkshire 1986

Hurtz, A. (1994): Qualifizierung für Gruppenarbeit: Theoretische Konzepte und ihre Umsetzung in der betrieblichen Praxis, in: Antoni, C.H. (Hrsg.): Gruppenarbeit in Unternehmen: Konzepte/Erfahrungen/Perspektiven, Weinheim 1994, S. 81-99

Imai, M. (1992): KAIZEN - Der Schlüssel zum Erfolg der Japaner im Wettbewerb, München 1992

Irle, M. (1975): Lehrbuch der Sozialpsychologie, Göttingen 1975

Jeffers, D./Bateman, D. (1980): Redefining the Role of Company Magazine, in: Public Relations Review, (1980) 6, S. 11-29

Johnson, D.W. (1967): Use of Role Reversal in Intergroup Competition, in: Journal of Personality and Social Psychology, (1967) 7, S. 135-141

Johnson, H.T./Kaplan, R.S. (1987): Relevance Lost - the Rise and Fall of Management Accounting, Boston, Massachusetts 1987

Jones, E.J./Bearley, W.L. (1985/1986): Group Development Assessment (GDA), 1985/1986

Kakabadse, S./Fricker, J. (1991): Anreize und Pfade zur lernenden Organisation, in: Sattelberger, Th. (Hrsg.): Die lernende Organisation: Konzepte für eine neue Qualität der Unternehmensentwicklung, Wiesbaden 1991, S. 67-77

Kalmus, M./Claasen, D. (1979): Zielgruppe unbekannt, Köln 1979

Kanter, R.M. (1989): When Giants Learn to Dance, Mastering the Change of Strategy, Management and Careers in the 1990`s, New York 1989

Kappler, E. (1992): Autonomie, in: Frese, E. (Hrsg.): HWO, 3. Aufl., Stuttgart 1992, Sp. 272-280

Kasper, H. (1987): Organisationskultur - Über den Stand der Forschung, Wien 1987

Katz, D./Kahn, R.L. (1966): The Social Psychology of Organizations, New York-London 1966

Katzenbach, J.R./Smith, D.K. (1993): Teams: der Schlüssel zur Hochleistungsorganisation, Wien 1993

Kellerwessel, P. (1984): Führungsinformation in Klein- und Mittelbetrieben, Frankfurt 1984

Kellinghaus, U. (1989): Erwachsenen-Lernen ist kommunikatives Lernen, in: Heidack, C. (Hrsg.): Lernen der Zukunft: Kooperative Selbstqualifikation - die effektivste Form der Aus- und Weiterbildung im Betrieb, München 1989, S. 102-119

Kempe, H.-J./Kramer, R. (1985): Tips für Mitarbeitergespräche, Bergisch-Gladbach 1985

Kern, H. (1977): Vom Unfug mit der "autonomen Arbeitsgruppe". Sind die skandinavischen Experimente übertragbar?, in: Der Gewerkschafter, (1977) 1, S. 16-18

Kern, H. (1979): Kampf um Arbeitsbedingungen, Materialien zur Humanisierung der Arbeit, Frankfurt 1979

Kieser, A. (1993): Organisationstheorien, Stuttgart-Berlin-Köln 1993

Kieser, A./Kubicek, H. (1992): Organisation, 3. neubearb. Aufl., Berlin-New York 1992

Kirsch, W. (1977): Die Betriebswirtschaftslehre als Führungslehre: Erkenntnisperspektiven, Aussagensysteme, wissenschaftlicher Standort, München 1977

Kirsch, W. (1981): Über den Sinn empirischer Forschung in der angewandten Betriebswirtschaftslehre, in: Witte, E. (Hrsg.): Der praktische Nutzen empirischer Forschung, Tübingen 1981, S. 189-229

Kirsch, W. (1984): Anmerkungen zur Weiterentwicklung der Konzeption einer fortschrittsfähigen Organisation, in: Kirsch, W. (Hrsg.): Wissenschaftliche Unternehmensführung oder Freiheit vor der Wissenschaft? Studien zu den Grundlagen der Führungslehre, 2 Halbbände, München 1984, S. 961-1064

Kirsch, W. (1987): Abhandlungen zu den Grundlagen der Führungslehre, Teil III: Zur Bedeutung der neueren Systemtheorie für die Analyse von Organisationen, unveröffentlichtes Arbeitspapier, München 1987

Kirsch, W. (1988): Die Handhabung von Entscheidungsproblemen, Einführung in die Theorie der Entscheidungsprozesse, München 1988.

Kirsch, W./Börsig, C.A.H. (1980): Reorganisationsprozesse, in: Grochla, E. (Hrsg.): HWO, 2. Aufl., Stuttgart 1980, Sp. 2027-2043

Kirsch, W./Esser, W.-M./Gabele, E. (1979): Das Management des geplanten Wandels von Organisationen, Stuttgart 1979

Kirstein, H. (1991): Audit als Managementinstrument zur Prozeßverbesserung, in: QZ, 36 (1991) 4, S. 207-211

Klages, H. (1984): Werteorientierung im Wandel - Rückblick, Gegenwartsanalyse, Prognosen, Frankfurt/Main-New York 1984

Kleinbeck, U./Quast, H.-H. (1992): Motivation, in: Frese, E. (Hrsg.): HWO, Sp. 1420-1434

Kleinbeck, U./Schmidt, K.H./Quast, H.-H. (1990): Die Wirkung von Konzentration auf die Leistung - Nachweismöglichkeiten der Doppelaufgabentechnik, in: Jansen, J.P./Hahn, E./Strang, H. (Hrsg.): Konzentration und Leistung, Göttingen 1990, S. 131-139

Klinger, H. (1993): Die lernende Organisation: Integration von Mensch-Technik-Organisation, in: Office Management, 41 (1993) 11, S. 38-43

Knopf, R.H. (1975): Dimensionen des Erfolges von Reorganisationsprozessen, Dissertation, Mannheim 1975

Knopf, R.H./Esser, W.M./Kirsch, W. (1978): Der Abbruch von Reorganisationsprozessen, in: Kirsch W. et al. (Hrsg.): Empirische Explorationen zu Reorganisationsprozessen, München 1978, S. 393-485

Knyphausen, D. (1988): Unternehmungen als evolutionsfähige Systeme - Überlegungen zu einem evolutionären Konzept für die Organisationstheorie, München 1988

Komorita, S.S. (1974): A Weighted Probability Model of Coalition Formation, in: Psychological Review, 81 (1974), S. 242-256

König, E. (1992): Soziale Kompetenz, in: Gaugler E./Weber W. (Hrsg.): HWP, 2. Aufl., Stuttgart 1992, Sp. 2046-2056

König, R. (1969): Anpassung, in: Bernsdorf, W. (Hrsg.): Wörterbuch der Soziologie, Stuttgart 1969, S. 29-31

Kotter, J.P. (1995): Leading Change: Why Transformation Efforts Fail, in: Harvard Business Review, 73 (1995) 2, S. 59-67

Kotter, J.P./Schlesinger, L.A. (1983): Strategien für den Wandel, in: Harvard manager 1983, S. 131-138

Krackhardt, D./Hanson, J. (1994): Informelle Netze: die heimlichen Kraftquellen, in: Harvard manager, 16 (1994) 1, S. 16-24

Krieg, H.-J./Drebes, J. (1996): Führen durch Ziele - Besondere Umsetzungsaspekte der Leistungsvereinbarungen, in: Personalführung 1/96, S. 54-60

Krüger, W. (1983): Grundlagen der Organisationsplanung, Gießen 1983

Kubicek, H. (1975): Empirische Organisationsforschung: Konzeption und Methodik, Stuttgart 1975

Küpper, H.-U./Weber, J./Zünd, A. (1990): Zum Verständnis und Selbstverständnis des Controllings - Thesen zur Konsensbildung, in: ZfB, 60 (1990) 3, S. 281-293

Lang, H./Hellpach, W. (1922): Gruppenfabrikation - Sozialpsychologische Forschungen des Instituts für Sozialpsychologie an der Technischen Hochschule Karlsruhe, Bd. 1, Berlin 1922

Lattmann, Ch. (1972): Das norwegische Modell der selbstgesteuerten Arbeitsgruppe, Bern 1972

Lawrence, P.A. (1980): Wie man Widerstände gegen Neuerungen abbaut, in: Harvard manager 1980, S. 119-130

Leitner, G. (1985): Die pädagogische Dimension der Öffentlichkeitsarbeit, Klagenfurt 1985

Likert, R. (1961): New Patterns of Management, New York-Toronto-London 1961

Locke, E.A. (1968): Toward a Theory of Task Motivation and Incentives, in: Organizational Behavior and Human Performance, 3 (1968) 2, S. 157-189

Locke, E.A./Bryan, J.F. (1966): Cognitive Aspects of Psychomotor Performance, The Effects of Performance Goals on Level of Performance, in : JoAP, 50 (1966), S. 286-291.

Locke, E.A./Bryan, J.F. (1967): Performance Goals as Determinants on Level of Performance and Boredom, in: JoAP, 51 (1967) 2, S. 120-130

Locke, E.A./Latham, G.P. (1984): Goal Setting - a motivational Technique that works!, Englewood 1984.

Locke, E.A./Latham, G.P./Erez, M. (1988): The Determinants of Goal Commitment, in: Academy of Management Review, 13 (1988), S. 23-39

Lohwasser, H. (1989): Qualitätsentwicklung und -sicherung in der Organisation von Just-In-Time, in: Wildemann, H. (Hrsg.): Einführungsstrategien für neue Technologien, Tagungsband Teil 1, München 1989, S. 527-547

Ludwig, K.-H. (1981): Technik, Ingenieure und Gesellschaft - Geschichte des Vereins Deutscher Ingenieure, 1856-1981, Düsseldorf 1981

Lutz, C. (1991): Kommunikation - Kern der Selbstorganisation: Unternehmensführung im Informationszeitalter, in: Sattelberger, Th. (Hrsg.): Die lernende Organisation: Konzepte für eine neue Qualität der Unternehmensentwicklung, Wiesbaden 1991, S. 97-109

Madauss, B. (1994): Handbuch Projektmanagement: mit Handlungsanleitungen für Industriebetriebslehre, Unternehmensberater und Behörden, 5. Aufl., Stuttgart 1994

Maier, N. (1977): Teilautonome Arbeitsgruppen, Meisenheim a.d. Glan 1977

Manz, K./Albrecht, B./Müller, F. (1994): Organisationstheorie, München 1994

Maslow, A. (1943): A Theory of Human Motivation, in: PR, (1943) 50, S. 370-396

Mayer, G./Gabele, E. (1978): Der Prozeß der Divisionalisierung: Eine explorative Studie über Reorganisationen von 13 Großunternehmen, in: Kirsch, W. und Mitarbeiter (Hrsg.): Empirische Explorationen zu Reorganisationsprozessen, München 1978, S. 28-137

McClelland, D. (1961): The Achieving Society, New York 1961

McGregor, D. (1960): The Human Side of Enterprise, New York 1960

McGregor, D. (1966): Leadership and Motivation, London 1966

Meffert, H. (1988): Strategische Unternehmensführung und Marketing, Wiesbaden 1988

Merkle, J.A. (1980): Management and Ideology, Berkeley 1980

Merz, E. (1988): Betriebliches Vorschlagswesen: professionell und wirksam, Landsberg/Lech 1988

Messe, L.A. et al. (1975): Eyuity and the Formation of Revolutionary and Conservative Coalitions in Triads, in: Journal of Personality and Social Psychology, 31 (1975), S. 1141-1146

Miller, M. (1986): Kollektive Lernprozesse - Studien zur Grundlegung einer soziologischen Lerntheorie, Frankfurt/Main 1986

Mills, T. (1969): Soziologie der Gruppe, München 1969

Mugler, J./Lampe, R. (1987): Betriebswirtschaftliche Beratung von Klein- und Mittelbetrieben, in: BFuP, (1987) 6, S. 477-493

Müller, St. (1992): Entwicklung einer Methode zur prozeßorientierten Reorganisation der technischen Auftragsabwicklung komplexer Produkte, Dissertation, RWTH Aachen 1992

Mummendey, A. (1985): Verhalten zwischen sozialen Gruppen: Die Theorie der sozialen Identität, in: Frey, D./Irle, M. (Hrsg.): Theorien der Sozialpsychologie, Bd. II, Bern u.a. 1985, S. 185-216

Muster, M. (1990): Team oder Gruppe? Zum Stand der Sprachverwirrung über die Gruppenarbeit, in: Muster, M./Richter, U. (Hrsg.): Mit Vollgas in den Stau, Hamburg 1990, S. 108-127

Naase, C. (1978): Konflikte in der Organisation, Stuttgart 1978

Nelson, D. (1975): Managers and Workers: Origins of the New Factory System in the United States, 1880-1920, Madison 1975

Nelson, D. (1980): Frederick W. Taylor and the Rise of Scientific Management, Madison, Wisc. 1980

Neuberger, O. (1985): Arbeit: Begriff - Gestaltung - Motivation - Zufriedenheit, Basistexte des Personalwesens, Bd. 5, Stuttgart 1985

Niefer, H. (1993): Planung, Einführung und Optimierung von Gruppenarbeit in der Teilefertigung, München-Wien 1993

Nowotny, H./Knorr, K.D. (1975): Die Feldstudie, in: Van Koolwijk, J./Wieken-Mayser, M. (Hrsg.): Techniken der empirischen Sozialforschung - Band 2: Untersuchungsformen, München 1975, S. 82-102 o.V. (1994): Opel kehrt zurück in eine Welt der kleinen Arbeitsschritte - Bericht zur Arbeitsorganisation im Werk Rüsselsheim, FAZ vom 1.12.1994

Odiorne, G.S. (1979): Management by Objectives II : A System of Managerial Leadership of the 80 s, Belmont, Cal. 1979

Oess, A. (1991): Total Quality Management: Eine ganzheitliche Qualitätsstrategie, 2. Aufl., Wiesbaden 1991

Oldham, G.R./Kulik, C.T. (1992): Arbeitsstrukturierung, in: Gaugler, E./Weber, W. (Hrsg.): HWP, 2. Aufl., Stuttgart 1992, Sp. 363-374

Osada, T. (1991): The 5 S's - Five Keys to a Total Quality Environment, Hongkong 1991

Osterloh, M./Frost J. (1994): Business Reengineering: Modeerscheinung oder "Business Revolution"?, in: Zeitschrift Führung und Organisation, 63 (1994) 6, S. 356-363

Paula, M. (1987): Wirkungsvolle Kommunikationstechniken, Landsberg 1987

Pautzke, G. (1989): Die Evolution der organisatorischen Wissensbasis - Bausteine zu einer Theorie des organisatorischen Lernens, München 1989

Pawlowsky, P. (1992): Betriebliche Qualifikationsstrategien und organisationales Lernen, in: Staehle, H.W./Conrad, P. (Hrsg.): Managementforschung 2, Berlin-New York 1992, S. 177-237

Pedler, M./Boydell, T./Burgoyne, J. (1991): Auf dem Weg zum "Lernenden Unternehmen", in: Sattelberger, T. (Hrsg.): Die lernende Organisation, Wiesbaden 1991, S. 58-65

Pepels, W. (1994): Kommunikations-Management, Marketing-Kommunikation vom Briefing bis zur Realisation, Stuttgart 1994

Petzold, R. (1987): Ziele und Bereiche der externen Beratung im Wettbewerb mit der internen Beratung, in: BFuP (1987) 6, S. 529-536

Pfeffer, J. (1982): Organizations and Organization Theory, Boston 1982

Pfeifer, H.J. (1989): Fehler-Möglichkeits- und Einfluß-Analyse (FMEA), in: Bläsing, J.P. (Hrsg.): Praxishandbuch Qualitätssicherung, München 1989, Bd. 5, S. F3-1-F3-30

Pfeiffer, W./Staudt, E. (1980): Teilautonome Arbeitsgruppen, in: Grochla, E. (Hrsg.): HWO, 2. Aufl., Stuttgart 1980, Sp. 112-118

Pfeiffer, W./Weiß E. (1992): Lean-Management: Grundlagen der Führung und Organisation industrieller Unternehmen, Berlin 1992

Pieper, A. (1986): Produktivkraft Information, Köln 1986

Popitz, H. (1980): Die normative Konstruktion von Gesellschaft, Tübingen 1980

Popitz, H./Bahrdt, H.P./Jüres, E.A./Kersting, H. (1957): Technik und Industriearbeit, Tübingen 1957

Porter, L./Lawler, E. (1968): Managerial Attitudes and Performance, Homewood 1968

Pümpin, C./Geilinger, U.W. (1988): Strategische Führung, in: Die Orientierung, Schriftenreihe der Schweizerischen Volksbank, Nr. 76, Bern 1988

Quarch, U. (1993): Panta Rhei - Alles ist in Bewegung, in: Personalführung, (1993) 4, S. 298-303

Reber, G. (1992a): Organisationales Lernen, in: Frese, E. (Hrsg.): HWO, 3. Aufl., Stuttgart 1992, Sp. 1240-1255

Reber, G. (1992b): Führungstheorien, in: Gaugler E./Weber W. (Hrsg.): HWP, 2. Aufl., Stuttgart 1992, Sp. 981-996

Redding, C.W./Tompkins, Ph.K. (1988): Organizational Communication - Past and Present Tenses, in: Goldhaber, G.M./ Barnett, G.A. (Hrsg.): Handbook of Organizational Communication, Norwood 1988, S. 5-34

REFA-Verband für Arbeitsstudien und Betriebsorganisation (Hrsg.) (1987): Arbeitspädagogik, München 1987

Reichmann, Th. (1993): Controlling mit Kennzahlen und Managementberichten, 3. erw. Aufl., München 1993

Reichwald, R. (1984): Kommunikation, in: Vahlens Kompendium der Betriebswirtschaftslehre, Bd. 2., München 1984, S. 377-406

Reichwald, R. (1992): Die Wiederentdeckung der menschlichen Arbeit als primärer Produktionsfaktor für eine marktnahe Produktion, in: Reichwald, R. (Hrsg.): Marktnahe Produktion: Lean Production - Leistungstiefe - Time-to-Market - Vernetzung - Qualifikation, Wiesbaden 1992, S. 3-18

Reißlinger, L. (1980): Betriebliches Vorschlagswesen, in: Grochla, E. (Hrsg.): HWO, 2. Aufl., Stuttgart 1980, Sp. 2360-2368

Rickert, M. (1990): Marktgerechte Gestaltung der Produktionsorganisation: Leitfaden für zukunftssichere Fabriken, Dissertation, Dortmund 1990

Rieckmann, H. (1991): Organisationsentwicklung: Von der Euphorie zu den Grenzen, in: Sattelberger, Th. (Hrsg.): Die lernende Organisation: Konzepte für eine neue Qualität der Unternehmensentwicklung, Wiesbaden 1991, S. 125-143

Rieckmann, H./Sievers, B. (1978): Lernende Organisation - Organisiertes Lernen. Systemveränderung und Lernen in sozialen Organisationen, in: Bartölke, K. et al. (Hrsg.): Arbeitsqualität in Organisationen, Wiesbaden 1978, S. 259-276

Rohmert, W./Weg, F.J. (1976): Organisation teilautonomer Arbeitsgruppen, München-Wien 1976

Rommel, G./Brück, F./Diederichs, R./Kempis, R.-D./Kluge, J. (1993): Einfach überlegen: Das Unternehmenskonzept, das die Schlanken schlank und die Schnellen schnell macht, Stuttgart 1993

Rosenstiel, L.v. (1975): Die motivationalen Grundlagen des Verhaltens in Organisationen - Leistung und Zufriedenheit, Berlin 1975

Rosenstiel, L.v. (1987a): Partizipation: Betroffene zu Beteiligten machen, in: Rosenstiel, L.v./Einsiedler, H.E./Streich, R.K. /Rau, S. (Hrsg.): Motivation durch Mitwirkung, Stuttgart 1987, S. 1-11

Rosenstiel, L.v. (1987b): Ziele und Modelle der Organisationsentwicklung, in: Rosenstiel, L.v./Einsiedler, H.E./Streich, R.K./ Rau, S. (Hrsg.): Motivation durch Mitwirkung, Stuttgart 1987, S. 25-38

Rosenstiel, L.v. (1992a): Grundlagen der Organisationspsychologie: Basiswissen und Anwendungshinweise, 3. überarb. und erg. Aufl., Stuttgart 1992

Rosenstiel, L.v. (1992b): Organisationspsychologie, in: Frese, E. (Hrsg.): HWO, 3. Aufl., Stuttgart 1992, Sp. 1619-1633

Rosenstiel, L.v. (1993): Kommunikation und Führung in Arbeitsgruppen, in: Schuler, H. (1993): Lehrbuch Organisationspsychologie, 1. Aufl., Bern-Göttingen-Toronto-Seattle 1993, S. 321-351

Rosenstiel, L.v. (1994): Teamentwicklung, in: io Management Zeitschrift, 63 (1994) 2, S. 78-82

Rosenstiel, L.v./Einsiedler, H.E./Streich, R./Rau S. (1987): Motivation durch Mitwirkung, Stuttgart 1987

Roth, E. (1989): Enzyklopädie der Psychologie - Organisationspsychologie, Göttingen 1989

Rühl, G./Zink, K.J. (1974): Zur Kritik der Herzbergschen Motivationstheorie, in: Fortschrittliche Betriebsführung, 23 (1974) 3, S. 173-185

Ruhnau, J./Esser, J. (1993): Vorschlagswesen und Gruppenmodelle, in: Personal, (1993) 8, S. 354-357

Sattelberger, Th. (1991): Die lernende Organisation im Spannungsfeld von Strategie, Struktur und Kultur, in: Sattelberger, Th. (Hrsg.): Die lernende Organisation: Konzepte für eine neue Qualität der Unternehmensentwicklung, Wiesbaden 1991, S. 11-55

Schaffer, R.H./Thomson, H.A. (1992): Leistungsprogramme: Wirksam wie ein Regentanz ums Lagerfeuer, in: Harvard manager, 14 (1992) 3, S. 78-87

Schanz, G. (1982): Organisationsgestaltung: Struktur und Verhalten, München 1982

Schelten, A. (1991): Grundlagen der Arbeitspädagogik, 2. durchgesehene und erweiterte Aufl., Stuttgart 1991

Schenk, M. (1987): Medienwirkungsforschung, Tübingen 1987

Schildknecht, R. (1992): Total Quality Management: Konzeption und State of the Art, Frankfurt/Main-New York 1992

Schlenkermann, D. (1993): "Wir machen´s besser!" - Erfahrungen mit Gruppenarbeit im Rahmen einer visionären Unternehmensführung, in: FB/IE, 42 (1993) 1, S. 8-13

Schlenkermann, D. (1995): Veränderung der Unternehmens- und Führungsstrukturen - Gruppenarbeit in gesamtverantwortlichen Fertigungsbereichen, in: Zink, K.J. (Hrsg.): Erfolgreiche Konzepte zur Gruppenarbeit - aus Erfahrungen lernen, Neuwied-Kriftel-Berlin 1995, S. 189-205

Schlotfeldt, W. (1993): Wertewandel im Vorschlagswesen, in: Personalführung, (1993) 4, S. 273

Schlund, M. (1994): Organisations- und Personalentwicklung für Produktionsinseln am Beispiel eines mittelständischen Unternehmens - ein Erfahrungsbericht, in: Antoni, C.H. (Hrsg.): Gruppenarbeit in Unternehmen: Konzepte/Erfahrungen/Perspektiven, Weinheim 1994, S. 139-171

Schmidt, G. (1991): Organisation: Methode und Technik, 9. Aufl., Gießen 1991

Schmidt, K.-H./Kleinbeck, U. (1983): Beziehungen zwischen intrinsischen und extrinsischen Anreizfaktoren der Arbeitsmotivation und Arbeitszufriedenheit, in: Psychologie und Praxis, Zeitschrift für Arbeits- und Organisationspsychologie, 27 (1983) 2, S. 79-86

Schmidt, R.B. (1987): Führung durch Zielsetzung, in: Kieser, A. (Hrsg.): HWF, Stuttgart 1987, Sp. 2083-2092

Schneider, H. (1994): Was ist Qualifikation?, in: io Management Zeitschrift, 63 (1994) 3, S. 69-71

Schneider, H.D. (1978): Sozialpsychologie der Machtbeziehungen, Stuttgart 1978

Schneider, H.D. (1985): Kleingruppenforschung, Stuttgart 1985

Schuler, H. (1993): Lehrbuch Organisationspsychologie, 1. Aufl., Bern-Göttingen-Toronto-Seattle 1993

Schulz, B. (1992): Strategische Planung von Public Relations: das Konzept und ein Fallbeispiel, Frankfurt/Main-New York 1992

Schulz, D.H. (1977): Die Initiative zu Entscheidungen, Tübingen 1977

Schwarz, G.Th. (1991): Erfolgreich informieren, Thun 1991.

Scott, R.W. (1986): Grundlagen der Organisationstheorie, Frankfurt/Main-New York 1986

Seitz, D. (1993): Gruppenarbeit in der Produktion. Ein Beitrag zur Systematisierung von Entwicklungsstand und Perspektiven, in: Binkelmann, P./Braczyk, H.-J./Seltz, R. (Hrsg.): Entwicklung der Gruppenarbeit in Deutschland: Stand und Perspektiven; Beiträge und Ergebnisse zur gleichlautenden Arbeitskonferenz am 25. und 26. März 1993 in Mannheim (hrsg. für die Deutsche Forschungsanstalt für Luft- und Raumfahrt, Projektträger "Arbeit und Technik"), Frankfurt/Main-New York 1993, S. 32-73

Seiwert, L.J. (1992): Kommunikation im Betrieb, in: Gaugler, E./Weber, W. (Hrsg.): HWP, 2. Aufl., Stuttgart 1992, Sp. 1126-1139

Senge, P.M. (1990): The Fifth Discipline: The Art and Practice of the Learning Organization, New York 1990

Servatius, H.G. (1994): Reengineering-Programme umsetzen: von erstarrten Strukturen zu fließenden Prozessen, Stuttgart 1994

Shaw, M.E. (1976): Group Dynamics. The Psychology of Small Group Behaviour, New York 1976

Sherif, M. (1966): Group Conflict and Cooperation, London 1966

Simon, H. (1989): Lernen, Unternehmenskultur und Strategie, in: ZfB, (1989) 4, S. 23-38

Simon, H. (1991): Bounded Rationality and Organizational Learning, in: Organization Science, (1991) 2, S. 125-134

Simon, H./Tacke, G. (1991): Lernen von Kunden und Konkurrenz, in: Sattelberger, Th. (Hrsg.): Die lernende Organisation: Konzepte für eine neue Qualität der Unternehmensentwicklung, Wiesbaden 1991, S. 167-181

Smircich, L. und Calás, M.B. (1987): Organizational Culture: A critical Assessment, in: Jablin, F.M. et al. (Hrsg.): Handbook of Organizational Communication, Beverly Hills 1987, S. 228-265

Sommerlatte, T./Wedekind, E. (1990): Leistungsprozesse und Organisationsstruktur, in: Little, A.D. (Hrsg.): Management der Hochleistungsorganisation, Wiesbaden 1990, S. 23-41

Sonntag, K. (1989). Trainingsforschung in der Arbeitspsychologie, Bern 1989

Sprenger, R.K. (1994): Ideen bringen Geld. Bringt Geld auch Ideen?, in: Harvard Business Manager, (1994) 1, S. 9-14

Springer, R. (1994): Neue Formen der Arbeitsorganisation - Ursachen, Ziele und aktueller Stand in der Mercedes-Benz AG, in: Antoni, C.H. (Hrsg.): Gruppenarbeit in Unternehmen: Konzepte/Erfahrungen/Perspektiven, Weinheim 1994, S. 225-239

Staehle, W.H. (1991): Management, 6. Aufl., München 1991

Staehle, W.H. (1992a): Organisationsentwicklung, in: Gaugler, E./Weber, W. (Hrsg.): HWP, 2. Aufl., Stuttgart 1992, Sp. 1476-1488

Staehle, W.H. (1992b): Führungstheorien und -konzepte, in: Frese, E. (Hrsg.): HWO, 3. Aufl., Stuttgart 1992, Sp. 655-676

Stata, R. (1989): Organizational Learning - The Key to Management Innovation, in: Sloan Management Review, Spring 1989, S. 63-74

Steinle, C. (1992): Führungsstil, in: Gaugler, E./Weber, W. (Hrsg.): HWP, 2. Aufl., Stuttgart 1992, Sp. 966-980

Steinmann, H./Heinrich, M./Schreyögg, G. (1976): Theorie und Praxis selbststeuernder Arbeitsgruppen, Köln 1976

Stiefel, R.Th. (1991): Strategieumsetzendes Lernen, in: Sattelberger, Th. (Hrsg.): Innovative Personalentwicklung, 2. Aufl., Wiesbaden 1991, S. 38-41

Stroebe, R. (1987): Kommunikation I, 3. Aufl., Heidelberg 1987

Strümpel, B./Scholz-Ligma, J. (1992): Werte und Wertewandel, in: Gaugler E./Weber W. (Hrsg.): HWP, 2. Aufl., Stuttgart 1992, Sp. 2338-2349

Stürzl, W. (1993): Lean Production in der Praxis: Spitzenleistungen durch Gruppenarbeit, Paderborn 1992

Suzaki, K. (1989): Modernes Management im Produktionsbetrieb: Strategien, Techniken, Fallbeispiele, München-Wien 1989

Suzaki, K. (1993): The New Shop Floor Management: Empowering People for Continuous Improvement, New York u.a. 1993

Suzaki, K. (1994): Die ungenutzten Potentiale: neues Management im Produktionsbetrieb, München-Wien 1994

Tajfel, H. (1975): Soziales Kategorisieren, in: Moscovici, S. (Hrsg.): Forschungsgebiete der Sozialpsychologie I, Frankfurt/Main 1975, S. 345-380

Tannenbaum, R./Schmidt, W.H. (1958): How to choose a Leadership Pattern, in: Harvard Business Review, 36 (1958), S. 95-101

Tannenbaum, R./Weschler, I.W./Masarik, F. (1961): Leadership and Organization: A Behavioural Science Approach, New York u.a. 1961

Taylor, F.W. (1914): Die Betriebsleitung. (Deutsche Übersetzung von "Shop Management", NewYork 1911), 3. Aufl., Berlin 1914

Taylor, F.W. (1919): Die Grundsätze wissenschaftlicher Betriebsführung (hrsg. von der Gesellschaft für sozialwissenschaftliche und ökologische Forschung e.V., Nachdruck der Original-Ausgabe von 1919), 2. Aufl., München 1983

Thom, N. (1993): Betriebliches Vorschlagswesen: Ein "Longseller" mit weiteren Erfolgsaussichten, in: Personalführung, 26 (1993) 4, S. 280- 286

Thom, N./Cantin, F. (1992): Controlling und Auditing, in: Spremann, K./Zur, E. (Hrsg.): Controlling, Wiesbaden 1992, S. 185-203

Thul, M. (1995): Effizientere Prozeßinnovationen durch partizipatives Projektmanagement, in: Zink, H.-J. (Hrsg.): Erfolgreiche Konzepte zur Gruppenarbeit - aus Erfahrungen lernen, Neuwied-Kriftel-Berlin 1995, S. 253-270

Titscher, St. (1992): Gruppenforschung, in: Gaugler, E./Weber, W. (Hrsg.): HWP, 2. Aufl., Stuttgart 1992, Sp. 1009-1030

Trebesch, K. (1980): Teamarbeit, in: Grochla, E. (Hrsg.): HWO, 2. Aufl., Stuttgart 1980, Sp. 2217-2227

Tress, D.W. (1986): Kleine Einheiten in der Produktion, in: ZfO, (1986) 3, S. 181-186

Tuckmann, B.W. (1965): Developmental Sequence in Small Groups, in: PB, 63 (1965), S. 384-399

Turner, J.C. (1981): The Experimental Social Psychology of Intergroup Behaviour, in: Turner, J.C./Giles, H. (Hrsg.): Intergroup Behaviour, Oxford 1981, S. 287-307

Ulich, E. (1973): Verbesserung der Arbeitssituation durch Arbeitswechsel und Aufgabenerweiterung, Humanisierung des Arbeitslebens, in: Rationalisierungs-Kuratorium der Deutschen Wirtschaft (RKW), e.V., Frankfurt 1973

Ulich, E. (1991): Arbeitspsychologie, Zürich-Stuttgart 1991

Ulich, E./Groskurth, P./ Bruggemann, A. (1973): Neue Formen der Arbeitsgestaltung. Möglichkeiten und Probleme einer Verbesserung der Qualität des Arbeitslebens, Frankfurt 1973

Ulrich, H. (1987): Führungsphilosophie, in: Kieser, A. (Hrsg.): HWF, Stuttgart 1987, Sp. 640-650

Vetter, R./Wiesenbauer, L. (1993): Personalentwicklung für Projektleiter, in: Personal, (1993) 45, S. 170-175

Volk, H. (1995): Die Kunst, glücklich zu kommunizieren, in: io Management Zeitschrift, 64 (1995) 1/2, Zürich, S. 82-83

Volkswagen AG (1994): Konzept Teamorganisation - Protokoll Teamkoordinatoren-Besprechung im Rohbau Variant, Wolfsburg 1994

Vroom, V.H. (1964): Work and Motivation, New York-London-Sydney 1964

Wagner, D./Schuman, R. (1991): Die Produktinsel: Leitfaden zur Einführung einer effizienten Produktion in Zulieferbetrieben, Köln 1991

Wahren, H.-K. (1987): Zwischenmenschliche Kommunikation und Interaktion im Unternehmen: Grundlagen, Probleme und Ansätze zur Lösung, Berlin-New York 1987

Waragai, T. (1989): Der Einfluß von Reorganisationen auf die Unternehmensentwicklung: eine ökonometrische Analyse, in: Albach, H. (Hrsg.): Organisation: Mikroökonomische Theorie und ihre Anwendung, Wiesbaden 1989, S. 209-228

Warnecke, H.J. (1992): Die fraktale Fabrik, Berlin u.a. 1992

Watson, G. (1975): Widerstand gegen Veränderungen, in: Bennis, W.G./Benne, K.D./Chin, R. (Hrsg.): Änderung des Sozialverhaltens, Stuttgart 1975, S. 415-429

Watzlawik, P./Beavin J.H./Jackson, D.D. (1990): Menschliche Kommunikation, 8. Aufl., Bern-Stuttgart-Wien 1990

Wehner, T./Richter, N./Rauch, K.P./Endres, E./Kohn, K./Waibel, E./Bromme, M. (1992): "Von der Linie zur Box und zurück", eine empirische Analyse eines Boxenarbeitssystems in der Automobilindustrie unter dem Blickwinkel der Verschränkung von Erfahrungs- und Planungswissen, Bremer Beiträge zur Psychologie, Nr. 102, Bremen 1992, S. 1-42

Weinert, A.B. (1987): Lehrbuch der Organisationspsychologie, München 1987

Weinert, A.B. (1992): Motivation, in: Gaugler, E./Weber, W. (Hrsg.): HWP, 2. Aufl., Stuttgart 1992, Sp. 1429-1442

Wiendieck, G. (1992): Teamarbeit, in: Frese, E. (Hrsg.): HWO, 3. Aufl., Stuttgart 1992, Sp. 2375-2384

Wild, J. (1982): Grundlagen der Unternehmensplanung, 4. Aufl., Opladen 1982

Wildemann, H. (1986): Einführungsstrategien für neue Produktionstechnologien, in: ZfB, 56 (1986) 4/5, S. 337-369

Wildemann, H. (1990): Einführungsstrategien für die computerintegrierte Produktion (CIM), München 1990

Wildemann, H. (1991): Einführungsstrategien für eine Just-In-Time-Produktion und -Logistik, in: ZfB, 61 (1991) 2, S. 149-169

Wildemann, H. (1993a): Lean Management - Der Weg zur schlanken Fabrik, Fallsammlung, München 1993

Wildemann, H. (1993b): Lean Management - Strategien zur Erreichung wettbewerbsfähiger Unternehmen, Frankfurt 1993

Wildemann, H. (1993c): Optimierung von Entwicklungszeiten: Just-In-Time in Forschung & Entwicklung und Konstruktion, München 1993

Wildemann, H. (1994a): Die modulare Fabrik, 4. neubearb. Aufl., München 1994

Wildemann, H. (1994b): Fertigungsstrategien - Reorganisationskonzepte für eine schlanke Produktion und Zulieferung, 2. neubearbeitete Aufl., München 1994

Wildemann, H. (1994c): Lean Management in kleinen und mittleren Unternehmen, Fallsammlung, München 1994

Wildemann, H. (1994d): Flexible Arbeits- und Betriebszeiten und Gruppenorganisation, in: Wildemann, H. (Hrsg.): Flexible Arbeitszeiten, Gruppen- und Teamorganisation, neue Entgeltsysteme, Tagungsbericht, München 1994, S. 1-73

Wildemann, H. (1994e): Verbesserungsvorschläge - Leitfaden zur Einführung eines mitarbeiterorientierten betrieblichen Vorschlagswesen, München 1994

Wildemann, H. (1995a): Schnell lernende Unternehmen: Konzepte und Fallstudien zur Erreichung von Wettbewerbsvorteilen in Kosten, Zeit, Qualität und Flexibilität, in: Wildemann, H. (Hrsg.): Schnell lernende Unternehmen - Quantensprünge in der Wettbewerbsfähigkeit, München 1995, S. 1-68.

Wildemann, H. (1995b): Fertigungssegmentierung - Leitfaden zur Einführung einer modularen Organisation, 3. Aufl., München 1995

Wildemann, H. (1995c): Produktionscontrolling, 2. neubearb. Aufl., München 1995

Wildemann, H. (1995d): Lean Management - Methoden, Vorgehensweisen und Wirkungsanalysen, 2. neubearb. Aufl., München 1995

Wildemann, H. (1995e): Lean Management - Leitfaden zur Einführung schlanker Unternehmensstrukturen, 2. Aufl., München 1995

Wildemann, H. (1995f): Kontinuierliche Verbesserung - Leitfaden zur kontinuierlichen Innovation und Verbesserung, München 1995

Wildemann, H. (1995g): Gruppenarbeit und kontinuierliche Verbesserung und neue Entlohnungsformen- Fallsammlung, München 1995

Wildemann, H. (1995h): Gruppenarbeit, kontinuierliche Verbesserung, Entlohnung und flexible Arbeitszeiten - Konzepte zur Reorganisation von Geschäftsprozessen durch Mitarbeiterbeteiligung, in: Wildemann, H. (Hrsg.): Gruppenarbeit, kontinuierliche Verbesserung, neue Entlohnungsformen, Tagungsbericht, München 1995

Wildemann, H. (1995i): Leitfaden Gruppenarbeit, 3. Aufl., München 1995

Wildemann, H. (1995j): Leitfaden Entstörmanagement, 3. Aufl., München 1995

Wildemann, H. (1995k): Leitfaden Visualisierung und Auditierung, 2. Aufl., München 1995

Wildemann, H. (1995l): Leitfaden Qualitätsverbesserung, 3. Aufl., München 1995

Wildemann, H. (1995m): Arbeitszeitmanagement, 2. Aufl., München 1995

Wildemann, H. (1995n): Das Just-in-Time-Konzept, 4. Aufl., München 1995

Wildemann , H. (1995o): Die lernende Organisation: Ein Ansatz zur Steigerung der Reorganisationsgeschwindigkeit von Unternehmen, unveröffentlichtes Manuskript, München 1995

Wildemann, H. (1995p): Entlohnung - Leitfaden zur Einführung neuer Entlohnungskonzepte, 3. Aufl., München 1995

Wildemann, H. (1996): Gruppenarbeit, kontinuierliche Verbesserung, Entlohnung und flexible Arbeitszeiten - Konzepte zur Revitalisierung von Unternehmen durch Mitarbeiterbeteiligung, in: Wildemann, H./Bühner R. (Hrsg.): Gruppenarbeit, kontinuierliche Verbesserung, neue Entlohnungsformen, Tagungsbericht, München 1996, S. 1-45

Wildenmann, B. (1994): Erfolg haben mit Teamwork, in: Personalwirtschaft, (1994) 7, S. 27-30

Wimmer, P. (1984): Fehlzeiten: eine kritische Diskussion von Konzepten, Meßverfahren und Ursachenanalysen, in: Psychologie und Praxis, Zeitschrift für Arbeits- u. Organisationspsychologie, 28 (1984) 4, S. 164-173

Wiswede, G. (1980): Motivation und Arbeitsverhalten, München 1980

Wiswede, G. (1981): Kommunikation, in: Beckerath, P.G.v./ Sauermann, P./Wiswede, G. (Hrsg.): Handwörterbuch der Betriebspsychologie und Betriebssoziologie, Stuttgart 1981, S. 226-231

Wiswede, G. (1992): Gruppen und Gruppenstrukturen, in: Frese, E. (Hrsg.): HWO , 3. Aufl., Stuttgart 1992, Sp. 735-754

Witt, F.-J. (1993): Managerkommunikation, Stuttgart 1993

Witte, E. (1973): Organisation für Innovationsentscheidungen. Das Promotorenmodell, Göttingen 1973

Witte, E./Ardelt, E. (1989): Gruppenarten, -strukturen und -prozesse, in: Roth, E. (Hrsg.): Organisationspsychologie, Enzyklopädie der Psychologie D/III/3, Göttingen 1989, S. 463-483

Wohlgemuth, A.C. (1989): Erfolgreich eine neue Struktur einführen, in: io Management Zeitschrift, 58 (1989) 7/8, S. 39-44

Womack, J.P. (1992): Die zweite Revolution in der Autoindustrie: Konsequenzen aus der weltweiten Studie aus dem Massachusetts Institute of Technology, Franfurt/Main-New York 1992

Yin, R.K. (1994): Case Study Research - Design and Methods, Thousand Oaks etv. 1994

Zaltmann, G./Duncan, R./Holbek, J. (1973): Innovations and Organizations, New York u.a. 1973

Zander, A. (1973): Resistance to Change. Its Analysis and Prevention, in: Bartlett A.C./Kayser, Th.A. (Hrsg.): Changing Organizational Behaviour, New York 1973, S. 403-409

Zander, E. (1982): Mitarbeiter informieren: Information als Führungsaufgabe, 3. neubearb. und erw. Aufl., Heidelberg 1982

Zander, E. (1992): Mitarbeiterinformation, in: Gaugler, E./Weber, W. (Hrsg.): HWP, 2. Aufl., Stuttgart 1992, Sp. 1399-1408

Zander, E. (1993): Durch gute Führung zu Verbesserungsvorschlägen motivieren, in: io Management Zeitschrift, 62 (1993) 3, S. 93-95

Zink, K.J. (1992): Qualitätszirkel und Lernstatt, in: Frese, E. (Hrsg.): HWO, 3. Aufl., Stuttgart 1992, Sp. 2129-2140

Zink, K.J. (1995): Gruppenarbeit als Baustein innovativer Managementkonzepte, in: Zink, K.J. (Hrsg.): Erfolgreiche Konzepte zur Gruppenarbeit - aus Erfahrungen lernen, Neuwied-Kriftel-Berlin 1995, S. 3-21

Zink, K.J./Schick, G. (1987): Quality Circles 1 - Grundlagen, 2. überarbeitete Aufl., München-Wien 1987

Zuberbühler, M. (1987): So entwickeln wir Erfolgsstrategien, in: io Management Zeitschrift, (1987) 2, S. 97-100

Zülch, G./Augustin, S. (1990): Fabrikplanung als Regelkreis - ein Modell für komplexe industrielle Planungsaufgaben, in: Bullinger, H.J. (Hrsg.): Produktionsmanagement im Spannungsfeld zwischen Markt und Technologie, München 1990, S. 149-178

GPSR Compliance

The European Union's (EU) General Product Safety Regulation (GPSR) is a set of rules that requires consumer products to be safe and our obligations to ensure this.

If you have any concerns about our products, you can contact us on ProductSafety@springernature.com

In case Publisher is established outside the EU, the EU authorized representative is:

Springer Nature Customer Service Center GmbH
Europaplatz 3
69115 Heidelberg, Germany

Batch number: 10815964

Printed by Printforce, the Netherlands